憲法判例研究

〔11〕

韓國憲法判例研究學會 編

博 英 社

STUDIES ON CONSTITUTIONAL CASES

〔11〕

Edited by
Korean Association for Precedential Study of Constitutional Law

Parkyoung Publishing & Company
Seoul, Korea

머 리 말

올 겨울은 다른 해보다 다소 날씨가 추웠습니다. 그래도 어김없이 따뜻한 봄은 오겠지요. 이러한 자연현상과 달리 우리가 사는 세상은 우리의 노력이 없이는 큰 변화란 없는 듯 합니다. 학문이란 우리가 사는 세상에 대하여 진단하고, 변화가 필요하다고 판단하는 경우 바람직한 변화 방향을 제시하는 작업이라 생각합니다. 그리고 학회는 이러한 작업을 개인적 차원을 넘어, 집단적 차원에서 행하는 모임이자 공간입니다. 요즘 유행하는 말로 '집단지성'의 힘을 믿는 것이 전제가 되는 것이겠지요.

한국헌법판례연구학회는 지난 1년간 뜻을 같이하는 회원 여러분들이 모여 이와 같이 우리가 사는 세상에 대하여 진단하고, 이에 대한 처방을 제시하는 작업을 집단적 차원에서 진행하여 왔습니다. 그 형식은 우리 학회의 전통에 따라 매월 월례발표회를 운영하는 것이었습니다. 그리고 그 결과의 일부를 이번 「헌법판례연구」 제11권에 남았습니다.

이번 호에도 「헌법판례연구」의 전통에 따라, 지난 1년간의 헌법재판소 활동을 정리하고, 헌법판례 중 헌법이론적 관점에서 의미가 있는 판례를 선정하여 평가를 하는 논문을 권두논문으로 실었습니다.

그리고 2011년 7월 24일 시행 예정인 '성폭력범죄자의 성충동 약물치료에 관한 법률'상의 성충동약물치료처분에 대하여 성폭력범죄자의 자기결정권, 신체의 자유 등의 기본권이론적 관점에서 비판적으로 분석하여 처방을 제시한 논문, 지난 2006년부터 부동산정책 중 하나로 시행되고 있는 부동산실거래가제도에 대하여 직업의 자유, 자기책임의 원칙 등의 관점에서 비판적으로 분석하여 처방을 제시한 논문, 장애인고용부담금에 대하여 특별부담금의 정당성 요건과 사용자의 영업의 자유의 관점에서 비판적으로 분석하여 처방을 제시한 논문, 헌법정책적 측면에서 헌법재판소와 법원의 관계를 구명한 논문을 실었습니다. 그리고 규범이 위헌이라고 판단하였을 때 독일 연방헌법재판소가 어떠한 변형결정을 하는지 설명하고 있는 독일 논문의 원문과 번역문을 실었습니다.

모든 작업이 그러하듯이, 이 책을 발간하기까지 여러분의 땀과 눈물이 필요하였습니다. 우선 귀중한 시간을 쪼개 좋은 논문을 집필 또는 번역해서 기고해 준 집필자 여러분의 학문적인 노력과 호의에 머리 숙여 감사의 인사를 드립니다. 그리고 이 책의 기획과 출판을 맡아 헌신적으로 애써준 이상경 교수, 조재현 교수, 김진곤 교수, 정필운 박사와 편집위원 여러분께 감사드립니다. 한편 편집실무를 맡아 책의 발간에 힘써 준 노현 부장님의 노고에 깊이 감사합니다. 박영사 안종만 회장님의 한결같은 지원과 조성호 부장님의 관심과 협조에도 깊은 감사의 인사를 드립니다.

2010년 2월

한국헌법판례연구학회를 대표하여 **이승우**

目　次

Table of Contents

2009년 중요헌법판례*

정 필 운**

Ⅰ. 통계로 본 헌법재판소의 2009년 활동

우선 지난 2009년 우리 헌법재판소(이하 '헌재'로 줄이기도 함)의 활동을 헌재가 집계한 자체 통계로 살펴보면 다음과 같다.

* 이 글을 작성하는데 연세대학교 대학원 법학과 박사과정에 재학중인 강일신 석사가 큰 도움을 주었다. 지면을 통하여 감사의 인사를 드리며, 학업에 큰 성취가 있기를 기원한다.
** 연세대학교 강사, 법학박사

〈2009년 헌법재판소 심판사건 통계〉[1]

구분		접수	계	위헌	헌법불합치	한정위헌	한정합헌	인용	합헌	기각	각하	기타	취하	미제
위헌법률		36	23 <15>	11 <9>	6 <6>				6					49
탄핵														
정당해산														
권한쟁의		12	11					5			3		3	15
헌법소원	§68①	975	1093 <8>	9 <5>	4 <3>			16		212	828 (777)		23	289
	§68②	464	418 <5>	8 <4>	1	1 <1>			111		288 (275)		9	257
	계	1439	1511 <13>	17 <9>	5 <3>	1 <1>		16	111	212	1116 (1052)		32	536
합계		1487	1545 <28>	28 <18>	11 <9>	1 <1>		21	117	212	1119 (1052)	1	35	610

※ 표주석

1. 결정란의 < >는 심판대상 법률조문의 숫자이다.
2. 헌법소원심판사건 중 지정재판부 처리건수는 ( )안에 기재하고 본란의 숫자는 합산 표시 하였다.
3. 법령에 대한 §68①의 헌법소원심판사건이 인용된 경우는 그 내용에 따라 위헌, 헌법불합치, 한정위헌 등으로 분류하였다.

---

1) 헌법재판소 홈페이지 내 사건통계(http://www.ccourt.go.kr/home/main/bpm/stat_c1_sub05.jsp)에서 2009년에 해당하는 부분을 전재하였다.

2009년에 헌재는 전년도 미제(未濟)사건 668건 외에 1,487건을 새로 접수하여 총 2,155건 중 1,545건(1,510건 결정 선고, 35건 취하)을 처리하여 결과적으로 610건의 미제사건을 남겼다.

새로 접수된 사건을 사건유형별로 살펴보면 예년과 마찬가지로 헌법소원사건이 1,439건으로 압도적으로 많았고, 그 중 권리구제형 헌법소원(헌재법 제68조 제1항)은 975건, 규범통제형 헌법소원(헌재법 제68조 제2항)은 464건이었다. 위헌법률심판사건은 36건, 권한쟁의심판은 12건이 새로 접수되었다. 올해도 탄핵심판사건과 정당해산심판사건은 없었다.

사건처리내용을 보면, 위헌결정이 28건, 헌법불합치결정이 11건, 한정위헌결정이 1건으로 총 40건의 사건에서 28개 법률조항에 대한 위헌성이 선언되었다. 한편, 권리구제형 헌법소원(헌재법 제68조 제1항)에 대한 인용건수는 16건, 권한쟁의심판에 대한 인용건수는 5건이었다. 이것을 다시 사건유형별로 살펴보면 위헌법률심판에 의한 것이 17건(위헌결정 11건, 헌법불합치결정 6건), 권한쟁의심판에 의한 것이 5건, 권리구제형 헌법소원에 의한 것이 29건(위헌결정 9건, 헌법불합치결정 4건, 인용 16건), 규범통제형 헌법소원에 의한 것이 10건(위헌결정 8건, 헌법불합치결정 1건, 한정위헌결정 1건)이다.

특히 주목할 만한 부분은 예년에 비해 권한쟁의심판 신청건수와 인용률이 높다는 점이다(처리사건 11건 중 5건). 그 이유는 국회의 의사결정과정에서 빚어진 잦은 파행과 지방자치제도 활성화에 따른 중앙정부와 지방자치단체간 권한분쟁 빈발에서 찾을 수 있다. 한편 헌재가 처리한 사건 중 헌법소원심판사건 비중이 여전히 높다. 그리고 이 중 대다수가 각하되었다(처리사건 1511건 중 1116건으로 약 73.8%). 올해의 미제사건이 619건이나 된다는 것도 이와 관련이 있을 것으로 짐작된다. 헌재가 좀 더 업무를 효율적으로 처리할 수 있도록 헌법소원사건을 덜어 줄 필요가 있다.

위헌법률심판사건 49건, 권한쟁의심판사건 15건, 헌법소원사건 536

건이 미제사건으로 남았다. 올해 처리한 위헌법률심판사건과 권한쟁의심판사건의 수와 비교할 때 지나치게 많은 사건이 미제로 남았다. 계속 지적된 것처럼, 미제사건 비율을 낮출 수 있는 입법론적·실무적 방법이 모색될 필요가 있다.

Ⅱ. 헌법재판소의 중요결정내용

2009년에 헌법재판소가 행한 결정 중 국민의 생활에 큰 영향력이 있거나, 다투고 있는 쟁점이 헌법적으로 중요한 의미가 있는 30여개의 결정을 정리하여 설명하면 다음과 같다.

1. 교통사고처리특례법 제4조 제1항 등 위헌확인[2)]

[사건의 내용 및 쟁점]

청구인은 대학생으로 3차선 도로를 횡단하던 중 가해운전자 운전 승용차 왼쪽 앞 휀더 및 유리창 부분에 부딪혀 약 12주간의 치료를 요하는 폐쇄성두개천장골절 등의 상해를 입었다. 그 이후 청구인은 뇌손상으로 인한 좌측 편마비와 안면마비가 오는 등 심각한 교통사고 후유증을 앓게 되었고, 결국 학업마저 중단하였다. 담당검사는 교통사고처리특례법 제4조 제1항 규정에 따라 가해운전자에 대하여 공소권 없음 결정을 하였고, 이에 청구인은 교통사고처리특례법 제4조 제1항이 국가의 기본권보호의무에 관한 과소보호금지원칙에 위배되고, 청구인의 평등권 및 재판절차진술권을 침해하였다고 주장하면서 이 사건 헌법소원심판을 청구하였다.

2) 헌재결 2009. 2. 26, 2005헌마764, 2008헌마118(병합).

[결정요지]

1. 다수의견

(1) 교통사고 피해자의 재판절차진술권 침해여부

① 교통사고 피해자가 업무상 과실 또는 중대한 과실로 인하여 '중상해'를 입은 경우

이 사건 법률조항은 자동차 수의 증가와 자가운전 확대에 즈음하여 운전자들의 종합보험 가입을 유도하여 교통사고 피해자의 손해를 신속하고 적절하게 구제하고, 교통사고로 인한 전과자 양산을 방지하기 위한 것으로 그 목적의 정당성이 인정되며, 그 수단의 적절성도 인정된다.

그러나 교통사고 피해자가 신체의 상해로 인하여 생명에 대한 위험이 발생하거나 불구 또는 불치나 난치의 질병에 이르게 된 경우, 즉 중상해를 입은 경우(형법 제258조 제1항 및 제2항 참조), 사고발생 경위, 피해자의 특이성(노약자 등)과 사고발생에 관련된 피해자의 과실 유무 및 정도 등을 살펴 가해자에 대하여 정식 기소 이외에도 약식기소 또는 기소유예 등 다양한 처분이 가능하고 정식 기소된 경우에는 피해자의 재판절차진술권을 행사할 수 있게 하여야 함에도, 이 사건 법률조항에서 가해차량이 종합보험 등에 가입하였다는 이유로 교통사고처리특례법 제3조 제2항 단서조항(이하, '단서조항'이라고 한다)에 해당하지 않는 한 무조건 면책되도록 한 것은 기본권침해의 최소성에 위반된다. 한편 우리나라 교통사고율이 OECD 회원국에 비하여 매우 높고, 교통사고를 야기한 차량이 종합보험 등에 가입되어 있다는 이유만으로 그 차량의 운전자에 대하여 공소제기를 하지 못하도록 한 입법례는 선진 각국의 사례에서 찾아보기 힘들며, 가해자는 자칫 사소한 교통법규위반을 대수롭지 않게 생각하여 운전자로서 요구되는 안전운전에 대한 주의의무를 해태하기 쉽고, 교통사고를 내고 피해자가 중상해를 입은 경우에도 보험금 지급 등 사고처리는 보험사에 맡기고 피해자의 실질

적 피해회복에 성실히 임하지 않는 풍조가 있는 점 등에 비추어 보면 이 사건 법률조항에 의하여 중상해를 입은 피해자의 재판절차진술권의 행사가 근본적으로 봉쇄된 것은 교통사고의 신속한 처리 또는 전과자의 양산 방지라는 공익을 위하여 위 피해자의 사익이 현저히 경시된 것이므로 법익의 균형성을 위반하고 있다.

따라서 이 사건 법률조항은 과잉금지원칙에 위반하여 업무상 과실 또는 중대한 과실에 의한 교통사고로 중상해를 입은 피해자의 재판절차진술권을 침해한 것이라 할 것이다.

② 교통사고 피해자가 업무상 과실 또는 중대한 과실로 인하여 '중상해가 아닌 상해'를 입은 경우

이 사건 법률조항이 교통사고로 인한 피해자에게 중상해가 아닌 상해의 결과만을 야기한 경우에 적용되는 경우에는, 제정목적인 교통사고로 인한 피해의 신속한 회복을 촉진하고 국민생활의 편익을 도모하려는 공익과 동 법률조항으로 인하여 침해되는 피해자의 재판절차에서의 진술권과 비교할 때 상당한 정도 균형을 유지하고 있으며, 단서조항에 해당하지 않는 교통사고의 경우에는 대부분 가해 운전자의 주의의무태만에 대한 비난 가능성이 높지 아니하고, 경미한 교통사고 피의자에 대하여는 비형벌화하려는 세계적인 추세 등에 비추어 과잉금지의 원칙에 반하지 않는다.

(2) 교통사고 피해자의 평등권 침해여부

① 교통사고 피해자가 업무상 과실 또는 중대한 과실로 인하여 '중상해'를 입은 경우

단서조항에 해당하지 않는 교통사고로 중상해를 입은 피해자와 단서조항에 해당하는 교통사고의 중상해 피해자 및 사망사고의 피해자 사이의 차별문제는 교통사고 운전자의 기소 여부에 따라 피해자의 헌법상 보장된 재판절차진술권이 행사될 수 있는지 여부가 결정되어 이는 기본권 행사에 있어서 중대한 제한을 구성하기 때문에 엄격한 심사

기준에 의하여 판단한다.

교통사고처리특례법 제3조 제2항 단서조항에 해당하지 않는 교통사고로 인하여 중상해를 입은 피해자는, 자신에게 발생한 교통사고의 유형이 단서조항에 해당하지 않는다는 우연한 사정에 의하여 형사재판에서의 진술권을 전혀 행사하지 못하게 되므로 합리적인 이유 없이 차별취급을 당하는 것이다. 따라서 이 사건 법률조항은 평등권을 침해하는 것이다.

② 교통사고 피해자가 업무상 과실 또는 중대한 과실로 인하여 '중상해가 아닌 상해'를 입은 경우

업무상 과실 또는 중대한 과실로 인한 교통사고로 피해자에게 중상해가 아닌 상해의 결과만을 야기한 경우에는, 앞서 본 바와 같이 재판절차진술권의 행사에 있어 중상해 피해자와 비교하여 달리 취급할 만한 정당한 사유가 있다 할 것이므로 피해자 보호 및 가해운전자의 처벌에 있어서 평등의 원칙에 반하지 아니한다.

(3) 국가의 기본권보호의무 위반여부

국가의 신체와 생명에 대한 보호의무는 교통과실범의 경우 발생한 침해에 대한 사후처벌뿐 아니라, 무엇보다도 우선적으로 운전면허취득에 관한 법규 등 전반적인 교통관련법규의 정비, 운전자와 일반국민에 대한 지속적인 계몽과 교육, 교통안전에 관한 시설의 유지 및 확충, 교통사고 피해자에 대한 보상제도 등 여러 가지 사전적·사후적 조치를 함께 취함으로써 이행된다 할 것이므로, 형벌은 국가가 취할 수 있는 유효적절한 수많은 수단 중의 하나일 뿐이지, 결코 형벌까지 동원해야만 보호법익을 유효적절하게 보호할 수 있다는 의미의 최종적인 유일한 수단이 될 수는 없다 할 것이다. 따라서 이 사건 법률조항은 국가의 기본권보호의무의 위반 여부에 관한 심사기준인 과소보호금지의 원칙에 위반한 것이라고 볼 수 없다.

(4) 판례변경

종전에 헌재가 이 결정과 견해를 달리하여 구 교통사고처리특례법(1984. 8. 4. 법률 제3744호로 개정되고, 1997. 8. 30. 법률 제5480호로 개정되기 전의 것) 제 4 조 제 1 항이 헌법에 위반되지 아니한다고 판시한 1997. 1. 16. 90헌마110 등 결정은 이 결정과 저촉되는 범위 내에서 이를 변경한다.

2. 재판관 민형기, 재판관 조대현의 반대의견

(1) 교통사고 피해자의 재판절차진술권 침해여부

헌재는 1997. 1. 16. 이 사건의 선례인 90헌가110 · 136(병합) 사건에서 구 교통사고처리특례법 제 4 조 제 1 항이 헌법에 위반하지 아니한다고 결정하였는바, 그 결론은 정당하고 이를 변경하여야 할 사정이나 필요성이 있다고 보이지 아니한다.

(2) 교통사고 피해자의 평등권 침해여부

이 사건 법률조항은 자동차 운전자로 하여금 종합보험 등의 가입을 유도함으로써 교통사고로 인한 피해의 신속한 회복을 촉진하고 국민생활의 편익을 증진하려는 목적으로 제정된 것이고, 교통사고를 일으킨 운전자가 중대한 과실을 범하지 않은 경우 형사처벌의 위험에서 벗어날 수 있도록 하려는 중요한 의도도 포함하고 있는바, 이 사건 법률조항이 가해 운전자가 단서조항에 해당하는 정도의 중대한 주의의무를 위반하지 아니하는 한 종합보험 등에 가입한 경우에는 공소를 제기할 수 없도록 한 것은 위와 같은 입법목적을 달성하기 위하여 적절한 수단이라고 아니할 수 없다.

(3) 국가의 기본권보호의무 위반여부

다수의견과 같이 단서조항에 해당하지 않는데도 피해자에게 중상해를 입혔다 하여 공소를 제기할 수 있도록 한다면, 중상해인지 여부를 명백히 판단하기 어렵고, 교통사고로 인한 상해 정도는 운전자의 과실 정도에 비례하는 것이 아니라 피해자의 나이, 성별, 부상부위, 신체적 특이성 등 우연한 사정에 의하여 달라질 수 있는 것이므로, 법 적용의 예측 가능성과 통일성을 확보하기 어렵게 될 것이다.

[평 석]

이 결정은 대상조항과 그 내용이 동일한 구 교통사고처리특례법 제 4 조 제 1 항의 합헌결정(헌재결 1997. 1. 16, 90헌마110 등)의 조항의 일부를 위헌이라고 변경한 점에서 의미를 찾을 수 있다. 그리고 국가의 기본권보호의무를 다시 한 번 확인하고, 그 심사기준에 관한 학계의 논란에도 불구하고 과소금지의 원칙으로 유지하였다는 점에 의미가 있다.

2. 법학전문대학원 설치·운영에 관한 법률 제 1 조 등 위헌확인[3)]

[사건의 내용 및 쟁점]

청구인들은 현재 서울 소재 14개 대학교의 각 법과대학에 재학중인 학생들로서, 법조인이 되기 위하여 사법시험을 준비해오고 있다. '법학전문대학원 설치·운영에 관한 법률'이 2007. 7. 27. 법률 제8544호로 제정되어 법학전문대학원(이하 '로스쿨'이라 한다)이 새로운 법조인 양성제도로 도입됨에 따라 현행 사법시험제도에 의한 사법시험 선발인원이 점차적으로 줄어들고 장기적으로는 사법시험제도가 폐지될 것으로 예상되자, 청구인들은 위 법률 제 1 조에 의한 로스쿨제도가 청구인들의 직업선택의 자유, 평등권, 공무담임권을 침해하고, 위 법률 제 6 조 제 2 항, 제19조 제 1 항, 제20조 제 2 항이 포괄위임입법금지원칙에 위배되며, 위 법률 제26조 제 2 항 및 제 3 항이 청구인들의 직업선택의 자유, 평등권, 공무담임권을 침해하고, 위 법률 부칙 제 1 항 및 제 2 항이 신뢰보호원칙에 위배된다고 주장하며 이 사건 헌법소원심판을 청구하였다.

---

3) 헌재결 2009. 2. 26, 2007헌마1262.

[결정요지]

다양한 전공자를 대상으로 전문적인 법학교육을 실시하고 다양한 학문풍토를 조성하고자 하는 이 사건 법률 제26조 제2항 및 제3항이 추구하는 입법목적의 정당성이 인정되고, 전공과 출신대학에 따라 로스쿨 입학정원 비율을 제한하는 것은 이 사건 법률 제26조 제2항 및 제3항이 추구하는 입법목적을 달성하기 위한 적절한 방법이 될 수 있고, 입법목적을 달성하는 수단을 선택함에 있어서 입법자의 선택재량의 범위를 일탈하였다고 볼 수 없어서 최소침해성원칙에도 위배되지 아니하며, 로스쿨을 지원함에 있어서 청구인들이 받게 되는 불이익보다 위와 같은 입법목적을 달성하여 얻게 되는 공익이 훨씬 더 크다고 할 것이어서 법익균형성원칙에도 위배되지 아니하므로, 이 사건 법률 제26조 제2항 및 제3항은 비례의 원칙에 위배되지 않기 때문에 청구인들의 직업선택의 자유를 침해하지 아니한다.

이 사건 법률 제26조 제2항 및 제3항이 로스쿨 입학정원을 정함에 있어서 법학전공자와 로스쿨 설치 대학 지원자를 차별하지만 다양한 전공자를 대상으로 전문적인 법학교육을 실시하고 다양한 학문풍토를 조성하고자 하는 합리적인 사유가 있으므로 청구인들의 평등권을 침해하지 아니한다(재판관 조대현의 위헌의견 있음).

[평 석]

이 결정은 사회적 논란이 되었던 이른바 '로스쿨법'의 일부 내용에 대하여, 입법자의 재량을 인정하여 합헌으로 결정하였다는 점에 의미가 있다. 그러나 헌재의 합헌결정이 그에 대한 입법정책적인 타당성을 담보하는 것이 아님은 물론이다. 도입취지와 긴급하게 도입할 수 밖에 없는 역학관계는 충분히 공감하나, 제도핵심이 당초 로스쿨을 도입하려는 취지와 동떨어지고 우리의 법학교육현실을 무시하고 도입된 것이어서 이 제도가 제대로 자리잡을 수 있을지, 또 이와 같은 모양으로 자리잡는 것이 좋을지 의문이다.

한편 헌재는 이와는 별도로 이 법의 설치 인가주의 및 총입학정원주의를 다투는 헌법소원(2009. 2. 26, 2008헌마370, 2008헌바147(병합))에서 이를 합헌으로 판단하였다.

3. 의료법 위반에 대한 기소유예처분취소[4)]

[사건의 내용 및 쟁점]

청구인은 창원시 성주동에서 치과의원을 경영하는 치과의사인바, ① 의료인은 진료에 관한 사항을 상세히 기록 및 서명하여야 함에도 불구하고, 위 치과의원에서 작성한 환자에 대한 진료기록부에 서명하지 아니하였고, ② 의료기관 또는 의료인은 객관적으로 인정되지 아니하거나 근거가 없는 내용을 포함하는 광고 및 거짓이나 과장된 내용의 의료광고를 하여서는 아니 됨에도 불구하고, 위 치과의원 입구에 배너를 설치하여 "저희 병원은 세계가 인정한 Straumann Implant (ITI) 시술병원입니다."라는 내용으로 과대광고를 하였다. 위 피의사실 모두에 관하여 창원지방검찰청이 기소유예처분을 하자, 청구인은 청구인의 직업수행의 자유, 행복추구권과 평등권 등 기본권의 침해를 주장하며 이의 취소를 구하는 헌법소원심판을 청구하였다.

[결정요지]

이 사건 법률조항은 의료인에 대하여 진료기록부 서명의무를 강제하는 것으로서, 입법재량의 범위를 벗어났다거나 필요 이상의 지나친 제재를 가하여 청구인의 직업수행의 자유를 침해한다거나 명확성의 원칙과 평등원칙에 위배된다고 할 수 없다. 따라서 피청구인의 진료기록부 서명의무 불이행 부분에 대한 기소유예처분은 합헌인 대상조항에

4) 헌재결 2009. 12. 29, 2008헌마593.

근거하여 행하여진 처분으로서, 피청구인이 헌법의 해석, 법률의 적용 또는 증거판단과 관련하여 위 기소유예처분에 영향을 미친 중대한 잘못을 저질렀다고 보이지 아니하고, 달리 위 기소유예처분이 헌재가 관여할 정도의 자의적 처분이라고 볼 자료도 없으므로, 이로 말미암아 청구인의 직업수행의 자유, 행복추구권과 평등권 등 기본권이 침해되었다고 볼 수 없다.

한편 위 의료광고는 구체적인 사실을 적시한 것이라기보다는 주관적 평가를 필요로 하는 '추상적인 용어'만을 사용한 것으로, 일반인들이 청구인을 세계적인 치과의사로 오인·혼동할 우려가 있다고 보기 어려움에도 불구하고, 피청구인이 위 의료광고를 의료법상 금지된 과장의료광고라고 판단한 것은 객관적으로 자의적인 판단에 해당하므로, 기소유예처분으로 청구인의 행복추구권과 평등권이 침해되었다.

4. 구 군인연금법 제21조 제5항 제2호 위헌제청[5)]

[사건의 내용 및 쟁점]

제청신청인은 20년 이상 군인으로 복무하다가 퇴직한 후 두산중공업 주식회사에 근무하며 위 회사로부터 급여를 지급받았다. 국방부장관은 위 회사가 구 군인연금법(1995. 12. 29. 법률 제5063호로 개정되기 전의 것) 관련규정에 의한 연금지급정지대상기관이라는 이유로 제청신청인에 대한 퇴역연금 중 2분의 1에 해당하는 금액의 지급을 정지하였다. 이에 제청신청인은 대한민국을 상대로 서울행정법원 2004구합22374호로 지급정지 퇴직연금과 지연손해금의 지급을 구하는 소를 제기하는 한편 구 군인연금법 제21조 제5항 제2호(1982. 12. 28. 법률 제3587호로 개정되고, 1995. 12. 29. 법률 제5063호로 개정되기 전의 것)가 헌법에 위반된다며 위헌법률심판 제청신청을 하였고, 위 법원은 이를 받아들여 위헌

5) 헌재결 2009. 3. 26, 2007헌가5·6·7(병합).

법률심판을 제청하였다. 구 군인연금법 제21조 제5항 제2호가 지급정지의 요건과 내용에 관하여 구체적으로 범위를 정하지 아니하고 포괄적으로 대통령령에 위임함으로써 헌법 제75조의 포괄위임금지의 원칙에 위반되는지, 그리고 연금의 2분의 1 이상을 지급정지하는 것이 과잉제한으로서 재산권을 침해하는지가 쟁점이다.

[결정요지]

헌재는 1994. 6. 30. 선고된 92헌가9 결정에서 구 군인연금법 제21조 제5항 제2호 중 퇴역연금액의 2분의 1을 초과하는 부분으로서 봉급연불적 성질이 있는 본인의 기여금에 상당한 부분에 대한 지급정지 규정은 헌법에 위반된다는 결정을 선고한 바 있으므로 위 부분에 대한 위헌법률심판제청은 부적법하다.

퇴역연금수급권자에게 임금 등 소득이 퇴직 후에 새로 생긴 경우 이러한 소득과 연계하여 퇴역연금 일부의 지급을 정지하는 지급정지제도의 본질에 비추어 지급정지의 요건 및 내용을 규정함에 있어서는 소득 유무뿐만 아니라 소득수준에 대한 고려가 필수적이다. 그런데 구 군인연금법 제21조 제5항 제2호 중 퇴역연금액의 2분의 1 이내인 부분으로서 국고의 부담금에 상당한 부분을 지급정지하는 규정은 지급정지와 소득수준의 상관관계에 관한 일체의 규율을 대통령령에 일임하고 있으므로 포괄위임금지의 원칙에 위반된다.

5. 공직선거법 제261조 제5항 제1호 위헌제청[6]

[사건의 내용 및 쟁점]

갑당 당원이던 을은 1상자에 9,000원 상당하는 건어물을 갑당 소속 부산광역시장 후보예정자였던 병을 발송인으로 하여, 제청신청인들

6) 헌재결 2009. 3. 26, 2007헌가22.

에게 1상자씩을 발송하였다. 부산광역시 선거관리위원회는 신청인들이 위 건어물 1상자씩을 받았다고 보고 공직선거법 제116조 및 같은 법 제261조 제5항 제1호에 따라 신청인들에게 과태료 각 450,000원(=9,000원×50배)을 부과하였고, 이에 대해 신청인들이 이의를 제기하자 부산지방법원 동부지원은 신청인들에게 과태료 450,000원에 처하는 1심 결정을 하였으며, 신청인들은 위 제1심 결정에 대해 즉시항고를 제기하였다. 항고심법원은 공직선거법 제261조 제5항 제1호가 위헌이라고 인정할만한 상당한 이유가 있다며 위헌제청결정을 하였다. 위반행위가 위반자의 요구 등 적극성, 기부행위자와 위반자의 관계, 위반자의 경제적 형편, 기부행위의 행태와 경위 등에 따라 위법성의 정도가 다양할 수 있는데도 불구하고, 대상조항에서는 그 위반에 대한 과태료로 통상의 입법례인 '…… 원 이하'가 아니라 '제공받은 가액의 50배에 상당하는 금액'으로 규정하여 위반행위의 유형에 따른 차등부과의 가능성을 배제하고 있는바, 이는 헌법 제37조 제2항의 과잉금지원칙에 위반되는지, 또한 입법부가 사안에 따른 구체적인 사법판단의 기능까지 행사하도록 규정한 것이 입법재량의 한계를 넘은 것인지가 쟁점이다.

[결정요지]

이 사건 심판대상은 이 사건 구법 조항의 위헌 여부이지만, 이 사건 신법 조항의 경우에도 과태료의 기준 및 액수가 실질적인 차이가 없으므로, 이 사건 신법 조항으로 심판대상을 확장한다.

이 사건 구법 조항 및 이 사건 신법 조항(이하 이를 합쳐 '대상조항'이라 한다)은 의무위반자에 대하여 부과할 과태료의 액수를 감액의 여지없이 일률적으로 '제공받은 금액 또는 음식물·물품 가액의 50배에 상당하는 금액'으로 정하고 있는데, 이 사건 심판대상조항이 적용되는 '기부행위금지규정에 위반하여 물품·음식물·서적·관광 기타 교통편의를 제공받은 행위'의 경우에는 그 위반의 동기 및 태양, 기부행위가 이루어진 경위와 방식, 기부행위자와 위반자와의 관계, 사후의 정황 등에 따라 위법성 정도에 큰 차이가 있을 수밖에 없음에도 이와 같은 구체적, 개별적 사정을 고려하지 않고 오로지 기부받은 물품 등의 가액만을 기준으로 하여 일률적으로 정해진 액수의 과태료를 부과한다는 것은 구체적 위반행위의 책임 정도에 상응한 제재가 되기 어렵다.

또한, 이러한 획일적인 기준에 따른 과태료의 액수는 제공받은 금액 또는 음식물·물품 가액의 '50배'에 상당하는 금액으로서 제공받은 물품 등의 가액 차이에 따른 과태료 액수의 차이도 적지 아니한 데다가 그와 같은 50배의 과태료가 일반 유권자들에게 소액의 경미한 제재로 받아들여질 수도 없는 것이다.

나아가 소액의 위법한 기부행위를 근절함으로써 선거의 공정성을 확보한다는 입법목적의 달성은, 반드시 과태료의 액수가 '50배'에 상당하는 금액이 되어야만 가능한 것이 아니고, 과태료의 액수를 '50배 이하'로 정하는 등 보다 완화된 형식의 입법수단을 통하여도 얼마든지 가능한 것이다.

이 사건 심판대상조항은 헌법에 위반되므로 원칙적으로 위헌결정을 하여야 할 것이나, 이 사건 심판대상조항의 위헌성은 과태료 제재 자체에서가 아니라 과태료의 기준 및 액수의 획일성, 과중성에서 비롯된 것인데, 대상조항에 대하여 단순위헌결정을 선고하여 당장 그 효력을 상실시킬 경우에는 입법자가 대상조항을 개정하게 될 때까지 법적 규제의 공백상태가 되어 법 집행상의 혼란과 형평의 문제가 발생할 수 있고, 위헌적인 조항들을 합헌적으로 조정하는 임무는 원칙적으로 입법자의 형성재량에 속하는 사항이라는 점 등을 고려하여 헌법불합치결정을 선고하되, 입법자가 개선 입법에 의하여 위헌성을 제거할 때까지 법원 기타 국가기관 및 지방자치단체는 이 사건 대상조항의 적용을 중지하고 위헌성이 제거된 개정조항을 기다려 이를 적용하도록 하는 것이 상당하다(재판관 이공현, 재판관 김희옥의 반대의견[합헌] 있음).

6. 경상북도 시·군의회의원 선거구와 선거구별 의원정수에 관한 조례 [별표] 위헌 확인[7)]

[사건의 내용 및 쟁점]

청구인 등은 공직선거법 제26조 제2항에 의하여 경상북도의회가 2006. 1. 12. 조례 제2902호로 전부 개정하고 경상북도지사가 공포한 '경상북도 시·군의회의원 선거구와 선거구별 의원정수에 관한 조례' 제2조의 [별표] 중 상주시 마 선거구 등에 주소를 두고, 2006. 5. 31. 실시될 예정이었던 제4회 경상북도 시·군의회의원선거에서 선거권을 행사하려던 자이다. 그런데 청구인 등은 위 [별표]로 획정된 경상북도 시·군의회의원 선거구들 간에는 상당한 인구수의 편차가 존재하고 있고 이와 같은 인구편차는 자신의 투표가치를 지나치게 과소평가하여 평등선거의 원칙에 반할 뿐 아니라 헌법상 보장된 평등권과 선거권 등을 침해하는 것이라고 주장하면서 2006. 1. 16. 그 위헌확인을 구하는 이 사건 헌법소원심판을 청구하였다.

[결정요지]

1. 다수의견

(1) 자치구·시·군 의회의원 선거구의 인구편차 비교방식(해당 선거구의 의원 1인당 인구수를 그 선거구가 속한 자치구·시·군 의회의원 1인당 평균인구수와 비교)

1선거구당 2인 내지 4인의 의원을 선출하는 방식인 자치구·시·군 선거구의 인구편차 비교방식에 있어서도 해당 선거구의 의원 1인당 인구수를 그 선거구가 속한 자치구·시·군의회의원 1인당 평균인구수(각 자치구·시·군의 인구수÷의원수)에 비교하는 방식이 더욱 간명하고 평등의 원칙에 부합한다.

---

7) 헌재결 2009. 3. 26, 2006헌마67.

(2) 자치구 · 시 · 군 의회의원 선거구 획정에서 요구되는 인구편차의 헌법상 허용한계(평균인구수로부터 상하 60%의 편차 범위 내)

자치구 · 시 · 군의회의원 선거구 획정에는 인구 외에 행정구역 · 지세 · 교통 등 여러 가지 조건을 고려하여야 하므로, 그 기준은 투표가치의 평등으로서 가장 중요한 요소인 인구비례의 원칙과 우리나라의 특수한 사정으로서 자치구 · 시 · 군의회의원의 지역대표성 및 인구의 도시집중으로 인한 농어촌 간의 극심한 인구편차 등 3개의 요소를 합리적으로 참작하여 결정되어야 할 것인바, 이러한 점에서 자치구 · 시 · 군의회의원 선거구 획정에서는 국회의원 선거구 획정에서 요구되는 기준보다 더 완화된 인구편차 허용기준을 적용하는 것이 타당하고, 인구비례 · 지역대표성 등 고려할 사정이 유사한 시 · 도의회의원 선거구 획정에서의 선례 또한 평균인구수로부터 상하 60%의 편차를 허용기준으로 삼았으므로, 이와 동일한 기준에 따르는 것이 상당하다.

(3) 이 사건 심판대상인 선거구 획정의 위헌 여부(일부 적극, 일부 소극)

상주시 마 선거구란, 영천시 다 선거구란, 김천시 라 선거구란의 의원 1인당 인구수는 헌법상 인구편차 허용기준인 상하 60%의 편차를 넘어서고, 이러한 인구편차를 통해서 발생한 투표가치의 불평등은 합리적 사유에 의하여 정당화될 수 없다고 할 것이므로, 상주시 마 선거구, 영천시 다 선거구, 김천시 라 선거구의 획정은 자치구 · 시 · 군의원 선거구 획정에서 헌법상 허용되는 시 · 도의회의 재량 범위를 일탈한 것으로서 해당 선거구에 거주하는 청구인들의 헌법상 보장된 평등권 및 선거권을 침해한다.

반면 경산시 나 선거구란의 의원 1인당 인구수는 위 60%의 편차를 넘지 아니하여, 경산시 나 선거구의 획정은 헌법상 허용되는 시 · 도의회의 재량 범위를 일탈한 것이라고 단정하기 어려우므로, 그 선거구에 거주하는 청구인의 평등권이나 선거권을 침해한다고 보기 어렵다.

(4) 자치구 · 시 · 군 의회의원 선거구 획정에서 일부 선거구 획정의 불평등을 이유로 해당 시의 의회의원 선거구 전체에 대하여 위헌선언을 할 것인지 여부(적극)

헌법상 보장된 평등권 및 선거권을 침해하는 것은 [별표] 중 '상주시 마 선거구', '영천시 다 선거구, 김천시 라 선거구'에 관한 부분이지만, 각 자치구·시·군 내의 의회의원 선거구들은 각 선거구가 서로 유기적으로 관련을 가짐으로써 한 부분에서의 변동은 다른 부분에도 연쇄적으로 영향을 미칠 수밖에 없고, 위 [별표] 중 '상주시의회의원 선거구들', '영천시의회의원 선거구들', '김천시의회의원 선거구들' 부분은 각 선거구들 별로 전체가 불가분의 일체를 이루어 어느 한 부분에 위헌적인 요소가 있다면 해당 선거구들 전체가 위헌의 하자를 띠는 것이다.

(5) 위헌인 선거구가 속한 시의회의원의 선거구들 부분을 2009. 12. 31.을 시한으로 입법자가 개정할 때까지 계속 적용하도록 하는 내용의 헌법불합치결정을 한 사례

그러나 이미 위 위헌 부분에 기하여 자치구·시·군의원 선거가 실시된 점, 자치구·시·군의원 선거구 획정에 있어서는 정치세력이나 행정구역 간의 이해관계 등 많은 요소가 고려되어야 하기 때문에 그 개정입법이 빠른 시일 내에 이루어지기 어려운 점, 만일 개정입법이 이루어지기 전에 재선거 또는 보궐선거가 실시될 경우 자치구·시·군의원 선거구에 관한 법의 공백이 생기게 되는 점 등을 고려할 때, 입법자가 2009. 12. 31.을 시한으로 이를 개정할 때까지 위 [별표] 중 '상주시의회의원 선거구들 부분', '영천시의회의원 선거구들 부분' 및 '김천시의회의원 선거구들 부분'의 잠정적 적용을 명하는 헌법불합치결정을 하는 것이 타당하다.

2. 재판관 조대현 별개의견

2005. 8. 4. 개정·시행된 공직선거법은 기초의원 선거에 관하여 하나의 지역구에서 2인 이상 4인 이하의 의원을 선출하는 중선거구제를

채택하였으므로, 하나의 지역구에서 1인만 선출하는 소선거구제의 경우에 비하여 각 지역구의 인구편차를 더 좁게 줄일 수 있다.

기초의원지역구의 인구편차는 서로 다른 기초자치단체 사이에서 인구편차를 비교하여야 하는 국회의원 선거나 시·도의원 선거와 같이 넓게 허용할 필요성이 적고, 기초의원 선거에 관하여 중선거구제를 채택하여 인구편차의 조정을 용이하게 한 이상, 도농복합시의 경우에도 기초의원지역구의 인구편차를 국회의원 선거나 시·도의원 선거의 경우만큼 허용하기는 어렵다.

따라서 기초의원지역구의 인구편차는 기초의원 1인당 선거인수 또는 인구수가 2:1의 비율을 넘지 못한다고 봄이 상당하다.

3. 재판관 김종대 별개의견

선거구 획정을 다투는 소송은 주관적 권리관계에 대한 쟁송의 성격보다는 객관적 공익소송의 성격을 띨 수밖에 없다는 선거구 소송의 근본취지상 청구인의 선거구와는 관계없이 청구인이 속한 의회 전체의 선거구들 중 최대선거구와 최소선거구의 인구수의 비율로써 위헌 여부를 판단하여야 한다.

최대선거구와 최소선거구 간의 인구편차가 2:1을 초과하여 벌어진 경우에는 최소선거구의 선거인에게 최대선거구의 선거인과 비교하여 두사람 몫 이상의 투표가치를 인정하는 것이 되어 현저한 불평등을 초래하므로 인구편차 2:1은 선거구 획정에서 꼭 지켜져야 할 논리적이고 산술적인 평등선서 제한의 한계가 된다.

4. 재판관 송두환 별개의견

이 사건에서 1차적이고 핵심적인 판단대상은 청구인들이 속한 선거구에 있어서의 투표가치와 해당 자치단체 내의 다른 선거구들에 있어서의 투표가치를 비교하여 불합리한 차별이 있는지 여부라 할 것이지, '평균적 투표가치에 미달하는 취급을 받는 것이 부당하다'는 데 있는 것이 아니다.

다수의견이 채택한 평균인구수와의 편차를 기준으로 하는 방식은, 어떤 자치구역의 여러 선거구들 중 대다수 선거구들의 각 인구수는 평균인구수 부근에 분포하고 특정 소수의 선거구만 평균인구수에서 벗어나 있는 경우에 2:1밖에 되지 않아도 위헌의 판단을, 6배에 해당하여도 합헌의 판단을 받게 되어, 기이한 결론에 이르는 수리적(數理的) 결함이 있다.

따라서 청구인의 선거구의 인구수와 최소선거구 인구수와의 비율을 기준으로 하여 평등선거권의 침해 여부를 판단하여야 하고, 그 허용비율은 광역의회의원 지역선거구보다는 엄격한 3:1을 넘지 않도록 하여야 한다.

[평 석]

이 결정은 지방의회의원 선거구 획정이 헌법상 인구편차 허용기준인 상하 60%의 편차를 넘어서 평등권 및 선거권을 침해하였으므로 위헌임을 확인하고, 다만 선거가 이미 실시된 점, 자치구·시·군의원 선거구 획정에 있어서는 정치세력이나 행정구역 간의 이해관계 등 많은 요소가 고려되어야 하기 때문에 그 개정입법이 빠른 시일 내에 이루어지기 어려운 점 등을 이유로 시한을 정하여 잠정적 적용을 명하는 헌법불합치결정을 하였다.

헌재는 같은 날, 이외에도 충청남도 시·군의회의원 선거구와 선거구의원정수에 관한 조례 [별표 2] 위헌확인 등(2009. 3. 26, 2006헌마240·371(병합))에 대해서 같은 논리로 일부에 대하여 헌법불합치결정을 한 반면, 서울특별시 자치구의회의원선거구와 선거구별 의원정수에 관한 조례 [별표] 위헌확인(2009. 3. 26, 2006헌마14)과 부산광역시 구·군의회의원 선거구와 선거구별 의원정수 조례 등 위헌확인(2009. 3. 26, 2006헌마188)에 대해서는 기각결정을 하였다.

7. 국세징수법 제78조 제2항 후문 위헌제청[8)]

[사건의 내용 및 쟁점]

공매대금배분의 근거가 된 조항으로서 매수대금을 납부기한까지 납부하지 아니하여 매각결정이 취소된 경우에 매수인이 납부한 계약보증금을 배분금액에 포함하지 아니하고 별도로 국고에 귀속하도록 정하고 있는 국세징수법 제78조 제2항 후문이 민사집행법상의 채권자나 담보권자와 차별하여 평등원칙에 위배되는지 여부가 쟁점이다.

[결정요지]

국세징수법 등 관련 규정의 체계 및 운영 형태에 비추어 볼 때, 국세징수법상 공매는 체납자와 매수인 사이의 사법상 매매계약을 체납처분청이 대행하는 성격을 가지고, 계약보증금 제도는 이러한 매매의 조건을 법정한 것으로서 위약금약정과 유사한 성격이 있으며, 이러한 점은 민사집행법상 매수신청보증 제도와 본질적으로 동일하다. 사유재산제도의 보장, 사적자치의 원칙, 법치국가원리에 따른 과잉금지원칙 등의 정신에 비추어볼 때, 채권실현을 위하여 사적인 거래 영역에 부득이하게 국가기관의 강제력이 개입됨을 전제로 하는 체납처분절차 및 민사집행절차를 형성하는 경우 적어도 대상재산의 현금화 단계에서는 최대한 사적인 거래 영역을 존중하여야 한다. 국가 등에 조세채권의 자력집행권을 인정하는 취지는, 절차를 직접 개시할 수 있도록 하고 현금화된 대상재산의 교환가치에 의한 채권의 만족에 일정 정도 우선적 지위를 가지도록 하는 데에 있을 뿐, 대상재산의 현금화 단계에서 조세채권 및 절차비용 이외에 별도의 이익을 취득하도록 허용하는 것은 아니다.

따라서, 이 사건 법률조항은 위약금약정의 성격을 가지는 매각의 법정조건으로서 민사집행법상 매수신청보증금과 본질적으로 동일한 성

8) 헌재결 2009. 4. 30, 2007헌가8.

격을 가지는 국세징수법상 계약보증금을 절차상 달리 취급함으로써, 국세징수법상 공매절차에서의 체납자 및 담보권자를 민사집행법상 경매절차에서의 집행채무자 및 담보권자에 비하여 그 재산적 이익의 영역에서 합리적 이유 없이 자의적으로 차별하고 있으므로 헌법상 평등원칙에 위반된다.

대상조항은 계약보증금의 최종적인 귀속이 국고로 정해진다는 점에서 평등원칙에 위반된다는 것이지, 위약금약정의 성격에 따라 대금납부의무 불이행 시 이를 매수인에게 반환하지 아니하는 법정조건을 정하는 점이 위헌이라는 것은 아니다. 대상조항에 대하여는 그 위헌성을 확인하되 형식적인 존속을 유지하면서 입법자로 하여금 개선입법을 촉구하는 의미에서 헌법불합치결정을 선고하고, 별도의 국고 귀속을 방지한다는 의미에서 개선입법이 시행될 때까지 그 적용을 중지하도록 한다(재판관 조대현의 일부위헌의견 있음).

8. 구 상표법 제7조 제3항 위헌소원[9)]

[사건의 내용 및 쟁점 및 쟁점]

상표법(1997. 8. 22. 법률 제5355호로 개정된 것) 제7조 제3항 본문 괄호 부분인 "타인의 등록상표가 제71조 제3항의 규정에 의하여 무효로 된 경우에도 이에 해당하는 것으로 본다" 중 제7조 제1항 제7호에 관한 부분, 즉 선출원된 상표가 있어 무효가 된 상표와 선출원 없이 무효화된 상표를 구별하지 않는 것이 평등권과 영업의 자유를 침해하여 위헌인지 여부가 쟁점이다.

[결정요지]

선등록상표와 동일 또는 유사한 상표의 등록을 막는 입법목적은

9) 헌재결 2009. 4. 30, 2006헌바113 · 114(병합).

크게 두 가지를 생각할 수 있다. 첫째는 선등록상표권자의 상표권을 보호하는 것인 한편, 둘째는 동종 상품에 대하여 동일 또는 유사한 상표가 중복 등록되면 수요자에게 상품의 출처에 관한 오인·혼동을 일으켜 상품의 유통질서를 저해하므로 이를 방지하기 위한 것이다. 그런데 이미 선등록상표가 무효로 확정되었다는 것은 선등록상표의 보호가치가 없음이 확인된 것이므로, 입법목적 중 선등록상표권자의 상표권에 대한 보호는 대상조항 부분의 목적으로 인정될 수 없다. 그러므로 대상조항 부분의 입법목적은, 결국 동일 또는 유사한 상표의 공존(共存)으로 인한 소비자의 오인·혼동을 방지하고자 하는 것이다. 그렇다면 위와 같은 입법목적을 달성하기 위하여 대상조항 부분과 같이 후출원상표의 출원 후에 선등록상표를 무효로 한다는 심결이 확정된 경우에도 후출원상표의 등록을 거절하거나 후등록상표에 대한 무효심결을 하도록 하는 것은 동일 또는 유사한 상표의 공존을 억제하여 소비자의 오인·혼동을 방지한다는 입법목적에 기여하는 바가 거의 없다. 오히려 대상조항 부분은 '무효의 소급효'(상표법 제71조 제3항)에 배치되어 전체 상표법 체계에 혼란을 야기시킬 뿐만 아니라, 나아가 이미 상표등록을 마친 후출원자는 선등록상표가 무효로 확정된 이후에도 후등록상표가 무효로 됨으로써, 정당한 이유 없이 재산권인 상표권과 당해 상표를 이용하여 직업을 수행할 자유를 침해받게 된다.

결국 이 사건 법률조항 부분은 소비자의 오인·혼동 방지라는 입법목적에 기여하는 바는 거의 없는 반면, 정당한 후출원상표권자의 재산권과 직업의 자유를 합리적 이유 없이 침해한다(재판관 이공현의 반대의견 있음).

9. 初·중등교육법 시행령 제84조 위헌확인[10)]

[사건의 내용 및 쟁점]

청구인은 고등학교에 재학 중인 아들과 장차 고등학교에 진학하게 될 중학생 딸을 두고 있는 학부모로서 신입생에 대한 고등학교의 배정을 원칙적으로 교육감의 추첨에 의하도록 규정하고 있는 초·중등교육법시행령 제84조가 청구인의 자녀가 원하는 학교로 지원할 기회를 봉쇄하는 한편, 원하지 않는 학풍 혹은 종교교육을 실시하는 학교에 배정될 수 있도록 함으로써 청구인과 같은 학부모의 학교선택권과 종교교육권 및 행복추구권 등을 침해하여 위헌이라고 주장하며 이 사건 헌법소원심판을 청구하였다.

[결정요지]

1. 다수의견

부모의 자녀에 대한 교육권은 비록 헌법에 명문으로 규정되어 있지는 아니하지만, 혼인과 가족생활을 보장하는 헌법 제36조 제1항, 행복추구권을 보장하는 헌법 제10조 및 헌법 제37조 제1항에서 나오는 중요한 기본권이며, 이러한 부모의 자녀교육권이 학교영역에서는 자녀의 교육진로에 관한 결정권 내지는 자녀가 다닐 학교를 선택하는 권리로 구체화된다.

국가는 헌법 제31조에 의하여 학교의 제도, 조직, 학교유형, 교육목표, 수업의 내용 및 방법 등 학교교육에 관한 광범위한 형성권을 가지고 있다. 이 사건 조항은 고등학교 과열입시경쟁을 해소함으로써 중학교 교육을 정상화하고, 학교 간 격차 및 지역 간 격차 해소를 통하여 고등학교 교육 기회의 균등 제공을 위한 것으로서 입법목적이 정당하며, 각 학교에 의한 입학생 경쟁 선발 방법이 아닌 교육감에 의한 입학

10) 헌재결 2009. 4. 30, 2005헌마514.

전형 및 학교군별 추첨에 의한 배정방식을 취하는 것은 수단의 적정성이 인정된다.

교육감 추첨에 의한 입학전형에서는 학교분포와 통학거리 등을 고려하여 학생들을 인근 학교에 갈 수 있도록 하는 것이 가장 합리적이고 보편적인 방법이며, 초·중등교육법시행령에서는 학생과 학부모의 학교선택권에 대한 제한을 완화하기 위하여 선복수지원·후추첨방식과 같은 여러 보완책을 두고 있으므로, 이 사건 조항이 거주지에 의하여 학부모의 학교선택권을 과도하게 제한한다고 보기는 어렵다. 한편 '사립'학교선택권의 보장은 여러 교육여건이 갖추어진 뒤에 정책적으로 결정하여야 할 사항으로서, 우리나라도 특수목적고등학교, 자립형 사립고등학교, 자율형 학교의 증가로 사립학교 선택권이 점차 보장되는 방향으로 가고 있으며, 대부분의 시·도에서 선복수지원·후추첨방식을 채택하고 있어 제한적으로 종교학교를 선택하거나 선택하지 않을 권리를 보장하고 있고, 종교과목이 정규과목인 경우 대체과목의 설치를 의무화하고 있는 점들을 고려할 때, 이 사건 조항으로 인하여 학부모의 '사립학교선택권'이나 종교교육을 위한 학교선택권이 과도하게 제한된다고 보기도 어렵다.

초·중등교육법 제47조 제 2 항은 학생의 수요와 고등학교의 공급을 조절할 필요성의 정도, 해당 지역 주민들과 교육청의 의사 등을 고려하여 고교평준화지역의 고등학교의 입학방법 및 절차를 교육과학기술부령으로 정하도록 한 것으로 보아야 하므로, 이 사건 조항의 법적 근거가 되며, 이 사건 조항은 교육감이 학생의 수요와 고등학교의 공급을 조절할 필요성의 정도, 해당 지역 주민들과 교육청의 의사 등을 고려하여 학생의 수요와 고등학교의 공급을 조절하여 교육시설을 효율적으로 활용할 수 있도록 하기 위한 것이라는 점에서 수권법률의 위임취지에 부합한다.

2. 재판관 김종大, 재판관 목영준, 재판관 송두환의 반대의견

학교교육제도와 그 운영에 관한 기본적·본질적 사항으로서 학부모의 자녀학교 선택권을 제한하고 있는 '무시험 추첨배정에 의한 고등학교 입학전형제도'는 헌법 제31조 제6항에 따라 국회가 법률로써 직접 규율해야 할 사항임에도 불구하고, 초·중등교육법 제47조 제2항은 아무런 구체적 대강도 정함이 없이 이를 행정입법인 이 사건 조항에 백지위임하고 있어 헌법에 위반되며, 위헌인 위 법률의 위임을 받아 '무시험 추첨배정에 의한 고등학교 입학방법'을 정하고 있는 이 사건 조항은 헌법상 의회유보의 원칙에 위반하여 학부모의 자녀학교 선택권을 제한하고 있으므로, 헌법에 위반된다.

3. 재판관 조대현의 일부반대의견

이 사건 조항 중 학생이 진학할 고등학교를 선택하여 지원할 기회를 주지 않는 부분은 학생의 적성과 능력에 맞는 학교를 선택할 자유를 정당한 사유도 없이 부정함으로써 본질적으로 침해하고 그에 따른 학부모의 자녀교육권도 침해하는 것이어서 헌법 제31조 제1항 및 제37조 제2항에 위반된다고 보지 않을 수 없다.

[논 평]

무시험 추첨배정에 의한 고등학교 입학전형제도 그 자체는 합헌이라고 판단된다. 그러나 초·중등교육법 제47조 제2항은, 헌법 제31조 제6항에 비추어 국회가 법률로써 직접 규율해야 할 사항을 백지위임하고 있으므로 위헌이라고 판단된다. 이러한 점에서 3인의 반대의견이 옳다.

10. 서울특별시와 정부 간의 권한쟁의[11)]

[사건의 내용 및 쟁점]

행정자치부장관은 2006. 9. 14.부터 2006. 9. 29.까지 청구인에 대하여 자치사무 등 해당 분야에 대한 정부합동감사를 실시하였다. 이에 청구인은 "이 사건 합동감사대상으로 지정된 사무 중 일부 사무는 청구인의 고유사무인 자치사무인데, 그에 관한 법령위반사실이 밝혀지지 아니하였고 법령위반 가능성에 대한 합리적인 의심조차 없는 상황에서 구 지방자치법 제158조 단서에 위반하여 사전적·포괄적으로 이 사건 합동감사를 실시하는 것은 헌법과 지방자치법이 청구인에게 부여한 자치행정권, 자치재정권 등 지방자치권을 침해하였다"고 주장하며 이 사건 권한쟁의심판을 청구하였다.

[결정요지]

1. 다수의견

지방자치제 실시를 유보하던 개정전 헌법 부칙 제10조를 삭제한 현행헌법 및 이에 따라 자치사무에 관한 감사규정은 존치하되 '위법성 감사'라는 단서를 추가하여 자치사무에 대한 감사를 축소한 구 지방자치법 제158조 신설경위, 자치사무에 관한 한 중앙행정기관과 지방자치단체의 관계가 상하의 감독관계에서 상호보완적 지도·지원의 관계로 변화된 지방자치법의 취지, 중앙행정기관의 감독권 발동은 지방자치단체의 구체적 법위반을 전제로 하여 작동되도록 제한되어 있는 점, 그리고 국가감독권 행사로서 지방자치단체의 자치사무에 대한 감사원의 사전적·포괄적 합목적성 감사가 인정되므로 국가의 중복감사의 필요성이 없는 점 등을 종합하여 보면, 구 지방자치법 제158조 단서 규정의 감사권은 사전적·일반적인 포괄감사권이 아니라 그 대상과 범위가 한

---

11) 헌재결 2009. 5. 28, 2006헌라6.

정적인 제한된 감사권이라 해석함이 마땅하다.

행정안전부장관 등이 감사실시를 통보한 사무는 서울특별시의 거의 모든 자치사무를 감사대상으로 하고 있어 사실상 피감사대상이 특정되지 아니하였고, 합동감사 실시계획을 통보하면서 구체적으로 어떠한 자치사무가 어떤 법령에 위반되는지 여부를 밝히지 아니하였으므로, 합동감사는 구 지방자치법 제158조 단서 규정상의 감사개시요건을 전혀 충족하지 못하였다 할 것이므로 헌법 및 지방자치법에 의하여 부여된 서울특별시의 지방자치권을 침해한 것이다.

2. 재판관 이동흡, 재판관 목영준의 반대의견

구 지방자치법 제158조의 입법경위, 자치사무에 대한 조언·권고·지도 등을 위하여도 자료의 제출 요구가 가능하도록 규정하고 있는 구 지방자치법 제155조 제 1 항과의 관계 등에 비추어 볼 때, 대상조항은 "행정안전부장관 또는 시·도지사는 자치사무에 관한 법령위반 여부를 판단하기 위한 절차로서 이 사건 관련규정에 의하여 제한 없이 피감사대상으로부터 보고를 받거나 자료의 제출을 요구할 수 있되, 감사의 진행 단계에서 법령위반의 가능성이 없으면 감사를 중단하고, 감사에 따른 조치는 위법사항에 한한다"라고 해석하는 것이 타당하고, 그 규정이 감사개시요건을 규정한 것이라고는 도저히 볼 수 없다.

대통령령인 행정감사규정 제26조와 제26조의2, 구 지방자치법 제13조의4 제 1 항 제 3 호, 감사원법 제30조의2 제 2 항 등의 규정으로 지방자치단체에 대하여 중복감사를 제한하기 위한 제도적 장치 또한 마련되어 있고, 합동감사 실시계획 통보서에 나타난 감사범위, 그에 첨부된 정부합동감사관련 요구자료 목록 등에 의하면, 행정안전부장관 등의 합동감사의 감사범위가 특정되지 아니하였다거나 실질적인 합목적성 감사에 해당한다고 단정할 수 없다.

[평 석]

지방자치의 강화를 위한 법령의 개정 및 정책에도 불구하고, 여전히 중앙집권적인 운영이 만연한 현실에 경종을 울리는 결정이다. 다수의견이 전개하는 법리가 타당하다.

11. 2007년 전시증원연습 등 위헌확인[12)]

[사건의 내용 및 쟁점]

한미연합사령부는 2007년 전시증원연습인 RSOI 연습과 이와 연계된 연합/합동 야외기동 훈련인 독수리 연습(FE: Foal Eagles)을 대한민국 전역에서 실시하며, 이는 방어적인 연습으로서 외부의 공격으로부터 대한민국을 방어할 수 있는 연합사의 능력을 향상시키는데 중점을 둔 것'이라는 취지를 발표하였다. 청구인들은 '이 사건 연습이 북한에 대한 선제적 공격연습으로서 한반도의 전쟁발발 위험을 고조시켜 동북아 및 세계 평화를 위협하므로 청구인들의 평화적 생존권을 침해한다'고 주장하면서 헌법소원심판을 청구하였다. 이 사건 연습결정이 청구인들의 평화적 생존권등 기본권을 침해하는지 여부가 쟁점이다.

[결정요지]

한미연합 군사훈련은 1978. 한미연합사령부의 창설 및 1979. 2. 15. 한미연합연습 양해각서의 체결 이후 연례적으로 실시되어 왔고, 특히 이 사건 연습은 대표적인 한미연합 군사훈련으로서, 피청구인이 2007. 3.경에 한 이 사건 연습결정이 새삼 국방에 관련되는 고도의 정치적 결단에 해당하여 사법심사를 자제하여야 하는 통치행위에 해당된다고 보기 어렵다. 청구인들이 평화적 생존권이란 이름으로 주장하고 있는 평화란 헌법의 이념 내지 목적으로서 추상적인 개념에 지나지 아니하고, 평화적 생존권은 이를 헌법에 열거되지 아니한 기본권으로서 특별히

12) 헌재결 2009. 5. 28, 2007헌마369.

새롭게 인정할 필요성이 있다거나 그 권리내용이 비교적 명확하여 구체적 권리로서의 실질에 부합한다고 보기 어려워 헌법상 보장된 기본권이라고 할 수 없다.

종전에 헌재가 이 결정과 견해를 달리하여 '평화적 생존권을 헌법 제10조와 제37조 제 1 항에 의하여 인정된 기본권으로서 침략전쟁에 강제되지 않고 평화적 생존을 할 수 있도록 국가에 요청할 수 있는 권리'라고 판시한 2003. 2. 23. 2005헌마268 결정은 이 결정과 저촉되는 범위 내에서 이를 변경한다(김종대의 다수의견에 대한 보충의견 및 조대현, 목영준, 송두환의 별개의견(구체적 권리이나 이 사건 연습결정이 국민의 평화적 생존권을 침해할 가능성이 없으므로 부적법 각하), 재판관 조대현의 별개의견에 대한 보충의견 있음).

[평 석]

평화적으로 생존할 이익을 기본권으로 보호할 것인지, 우리 헌법의 원리로 이해하고 국가목적조항으로 이해하여 국가가 이를 위해 노력할 의무를 지움으로써 보호할 것인지가 쟁점이다. 추상적인 내용의 기본권을 인정하는 것은 원칙적으로 바람직하지 않다고 생각한다. 이 점에서 다수의견이 좀 더 설득력이 있다.

12. 집시법 제 2 조 제 1 호 등 위헌소원[13)]

[사건의 내용 및 쟁점]

청구인은 미신고 옥외집회를 주최하여 집회 및 시위에 관한 법률 제19조 제 2 항, 제 6 조 제 1 항을 위반하였다는 이유로 기소되어 항소심 계속중, 위 법률 제 2 조 제 1 호, 제 6 조 제 1 항, 제19조 제 2 항 및 제13조가 헌법에 위반된다고 주장하면서 위헌법률심판제청신청을 하였

13) 헌재결 2009. 5. 28, 2007헌바22.

으나, 기각되자 헌재법 제68조 제2항에 의한 헌법소원심판을 청구하였다. 집시법 제2조 제1호, 제6조 제1항 중 '옥외집회'에 관한 부분, 제19조 제2항 중 '제6조 제1항의 옥외집회'에 관한 부분 및 제13조가 청구인의 집회의 자유 등을 침해하여 헌법에 위반되는지 여부가 쟁점이다.

[결정요지]

일반적으로 집회는, 일정한 장소를 전제로 하여 특정 목적을 가진 다수인이 일시적으로 회합하는 것을 말하는 것으로 일컬어지고 있고, 그 공동의 목적은 '내적인 유대 관계'로 족하다. 건전한 상식과 통상적인 법감정을 가진 사람이면 위와 같은 의미에서 구 집시법상 '집회'가 무엇을 의미하는지를 추론할 수 있다고 할 것이므로, 구 집시법상 '집회'의 개념이 불명확하다고 할 수 없다.

구 집시법 제6조 제1항은 평화적이고 효율적인 집회를 보장하고, 공공질서를 보호하기 위한 것으로 그 입법목적이 정당하고, 집회에 대한 사전신고를 통하여 행정관청과 주최자가 상호 정보를 교환하고 협력하는 것은 위와 같은 목적 달성을 위한 적절한 수단에 해당하며, 위 조항이 열거하고 있는 신고사항이나 신고시간 등은 지나치게 과다하거나 신고불가능하다고 볼 수 없으므로 최소침해성의 원칙에 반한다고 보기 어렵다. 나아가 위 조항이 정하는 사전신고의무로 인하여 집회개최자가 겪어야 하는 불편함이나 번거로움 등 제한되는 사익과 신고로 인해 보호되는 공익은 법익균형성 요건도 충족하므로 위 조항 중 '옥외집회'에 관한 부분이 과잉금지원칙에 위배하여 집회의 자유를 침해한다고 볼 수 없다.

어떤 행정법규 위반행위에 대하여, 직접적으로 행정목적과 공익을 침해한 행위로 보아 행정형벌을 과할 것인가, 그리고 행정형벌을 과할 경우 그 법정형의 형종과 형량을 어떻게 정할 것인가는, 기본적으로 입법권자가 제반 사정을 고려하여 결정할 그 입법재량에 속하는 문제이다. 미신고 옥외집회의 주최는 직접적으로 행정목적을 침해하고 나아가 공익을 침해할 고도의 개연성을 띤 행위라고 볼 수 있으므로 이에 대하여 행정형벌을 과하도록 한 구 집시법 제19조 제 2 항이 집회의 자유를 침해한다고 할 수 없고, 그 법정형이 입법재량의 한계를 벗어난 과중한 처벌이라고 볼 수 없으며, 이로 인하여 신고제가 사실상 허가제화한다고도 볼 수 없다(재판관 조대현의 일부 반대의견[구 집시법 제 6 조 제 1 항의 신고의무가 부과되는 옥외집회는 너무 광범위하여 집회의 자유를 침해하므로 위헌이며, 구 집시법 제19조 제 2 항은 협조의무인 옥외집회 신고의무를 이행하지 않았다고 하여 그 옥외집회가 사회질서를 침해하였는지 여부도 따지지 않고 형벌을 부과하여 헌법 제37조 제 2 항에 반하여 위헌] 및 재판관 김종대의 일부 반대의견[구 집시법 제19조 제 2 항의 옥외집회 주최자 처벌규정은 단순한 행정절차적 협조의무 위반으로 과태료 등 행정상 제재에 그쳐야 할 것인데, 징역형이 있는 형벌을 부과하는 것은 국가형벌권 행사에 관한 법치국가적 한계를 넘어 과잉형벌을 규정한 것이어서 위헌] 있음).

[평 석]

이 결정은 얼마 후 '야간옥외집회 헌법불합치 결정'에서 헌재 스스로에 의하여 그 일부가 다른 관점에서 심판되어 결론적으로 헌법에 합치하지 않는다는 결론에 도달하였다(헌재결 2009. 9. 24, 2008헌가25). 한편 구 집시법 제 6 조는 형법이 아니라 행정법규의 성격을 가진 조항으로 보인다. 그리고 행정법규의 위반에 대해서는 행정목적인 공익을 직접적으로 침해한 것일 때에는 행정형벌을 부과할 수도 있지만, 간접적으로 행정질서에 장해를 줄 위험성이 있는 것에 불과한 경우에는 행정질서벌인 과태료를 부과할 수도 있다. 그런데 제19조 제 2 항은 형벌인 징역과 벌금만을 규정하고 있다. 이것은 집행을 할 때 야간옥외집회금지 규정을 위반하여 실제 주최한 집회의 성격, 태양 등을 고려하지 않고, 일률적으로 형벌을 부과하여야 하는 결과를 가져온다. 이는 소수의견에서 판시하는 것처럼, 헌법 제37조 제 2 항 과잉금지의 원칙에 반할 우려가 있다.

13. 정보통신망 이용촉진 및 정보보호 등에 관한 법률 제65조 제 1 항 제 2 호 위헌소원[14)]

[사건의 내용 및 쟁점]

청구인은 인터넷사이트에서 '성인만화', '일본만화', '만화영화', '인기순위' 및 '거시기' 등의 제목으로 메뉴를 만들어 음란한 문언, 화상 또는 영상을 배포·공연히 전시하였다는 이유로 '구 정보통신망 이용촉진 및 정보보호 등에 관한 법률'(이하 '구 망법'이라고 한다) 제65조 제 1 항 제 2 호 위반으로 기소되었고, 서울중앙지방법원 형사재판 계속중 위 조항에 대하여 위헌법률심판제청신청을 하였으나 기각되자, 헌법소원심판을 청구하였다. 판단의 과정에서 음란표현이 헌법 제21조의 언론·출판의 자유의 보호영역에 해당하는지 여부가 쟁점이 되었다.

[결정요지]

1. 다수의견

음란표현이 언론·출판의 자유의 보호영역에 해당하지 아니한다고 해석할 경우 음란표현에 대하여는 언론·출판의 자유의 제한에 대한 헌법상의 기본원칙, 예컨대 명확성의 원칙, 검열 금지의 원칙 등에 입각한 합헌성 심사를 하지 못하게 될 뿐만 아니라, 기본권 제한에 대한 헌법상의 기본원칙, 예컨대 법률에 의한 제한, 본질적 내용의 침해금지 원칙 등도 적용하기 어렵게 되는 결과, 모든 음란표현에 대하여 사전 검열을 받도록 하고 이를 받지 않은 경우 형사처벌을 하거나, 유통목적

14) 헌재결 2009. 5. 28, 2006헌바109.

이 없는 음란물의 단순소지를 금지하거나, 법률에 의하지 아니하고 음란물출판에 대한 불이익을 부과하는 행위 등에 대한 합헌성 심사도 하지 못하게 됨으로써, 결국 음란표현에 대한 최소한의 헌법상 보호마저도 부인하게 될 위험성이 농후하게 된다는 점을 간과할 수 없다. 이 사건 법률조항의 음란표현은 헌법 제21조가 규정하는 언론·출판의 자유의 보호영역 내에 있다고 볼 것인바, 종전에 이와 견해를 달리하여 음란표현은 헌법 제21조가 규정하는 언론 · 출판의 자유의 보호영역에 해당하지 아니한다는 취지로 판시한 헌재의 의견(헌재결 1998. 4. 30, 95헌가16)을 변경한다.

다만, 대상조항의 '음란' 개념은 명확성의 원칙에 위반되지 않으며, 대상조항에 의한 표현의 자유 제한은 과잉금지의 원칙에 반하는 것이라고 보기 어렵다(각하 결정 부분에 대한 재판관 조대현, 재판관 김종대의 반대의견 있음).

2. 재판관 김희옥, 재판관 이동흡, 재판관 목영준의 별개의견(선례변경에 대한 반대)

헌법에 열거되어 있는 기본권의 고유한 보호영역을 확정하는 문제는 위헌성 심사의 첫 단계로서의 중요한 의미를 가지는 것으로서, 개개의 사건에서 문제된 모든 표현이 언론 · 출판의 자유의 보호영역에 포함될 수 없음은 자명한 것인바, 언론 · 출판의 자유의 보호영역에 관한 논의는 언론 · 출판의 자유에 관한 위헌성 심사를 위한 필수적인 전제가 된다.

한편, 우리 헌법 제21조 제 4 항은 언론 · 출판의 자유의 헌법적 한계를 명시하고 있으므로, 그 한계를 벗어난 표현은 헌법상 언론 · 출판의 자유의 보호영역에 속하지 아니한다고 할 것이고, 이른바 음란 표현이 언론 · 출판의 자유의 보호영역에 속하는지, 속하지 않는지는 규범적 개념인 음란의 판단기준을 어떻게 정립하느냐에 따라 달려 있는 문제라고 할 수 있다.

그런데 이 사건 법률조항에서 정한 '음란' 개념은 이른바 엄격한 의미의 '음란', 즉 "인간존엄 내지 인간성을 왜곡하는 노골적이고 적나라한 성 표현으로서 오로지 성적 흥미에만 호소할 뿐 전체적으로 보아 하등의 문학적, 예술적, 과학적 또는 정치적 가치를 지니지 않은 것"을 뜻한다고 볼 것인바, 이에 의하면 예술의 자유나 학문의 자유 등 정신적 자유의 보호영역에 포함될 수 있는 진지한 문학적, 예술적 가치를 지닌 성적 표현은 '음란' 표현에 해당할 여지도 없는 것이 되고, 결국 이와 같은 '음란' 표현에는 미국 연방대법원이 수정헌법 제1조의 보호영역에 속하지 않는다고 보는 음란물(obscenity) 또는 독일 형법에 규정된 '하드코어 포르노그래피'와 유사하거나 그 이상의 해악을 지닌 성적 표현만이 해당될 수 있는 것이다. 따라서 이른바 엄격한 의미의 '음란' 표현은 헌법 제21조 제4항의 헌법적 한계를 벗어난 것이어서, 언론·출판의 자유에 의해서 보호되지 않는다.

[평 석]

음란 표현이 헌법 제21조의 언론·출판의 자유의 보호영역에 속하는지 여부에 관해서는 종래 헌법학계에서 견해 대립이 있었지만, 충분한 논의가 없었던 쟁점이다. 이번 헌재의 결정은 종래의 견해(헌재결 1998. 4. 30, 95헌가16)를 명시적으로 변경하면서, 보호영역 확장을 통하여 헌법심사의 범위를 확대함으로써 궁극적으로 언론·출판의 자유를 신장할 수 있는 계기를 마련하였다는 점에서 의미가 있다. 다만, 이러한 결정에 대해서는 이론적인 관점에서 좀 더 엄밀한 검토가 필요하다. 한편 입법정책적으로는, 대상조항의 '음란' 개념을 좀 더 유형화하고, 구체화하여 제시하는 법제화가 필요하다.

14. 성폭력범죄의 처벌 및 피해자보호 등에 관한 법률 제 5 조 제 2 항 등 위헌소원[15)]

[사건의 내용 및 쟁점]

청구인은 '성폭력범죄의 처벌 및 피해자보호 등에 관한 법률(이하 "성폭법")' 제 5 조 제 2 항, 형법 제334조 제 2 항, 제333조, 제298조가 적용되어 징역 5년을 선고받았고, 이에 항소하였으나 부산고등법원으로부터 항소기각판결을 선고받았으며, 대법원으로부터 상고기각판결을 선고받아 위 유죄판결이 확정되었다. 그 과정에서 항소심 법원은 형법 제57조 제 1 항을 적용하여 항소심의 미결구금일수 58일 중 28일만을 본형에 산입하였고, 대법원은 상고심의 미결구금일수 105일 중 100일만을 본형에 산입하였다. 청구인은 상고심에서 '성폭력범죄의 처벌 및 피해자보호 등에 관한 법률' 제 5 조 제 2 항과 형법 제57조 제 1 항이 헌법에 위반된다고 주장하면서 위헌법률심판제청신청을 하였으나 위 신청이 기각되자, 헌재법 제68조 제 2 항에 의한 헌법소원심판을 청구하였다. 판결 선고전 구금일수 산입에 관한 형법 제57조 제 1 항 중 "또는 일부" 부분이 무죄추정의 원칙에 위배되어 신체의 자유를 침해하는지 여부 및 성폭법 제 5 조 제 2 항 중 "형법 제334조(특수강도)의 죄를 범한 자가 동법 제298조(강제추행)의 죄를 범한 때에는 사형·무기 또는 10년 이상의 징역에 처한다"는 부분이 형벌과 책임의 비례원칙에 어긋나는지 여부가 쟁점이다.

[결정요지]

형법 제57조 제 1 항은 해당 법관으로 하여금 미결구금일수를 형기에 산입하되, 그 산입범위는 재량에 의하여 결정하도록 하고 있는바, 이처럼 미결구금일수 산입범위의 결정을 법관의 자유재량에 맡기는 이

15) 헌재결 2009. 6. 25, 2007헌바25.

유는 피고인이 고의로 부당하게 재판을 지연시키는 것을 막아 형사재판의 효율성을 높이고, 피고인의 남상소를 방지하여 상소심 법원의 업무부담을 줄이는 데 있다. 그러나 미결구금을 허용하는 것 자체가 헌법상 무죄추정의 원칙에서 파생되는 불구속수사의 원칙에 대한 예외인데, 형법 제57조 제1항 중 "또는 일부 부분"은 그 미결구금일수 중 일부만을 본형에 산입할 수 있도록 규정하여 그 예외에 대하여 사실상 다시 특례를 설정함으로써, 기본권 중에서도 가장 본질적인 신체의 자유에 대한 침해를 가중하고 있다.

또한, 형법 제57조 제1항 중 "또는 일부" 부분이 상소제기 후 미결구금일수의 일부가 산입되지 않을 수 있도록 하여 피고인의 상소의사를 위축시킴으로써 남상소를 방지하려 하는 것은 입법목적 달성을 위한 적절한 수단이라고 할 수 없고, 남상소를 방지한다는 명목으로 오히려 구속 피고인의 재판청구권이나 상소권의 적정한 행사를 저해한다. 더욱이 구속 피고인이 고의로 재판을 지연하거나 부당한 소송행위를 하였다고 하더라도 이를 이유로 미결구금기간 중 일부를 형기에 산입하지 않는 것은 처벌되지 않는 소송상의 태도에 대하여 형벌적 요소를 도입하여 제재를 가하는 것으로서 적법절차의 원칙 및 무죄추정의 원칙에 반한다.

이와 같이 헌법상 무죄추정의 원칙에 따라 유죄판결이 확정되기 전에 피의자 또는 피고인을 죄 있는 자에 준하여 취급함으로써 법률적·사실적 측면에서 유형·무형의 불이익을 주어서는 아니되고, 특히 미결구금은 신체의 자유를 침해받는 피의자 또는 피고인의 입장에서 보면 실질적으로 자유형의 집행과 다를 바 없으므로, 인권보호 및 공평의 원칙상 형기에 전부 산입되어야 한다. 따라서 형법 제57조 제1항 중 "또는 일부 부분"은 헌법상 무죄추정의 원칙 및 적법절차의 원칙 등을 위배하여 합리성과 정당성 없이 신체의 자유를 침해한다(조대현의 형법 제57조 제1항 중 "또는 일부" 부분에 대한 보충의견(제37조 제2항의 원칙에 위반) 및 이동흡의 형법 제57조 제1항 중 "또는 일부" 부분에 대한 반대의견(합헌) 있음).

반면 강제추행이 경우에 따라서 강간의 경우보다 죄질이 나쁘고 피해가 중대한 경우가 있을 수 있으며, 또한, 통상적인 추행행위라고 하더라도 범행의 동기, 범행 당시의 정황 및 보호법익에 대한 침해의 정도 등을 고려할 때 강간보다 무겁게 처벌하거나 적어도 동일하게 처벌할 필요가 있는 경우도 있으므로 특수강도를 저지른 자가 피해자를 강제추행한 경우에 대한 비난가능성의 정도가 피해자를 강간한 경우에 비하여 반드시 가볍다고 단정할 수 없다. 따라서 성폭법 제5조 제2항이 형벌체계상의 균형을 잃은 자의적인 입법이라고 할 수 없으므로 평등원칙에 위반되지 않는다(김종대, 목영준의 성폭법 제5조 제2항 부분에 대한 반대의견[죄질과 책임에 비례하는 법정형을 규정하지 않아 형벌의 체계정당성에 반하고, 헌법 제11조의 실질적 평등의 원칙에 반하여 위헌] 있음).

[평 석]

미결구금일수 본형산입 제한은 피고인이 고의로 부당하게 재판을 지연시키는 것을 막아 형사재판을 효율성을 높이고, 남상소를 방지하여 상소심 법원의 업무부담을 줄이는 것을 목적으로 한다. 한편 피고인의 신체의 자유를 과도하게 제한하고, 무죄추정원칙 및 적법절차원리에 반할 염려도 있다. 다수의견과 같이 이 제도 자체가 무죄추정원칙이나 적법절차원칙에 반하는 것은 아니라고 판단된다. 다만 양 이익을 조화롭게 추구할 수 있는 제도를 구현하여야 한다.

이러한 제도는 영국, 독일과 같은 법정통산주의, 우리나라, 일본과 같은 재량통산주의로 대별되고, 재량통산주의는 원칙적으로 미결구금일수 전부를 본형에 산입하되, 피고인에게 책임을 돌릴 수 있는 사유로 인한 미결구금일수를 본형산입에서 제외하는 전부산입설과 원칙적으로 피고인에게 책임을 돌릴 수 있는 사유로 인한 미결구금일수는 산입하지 아니하고, 책임을 돌릴 수 없는 사유로 인한 미결구금일수만 산입하는 일부산입설로 세분된다. 우리 형법 제57조 제1항은 재량통산주의를 규정하고 있지만, 더 이상 그 기준을 제시하고 있지 않다. 이러한 입법은 과잉금지의 원칙에 비추어 문제가 있다. 따라서 법정통산주의를 취하되 예외를 인정하거나, 원칙적으로 미결구금일수 전부를 본형에 산입하되, 피고인에게 책임을 돌릴 수 있는 사유로 인한 미결구금일수를 본형산입에서 제외하는 전부산입설에 따르는 것이 타당하다. 이와 관련해서는 소송촉진 등에 관한 특례법 제24조(상소제기 후 판결 전 구금일수의 산입)(피고인 또는 피고인 아닌 자의 상소를 기각할 경우에 상당한 이유 없이 상소를 제기한 것으로 인정되는 때에는 상소제기 후의 판결 선고 전 구금일수 중 상소제기기간 만료일로부터 상소이유서 제출기간 만료일까지의 일수는 이를 본형에 산입 하지 아니 한다)가 참고가 될 것이다.

헌재는 형사소송법 제482조 제1항에 대한 위헌제청사건(헌재결 2009. 12. 29, 2008헌가13, 2009헌가5(병합))에서도 이 사건과 동일한 취지에서 헌법에 위반된다고 판시하고, 다만 대상조항에 대해 위헌결정을 하여 당장 그 효력을 상실시킬 경우 법적 공백상태가 발생할 것이므로 이를 방지하기 위하여 헌법불합치결정을 선언하고, 입법자가 합헌적인 내용으로 법률을 개정할 때까지 계속 적용하도록 결정하였다.

15. 공직선거법 제200조 제2항 단서 위헌확인[16]

[사건의 내용 및 쟁점]

제18대 국회의원선거에 있어, 청구인 김혜성, 윤상일, 김정은 친박연대의 비례대표국회의원후보자명부에 각 9순위 내지 11순위로 등록되었는데, 8순위로 등록된 후보자까지 비례대표국회의원으로 당선되었다. 그런데 친박연대의 비례대표국회의원후보자명부에 1순위 내지 3순위로

16) 헌재결 2009. 10. 29, 2009헌마350 · 386(병합).

등록되어 비례대표국회의원으로 당선된 양정례, 서청원, 박노식 등 2인이 각 공직선거법위반등의 혐의로 기소되어 공직선거법위반(후보자추천관련금품수수)에 대한 징역형의 유죄판결이 확정됨에 따라 비례대표국회의원직을 상실하였다. 이에 따라 친박연대의 비례대표후보자명부상의 차순위 후보자인 청구인 김혜성, 윤상일, 김정이 공직선거법 제200조 제2항 본문에 따라 각 궐원된 비례대표국회의원직을 승계할 지위를 갖게 되었지만, 중앙선거관리위원회는 공직선거법 제200조 제2항 단서에서 규정하고 있는 승계의 예외사유, 즉 당선인의 선거범죄로 인하여 당선이 무효로 된 때에 해당한다는 이유로 위와 같이 궐원된 친박연대의 비례대표국회의원의 의석을 승계할 자를 결정하지 아니하였다. 청구인들은 공직선거법 제200조 제2항 단서 조항으로 인하여 궐원된 비례대표국회의원의 의석을 승계하지 못하게 되었는바, 이에 청구인들은 제200조 제2항 단서(2005. 8. 4. 법률 제7681호로 개정된 것) 중 '비례대표국회의원 당선인이 제264조(당선인의 선거범죄로 인한 당선무효)의 규정에 의하여 당선이 무효로 된 때' 부분이 대의제 민주주의 원리, 자기책임의 원리에 반하여 청구인들의 헌법상 보장된 공무담임권 등 기본권을 침해하여 위헌이라고 주장하면서 이 사건 헌법소원심판을 청구하였다.

[결정요지]

1. 다수의견

선거권자들의 정치적 의사표명에 의하여 직접 결정되는 것은 비례대표국회의원의석을 할당받을 정당에 배분되는 비례대표국회의원의 의석수라고 할 수 있다. 그런데, 심판대상조항은 선거범죄를 범한 비례대표국회의원 당선인 본인의 의원직 박탈로 그치지 아니하고 그로 인하여 궐원된 의석의 승계를 인정하지 아니함으로써 결과적으로 그 정당에 비례대표국회의원의석을 할당받도록 한 선거권자들의 정치적 의사표명을 무시하고 왜곡하는 결과를 초래한다는 점에서 헌법의 기본원리인 대의제 민주주의 원리에 부합되지 않는다고 할 것이다. 또한 심판대상조항이 정하고 있는 위와 같은 승계의 예외사유는 심판대상조항으로 인하여 불이익을 입게 되는 소속 정당이나 후보자명부상의 차순위 후보자의 귀책사유에서 비롯된 것이 아니라 당선인의 선거범죄에서 비롯된 것이라는 점에서 자기책임의 범위를 벗어나는 제재라고 할 것이다.

심판대상조항은 비례대표국회의원 후보자명부상의 차순위 후보자의 승계까지 부인함으로써 선거를 통하여 표출된 선거권자들의 정치적 의사표명을 무시·왜곡하는 결과를 초래하고, 선거범죄에 관하여 귀책사유도 없는 정당이나 차순위 후보자에게 불이익을 주는 것은 필요 이상의 지나친 제재를 규정한 것이라고 보지 않을 수 없으므로, 과잉금지원칙에 위배하여 청구인들의 공무담임권을 침해한 것이다.

2. 재판관 이강국의 반대의견

비례대표제 선거에 있어서 정당의 주도적이고 직접적인 역할은 비례대표국회의원선거와 비례대표지방의회의원선거 사이에 차이가 있다고 볼 수 없고, 특히 비례대표국회의원은 전국을 단위로 하여 선거하므로, 시·도 또는 지역구자치구·시·군을 단위로 선거하는 비례대표지방의회의원선거에 비하여 선거운동에 있어서 정당의 주도적 역할이나 책임이 더욱 중요시 될 수밖에 없다. 심판대상조항은 선거범죄로 인하여 왜곡된 선거인들의 선거의사를 바로잡기 위한 것이고, 비례대표국회의원선거에서의 정당의 주도적이고 총체적인 역할과 기능, 정당과 후보자와의 불가분적 관계 등을 종합해 볼 때, 심판대상조항은 당선된 후보자의 선거범죄를 정당의 책임으로 귀속시킴으로써 선거부정방지를 도모하고자 하는 입법자의 재량범위 내의 결단에 해당하므로, 대의제 민주주의 원리 내지 자기책임의 원리에 위배된다거나 청구인들의 공무담임권을 침해한 것이라고 볼 수 없다.

[평 석]

소수의견에서 주장하는 것처럼, 선거방법 중 비례대표제는 정당이 후보명부를 작성하고, 유권자는 그 후보명부에 대하여 투표하는 구조를 갖고 있다. 그리고 선거운동도 정당이 주도적이고 직접적인 기능을 한다. 따라서 다수의견의 주장처럼 선거범죄를 범한 비례대표국회의원 당선인 본인의 의원직 박탈을 넘어 그로 인하여 궐원된 의석의 승계를 인정하지 않더라도 유권자들의 정치적 의사표명을 무시하고 왜곡하는 결과를 초래하지는 않는다. 오히려 선거범죄로 인하여 왜곡된 선거인들의 선거의사를 바로잡게 됨으로써 대의제에 부합한다. 한편 소속 정당이 선거범죄에 관하여 직접적인 귀책이 없는 경우라도 소속 정당의 후보자를 적절히 관리하지 못한 귀책사유가 있다고 판단된다.

다만, 선거범죄에 관하여 직접적인 귀책사유가 없는 차순위 후보자에게 불이익을 주는 것은 자기책임의 원칙에 충실한 것은 아니다. 그러나 차순위 후보자도 이와 같은 정당을 선택한 것에 대한 책임을 지는 것으로 판단할 수 있다. 따라서 소수의견이 좀 더 타당하다.

설사 자기책임의 원칙에 충실하지 않은 것에 주목하여 일부가 위헌이라 판단하더라도, 이 사건과 같이 그 법률을 위헌으로 결정해서 무효로 만드는 것보다 잠정적으로 효력을 유지하는 것이 헌법의 가치질서에 더욱 부합하는 경우 일정한 시점까지 계속해서 효력을 가지고 적용·집행하고 개선입법을 하도록 헌법불합치 결정을 하는 것이 타당했다. 이는 문제된 친박연대의 사태를 살펴보면 명확하다.

15-1. 공직선거법 제200조 제 2 항 단서 위헌확인[17)]

비례대표국회의원이 아닌 비례대표논산시의회의원의 승계와 관련된 사건이라는 점이 다를 뿐, 위의 헌재결 2009. 10. 29. 2009헌마350·

17) 헌재결 2009. 6. 25, 2007헌마40.

386(병합) 사건과 쟁점이 본질적으로 동일한 사건이다. 헌재의 8인의 다수의견은 위헌이라 판단하였으며, 이강국 재판관만이 합헌의견을 제시하였다.

16. 공직선거법 제200조 제 2 항 단서 위헌확인[18)]

[사건의 내용 및 쟁점]

청구인들은 제17대 국회의원선거 당시 한나라당의 비례대표국회의원 후보자명부에 등록된 자들로서, 한나라당 소속의 비례대표국회의원 당선인이 당적의 이탈 등으로 퇴직할 경우에는 한나라당의 비례대표국회의원 후보자명부상의 차순위자로서 궐원된 비례대표국회의원의 의석을 승계할 수 있는 지위에 있는 자들이다. 그런데 한나라당 비례대표국회의원으로 당선된 박재완, 이주호, 송영선이 한나라당을 각 탈당하면서 국회의원직에서 퇴직하여 청구인들이 궐원된 비례대표국회의원의 의석을 승계할 자격이 주어졌음에도, 제17대 국회의원의 임기(2004. 5. 30.부터 2008. 5. 29.까지) 중인 2005. 8. 4. 법률 제7681호로 개정된 공직선거법 제200조 제 2 항 단서에서 규정하고 있는 승계의 예외사유, 즉 "임기만료일 전 180일 이내에 궐원이 생긴 때"에 해당된다는 이유로 궐원된 비례대표국회의원의 의석을 승계하지 못하였다. 이에 청구인들은 위 법률조항이 신뢰보호의 원칙 및 소급입법금지원칙 등에 위배되어 청구인들의 공무담임권을 침해하였다고 주장하면서, 이 사건 헌법소원 심판을 청구하였다.

[결정요지]

현행 비례대표선거제하에서 선거에 참여한 선거권자들의 정치적 의사표명에 의하여 직접 결정되는 것은, 어떠한 비례대표국회의원후보

---

18) 헌재결 2009. 6. 25, 2008헌마413.

자가 비례대표국회의원으로 선출되느냐의 문제라기보다는 비례대표국회의원의석을 할당받을 정당에 배분되는 비례대표국회의원의 의석수라고 할 수 있다. 그런데 심판대상조항은 결과적으로 그 정당에 비례대표국회의원의석을 할당받도록 한 선거권자들의 정치적 의사표명을 무시하고 왜곡하는 결과가 된다. 또한, 비례대표국회의원에 궐원이 생긴 때에는 지역구국회의원에 궐원이 생긴 때와는 달리 원칙적으로 상당한 비용이나 시간이 소요되는 보궐선거나 재선거가 요구되지 아니하고 정당이 제출한 후보자명부에 기재된 순위에 따라서 간명하게 승계 여부가 결정되는 점, 국회의원으로서의 의정활동준비나 업무수행이 임기만료일 전부터 180일이라는 기간 내에는 불가능하다거나 현저히 곤란한 것으로 단정하기는 어려운 점 등을 종합해 볼 때, '임기만료일 전 180일 이내에 비례대표국회의원에 궐원이 생긴 때'를 일반적인 경우와 달리 취급하여야 할 합리적인 이유가 있는 것으로 보기도 어렵다. 더욱이 임기만료일 전 180일 이내에 비례대표국회의원에 상당수의 궐원이 생길 경우에는 의회의 정상적인 기능수행을 부당하게 제약하는 결과를 초래할 수도 있다. 따라서 심판대상조항은 선거권자의 의사를 무시하고 왜곡하는 결과를 낳을 수 있고, 의회의 정상적인 기능 수행에 장애가 될 수 있다는 점에서 헌법의 기본원리인 대의제 민주주의 원리에 부합되지 않는다.

심판대상조항은 합리적 이유 없이 비례대표국회의원선거를 통하여 표출된 선거권자들의 정치적 의사표명을 무시, 왜곡하는 결과를 초래할 뿐이므로, 수단의 적합성을 충족하지 못했고, 잔여임기가 180일 이내인 경우에 궐원된 비례대표국회의원의 의석 승계를 일체 허용하지 아니하는 것은 그 입법목적에 비추어 지나친 것이어서 침해의 최소성 원칙에도 위배된다. 따라서 과잉금지원칙에 위배하여 청구인들의 공무담임권을 침해한 것이다.

주문의 형식에 관하여, 재판관 4인은 단순위헌 선고를, 재판관 3인은 헌법불합치결정을 선고하여야 한다는 의견인바, 헌법불합치결정을 선고하되 2010. 12. 31.을 시한으로 입법자의 개선입법이 이루어질 때까지 계속적용을 명하기로 한다(재판관 김종대, 재판관 민형기의 반대의견(합헌) 있음).

17. 청소년보호법 제54조 위헌제청[19]

[사건의 내용 및 쟁점]

당해 사건의 피고인은 인천지방법원에 2007고합683 청소년보호법 위반으로 공소제기 되었는데 그 공소사실의 요지는, "피고인은 인천 서구 가좌동에 있는 일반음식점을 운영하는 자인바, 2007. 8. 17. 01:20경 피고인의 종업원이 피고인의 업무에 관하여 손님으로 찾아온 청소년에게 청소년 유해약물인 소주 3병을 9,000원에 판매하였다"라는 것이다. 위 당해 사건의 소송계속중 제청법원은 2008. 3. 10. 직권으로 청소년보호법 제54조 중 "종업원이 개인의 업무에 관하여 제51조 제8호의 죄를 범한 때에는 개인인 업주에 관하여 종업원에 대한 처벌조항에 규정된 벌금형을 과한다"는 부분이 책임주의에 반하므로 헌법에 위반된다며 그 위헌 여부의 심판을 제청하였다.

이 사건 법률조항은 개인의 대리인, 사용인 기타 종업원(이하 '종업원 등'이라고 한다)이 청소년보호법 제51조 제8호를 위반하는 경우 개인 영업주에 대한 처벌요건으로 종업원 등의 범죄행위에 대한 영업주의 귀책사유나 면책사유에 대하여 규정하고 있지 않으므로 종업원 등이 청소년보호법 제51조 제8호를 위반한 범죄사실이 인정되면, 개인 영업주는 그와 같은 종업원 등의 범죄행위에 대해 비난받을 만한 행위를 하였는지 여부와는 관계없이 곧바로 이 사건 법률조항에 따라 청소년보호법 제51조 제8호에서 정한 벌금형으로 처벌된다. 한편, 이 사건

19) 헌재결 2009. 7. 30, 2008헌가10.

법률조항을 '종업원의 범죄행위에 대해 영업주의 선임감독상의 과실(기타 영업주의 귀책사유)이 인정되는 경우'라는 요건을 추가하여 해석하는 것도 문언상 가능한 해석의 범위를 넘는 것인지 문제된다. 이 사건 법률조항이 형사법의 기본원리인 책임주의에 반하고, 법치국가의 원리와 헌법 제10조의 취지에 위반하여 헌법에 위반되는지가 쟁점이다.

[결정요지]

대상조항은 영업주가 고용한 종업원 등이 그 업무와 관련하여 위반행위를 한 경우에, 그와 같은 종업원 등의 범죄행위에 대해 영업주가 비난받을 만한 행위가 있었는지 여부와는 전혀 관계없이 종업원 등의 범죄행위가 있으면 자동적으로 영업주도 처벌하도록 규정하고 있다. 한편, 이 사건 법률조항을 '영업주가 종업원 등에 대한 선임감독상의 주의의무를 위반한 과실 기타 영업주의 귀책사유가 있는 경우에만 처벌하도록 규정한 것'으로 해석할 수 있는지가 문제될 수 있으나, 합헌적 법률해석은 법률조항의 문언과 목적에 비추어 가능한 범위 안에서의 해석을 전제로 하는 것이므로 위와 같은 해석은 허용되지 않는다. 결국, 이 사건 법률조항은 아무런 비난받을 만한 행위를 한 바 없는 자에 대해서까지, 다른 사람의 범죄행위를 이유로 처벌하는 것으로서 형벌에 관한 책임주의에 반하므로 헌법에 위반된다(재판관 이공현의 별개의견[합헌], 재판관 조대현, 재판관 이동흡의 반대의견[합헌] 있음).

17-1. 사행행위 등 규제 및 처벌특례법 제31조 제1항 위헌제청[20]

'사행행위 등 규제 및 처벌특례법' 제31조에 대한 위헌심판제청이라는 것이 다를 뿐, 위의 헌재결 2009. 7. 30, 2008헌가10 사건과 쟁점

20) 헌재결 2009. 7. 30, 2008헌가14.

이 본질적으로 동일한 사건이다. 헌재의 6인의 다수의견은 위헌이라 판단하였으며, 이공현, 조대현, 이동흡 재판관은 합헌의견을 제시하였다.

17-2. 의료법 제91조 제 1 항 위헌제청[21)]

의료법 제91조 제 1 항에 대한 위헌심판제청이라는 것이 다를 뿐, 위의 헌재결 2009. 7. 30, 2008헌가10 사건과 쟁점이 본질적으로 동일한 사건이다. 헌재의 7인의 다수의견은 위헌이라 판단하였으며, 조대현 재판관은 일부위헌, 이동흡 재판관은 합헌의견을 제시하였다.

17-3. 의료법 제91조 제 2 항 위헌제청[22)]

의료법 제91조 제 2 항에 대한 위헌심판제청이라는 것이 다를 뿐, 위의 헌재결 2009. 7. 30, 2008헌가10 사건과 쟁점이 본질적으로 동일한 사건이다. 헌재의 7인의 다수의견은 위헌이라 판단하였으며, 조대현 재판관은 일부위헌, 이동흡 재판관은 합헌의견을 제시하였다.

18. 입법부작위 위헌확인[23)]

[사건의 내용 및 쟁점]

청구인들은 서울특별시 · 인천광역시 · 경기도 · 전라북도의 각급 학교에서 지방방호원 · 지방난방원 · 지방조무원 · 지방운전원 · 지방전기원 등으로 근무하고 있는 기능직 공무원들이다. 청구인들은, 지방공무원법(1973. 3. 12. 법률 제2594호로 개정된 것, 이하 같다) 제58조 제 2 항이 노동

21) 헌재결 2009. 7. 30, 2008헌가16.
22) 헌재결 2009. 10. 29, 2009헌가6.
23) 헌재결 2009. 7. 30, 2006헌마358.

운동을 할 수 있는 '사실상 노무에 종사하는 공무원의 범위'를 조례에서 정하도록 위임하였음에도 불구하고 피청구인들이 그러한 내용의 조례를 제정하지 아니함으로써 헌법 제33조 제 2 항에 위반하여 청구인들의 근로3권을 침해한다고 주장하면서 이 사건 헌법소원심판을 청구하였다.

[결정요지]

지방공무원법 제58조 제 2 항은 '사실상 노무에 종사하는 공무원'의 구체적인 범위를 조례로 정하도록 하고 있기 때문에 그 범위를 정하는 조례가 제정되어야 비로소 지방공무원 중에서 단결권·단체교섭권 및 단체행동권을 보장받게 되는 공무원이 구체적으로 확정된다. 그러므로 지방자치단체는 소속 공무원 중에서 지방공무원법 제58조 제 1 항의 지방공무원이 단결권·단체교섭권 및 단체행동권을 원만하게 행사할 수 있도록 보장하기 위하여 그 구체적인 범위를 조례로 제정할 헌법상 의무를 부담하며, 해당 조례의 제정을 미루어야 할 정당한 사유가 존재한다고 볼 수도 없다.

헌법 제33조 제 2 항과 지방공무원법 제58조 제 1 항 단서 및 제 2 항에 의하면 조례에 의하여 '사실상 노무에 종사하는 공무원'으로 규정되는 지방공무원만이 단체행동권을 보장받게 되므로 조례가 아예 제정되지 아니하면 지방공무원 중 누구도 단체행동권을 보장받을 수 없게 된다. 따라서 이 사건 부작위는 청구인들이 단체행동권을 향유할 가능성조차 봉쇄하여 버리는 것으로 청구인들의 기본권을 침해한다.

(재판관 김종대의 별개위헌의견[지방공무원법 제58조 제 2 항 자체의 위헌성 지적], 재판관 이강국, 재판관 김희옥, 재판관 이동흡의 각하의견[청구인들은 각 지방자치단체에 소속된 현업기관의 작업현장에서 노무에 종사하는 공무원이라고 볼 수 없으므로, 헌법소원심판청구에 대한 자기관련성이 없다] 있음)

19. 공직선거법 제93조 제1항 위헌확인[24)]

[사건의 내용 및 쟁점]

청구인은 일반 유권자인데, "누구든지 선거일 전 180일부터 선거일까지 선거에 영향을 미치게 하기 위하여 이 법의 규정에 의하지 아니하고는 정당 또는 후보자를 지지·추천하거나 반대하는 내용이 포함되어 있거나 정당의 명칭 또는 후보자의 성명을 나타내는 광고, 인사장, 벽보, 사진, 문서·도화, 인쇄물이나 녹음·녹화테이프 기타 이와 유사한 것을 배부·첩부·살포·상영 또는 게시할 수 없다"고 규정한 공직선거법 제93조 제1항은 지나치게 광범위하고 불명확하며, 위 조항에 의하여 'UCC'의 제작·배포를 금지하는 것은 청구인의 표현의 자유를 침해한다는 이유로 위 조항의 위헌확인을 구하는 이 사건 헌법소원심판을 청구하였다.

[결정요지]

1. 재판관 이강국, 재판관 김희옥, 재판관 이동흡의 합헌의견

이 사건 법률조항은 매체의 형식에 중점을 두고 있는 것이 아니라 사람의 관념이나 의사를 시각이나 청각 또는 시청각에 호소하는 방법으로 다른 사람에게 전달하는 것에 중점을 두고 있는 것이고, 일반조항으로서의 '기타 이와 유사한 것'은 선거에 영향을 미치게 하기 위하여 정당 또는 후보자를 지지, 추천하거나 반대하는 내용을 포함할 수 있는 가독성 내지 가청성을 가진 공직선거법 제93조 제1항에 열거된 매체와 유사한 매체, 관념이나 의사전달의 기능을 가진 매체나 수단을 의미하는 것으로 볼 수 있으므로, 이 사건 법률조항은 죄형법정주의의 명확성의 원칙에 반하지 아니한다.

이 사건 법률조항은 선거운동의 부당한 경쟁 및 후보자들 간의 경

24) 헌재결 2009. 7. 30, 2007헌마718.

제력 차이에 따른 불균형이라는 폐해를 막고, 선거의 평온과 공정을 해하는 결과의 발생을 방지함으로써 선거의 자유와 공정의 보장을 도모하는 것으로서 정당한 목적달성을 위한 적절한 수단에 해당한다. 한편 후보자에 대한 인신공격적 비난, 허위사실 적시를 통한 비방 등은 후보자의 당선 여부에 치명적 영향을 주고, 온라인 공간의 익명성, 개방성은 선거권 없는 19세 미만 국민, 외국인의 선거운동이나 후보자 사칭 등의 허위표시에 유권자들을 그대로 노출시켜 선거의 공정을 치명적으로 해할 수 있는바, 단순한 사후적 규제만으로 이러한 문제가 해소되기 어렵고, 달리 이 사건 법률조항에 비하여 덜 제약적이면서 같은 효과를 지닌 수단이 명백하다고 볼 수 없으며, 예비후보자나 후보자의 경우(공직선거법 제59조) 및 선거운동 기간 중의 경우(공직선거법 제82조의4 제1항)에는 상당한 범위에서 이미 'UCC(이용자제작콘텐츠)'의 배포가 허용되어 있는바, 이 사건 법률조항에 의한 제한은 입법목적 달성을 위한 최소한의 것이다. 또한, 이 사건 법률조항에 의하여 달성되는 선거의 공정과 평온이라는 공익은 민주국가에서 매우 크고 중요하다고 할 수 있는 반면, 그로 인한 기본권 제한은 수인이 불가능할 정도로 큰 것은 아니라고 할 것이어서 법익균형성도 인정된다. 따라서 이 사건 법률조항은 과잉금지원칙에 위배하여 선거운동의 자유를 침해하지 않는다.

2. 재판관 이동흡의 보충의견

우리 헌법 제116조 제1항은 "선거운동은 각급 선거관리위원회의 관리하에 법률이 정하는 범위 안에서 하되, 균등한 기회가 보장되어야 한다"고 규정하여 선거운동의 제한에 관하여 입법자의 구체적인 형성에 맡기고 있다. 선거운동의 제한이 기본권보장의 헌법이념과 헌법상의 제반원칙에 합치되어야 함은 명백하나, 입법자가 종래의 선거풍토나 그 밖의 제반여건을 종합적으로 고려하여 선거의 평온과 공정의 확보를 위해서 제한이 필요하다고 본 선거운동에 관하여는, 그것이 명백하게 불합리하거나 불공정하지 않는 한 입법자의 판단이 존중되어야 할 것이다.

3. 재판관 김종대, 재판관 민형기, 재판관 목영준, 재판관 송두환의 반대의견

공직선거법 제93조 제1항의 구성요건 행위가 시간적·내용적으로 한정되어 있다는 이유만으로 '기타 이와 유사한 것'에 '관념이나 의사전달의 기능을 가진 모든 매체나 수단'이 포함된다고 해석할 수는 없으며, 위 조항의 구체적인 예시만으로는 표현의 형식, 방법, 파급력 등이 다양한 많은 매체 중에서 어느 것이 일반조항인 '기타 이와 유사한 것'에 포함될지를 추론하기도 쉽지 않다. 이 사건 법률조항은 구체적 예시에 의하여 그 범위와 한계가 명백하게 드러나지 않는바, 헌법상 명확성의 원칙에 위배된다.

이 사건 법률조항의 입법목적의 정당성은 인정되나, 'UCC(이용자제작콘텐츠)'의 배포의 경우 후보자의 경제력에 따른 불균형 문제가 심각하지 않고, 후보자간 공정성을 해치거나 선거의 평온을 깨뜨린다고 보기 어려우므로 이를 금지하는 것이 목적달성을 위한 적절한 수단이라 할 수 없으며, 목적 달성을 위한 다른 덜 제약적인 수단들도 존재한다는 점에서 최소침해성원칙에도 위배된다. 나아가 'UCC(이용자제작콘텐츠)'의 배포의 무조건 금지로 인하여 얻어지는 선거의 공정성은 명백하거나 구체적이지 못한 반면, 후보자가 선거운동의 자유를 제한받음으로써 생기는 불이익은 적지 아니하므로, 공익과 사익 간의 균형성도 인정되지 않으므로 결국 이 사건 법률조항은 과잉금지원칙에 위배하여 선거운동의 자유를 침해한다.

4. 재판관 조대현의 반대의견

문서·도화 등을 이용한 선거운동은 정치적 표현의 자유로서 보장되어야 하고, 이를 금지하는 것은 선거운동의 자유를 정당한 사유도 없이 제한하는 것으로 헌법에 위반되며, 'UCC(이용자제작콘텐츠)'의 배포를 이용한 선거운동 역시 마찬가지이다.

[평 석]

선거운동의 자유와 기회균등은 국민통합을 이루기 위한 선거라는 수레에 달린 두 개의 바퀴이다. 어느 한 바퀴가 크면 수레가 원하는 방향으로 잘 나아가기 어렵듯, 양 자가 조화를 이루어야 국민통합을 이루는 선거를 할 수 있다. 그런데 현행 공직선거법은 기회균등을 지나치게 강조하고 있다. 물론 지난 우리 헌정사를 살펴보면, 이러한 입법태도가 충분히 이해된다. 그러나 이제 불행한 과거를 극복하고 미래를 향하여 나아갈 시기가 되었다. 우리 환경도 이제 재평가가 필요하다. 이러한 측면에서 보았을 때, 공직선거법 제93조 제 1 항도 제한의 기간, 행위의 주체 등이 지나치게 광범위하여 개선을 요한다.

20. 집회 및 시위에 관한 법률 제10조 등 위헌제청[25]

[사건의 내용 및 쟁점]

제청신청인은 2008. 5. 9. 19:35경부터 21:47경까지 야간에 옥외에서 미국산 쇠고기 수입반대 촛불집회를 주최하였다는 등의 이유로 집회 및 시위에 관한 법률 위반 등 혐의로 기소되었다(서울중앙지방법원 2008고단3949). 제청신청인은 1심 계속중 제청신청인에게 적용된 '집회 및 시위에 관한 법률' 제10조, 제23조 제 1 호가 헌법상 금지되는 집회의 사전 허가제를 규정한 것으로서 헌법에 위반된다고 주장하며 위헌법률심판 제청신청(서울중앙지방법원 2008초기2418)을 하였다. 서울중앙지방법원은 위 법률조항들이 당해 사건 재판의 전제가 되고, 위헌이라고 인정할 만한 상당한 이유가 있다며 2008. 10. 13. 이 사건 위헌법률심판제청을 하였다. 해가 뜨기 전이나 해가 진 후의 옥외집회(이하 '야간옥외집회'라 한다)를 금지하고, 일정한 경우 관할경찰관서장이 허용할 수 있도록 한 '집회 및 시위에 관한 법률'(2007. 5. 11. 법률 제8424호로 전부 개정

25) 헌재결 2009. 9. 24, 2008헌가25.

된 것, 이하 '집시법'이라 한다) 제10조 중 "옥외집회" 부분과 이에 위반한 경우의 처벌규정인 집시법 제23조 제1호 중 "제10조 본문의 옥외집회" 부분(이하 두 조항을 합하여 '이 사건 법률조항들'이라 한다)이 헌법에 위반하여 집회의 자유를 침해하는지 여부가 핵심쟁점이다.

[결정요지]

1. 5인의 위헌의견(이강국, 이공현, 조대현, 김종대, 송두환)

헌법 제21조 제2항은, 집회에 대한 허가제는 집회에 대한 검열제와 마찬가지이므로 이를 절대적으로 금지하겠다는 헌법개정권력자인 국민들의 헌법가치적 합의이며 헌법적 결단이다. 또한 위 조항은 헌법 자체에서 직접 집회의 자유에 대한 제한의 한계를 명시한 것이므로 기본권 제한에 관한 일반적 법률유보조항인 헌법 제37조 제2항에 앞서서, 우선적이고 제1차적인 위헌심사기준이 되어야 한다. 헌법 제21조 제2항에서 금지하고 있는 '허가'는 행정권이 주체가 되어 집회 이전에 예방적 조치로서 집회의 내용·시간·장소 등을 사전심사하여 일반적인 집회금지를 특정한 경우에 해제함으로써 집회를 할 수 있게 하는 세도, 즉 허가를 받지 아니한 집회를 금지하는 제도를 의미한다.

집시법 제10조 본문은 야간옥외집회를 일반적으로 금지하고, 그 단서는 행정권인 관할경찰서장이 집회의 성격 등을 포함하여 야간옥외집회의 허용 여부를 사전에 심사하여 결정한다는 것이므로, 결국 야간옥외집회에 관한 일반적 금지를 규정한 집시법 제10조 본문과 관할 경찰서장에 의한 예외적 허용을 규정한 단서는 그 전체로서 야간옥외집회에 대한 허가를 규정한 것이라고 보지 않을 수 없고, 이는 헌법 제21조 제2항에 정면으로 위반된다. 따라서 집시법 제10조 중 "옥외집회" 부분은 헌법 제21조 제2항에 의하여 금지되는 허가제를 규정한 것으로서 헌법에 위반되고, 이에 위반한 경우에 적용되는 처벌조항인 집시법 제23조 제1호 중 "제10조 본문의 옥외집회" 부분도 헌법에 위반된다.

2. 2인의 위헌보충의견(조대현, 송두환)

이 사건 법률조항들이 헌법 제21조 제 2 항에 위반된다고만 선언할 경우에, 국회가 집시법 제10조 단서를 삭제하면 행정청이 집회의 허부를 결정하는 허가제에 해당되지 않게 되어 헌법 제21조 제 2 항에 위반되는 점은 해소되지만, 집시법 제10조 본문이 야간옥외집회를 일반적·전면적으로 금지하고 있는 점의 위헌성은 해소되지 않게 된다. 집시법 제10조 본문은 야간옥외집회를 일반적·전면적으로 금지하여 합리적 사유도 없이 집회의 자유를 상당 부분 박탈하는 것이므로 헌법 제37조 제 2 항에 위반된다고 선언할 필요가 있다.

3. 2인의 헌법불합치의견(민형기, 목영준)

(1) '행정청이 주체가 되어 집회의 허용 여부를 사전에 결정하는 것'으로서 행정청에 의한 사전허가는 헌법상 금지되지만, 입법자가 법률로써 일반적으로 집회를 제한하는 것은 헌법상 '사전허가금지'에 해당하지 않는다. 집시법 제10조 본문은 "해가 뜨기 전이나 해가 진 후에는" 옥외집회를 못하도록 시간적 제한을 규정한 것이고, 단서는 오히려 본문에 의한 제한을 완화시키려는 규정이다. 따라서 본문에 의한 시간적 제한이 집회의 자유를 과도하게 제한하는지 여부는 별론으로 하고, 단서의 "관할경찰관서장의 허용"이 '옥외집회에 대한 일반적인 사전허가'라고는 볼 수 없는 것이다. 집시법 제10조는 법률에 의하여 옥외집회의 시간적 제한을 규정한 것으로서 그 단서 조항의 존재에 관계없이 헌법 제21조 제 2 항의 '사전허가금지'에 위반되지 않는다.

(2) 옥외집회는 그 속성상 공공의 안녕질서, 법적 평화 및 타인의 평온과 마찰을 빚을 가능성이 크다. 야간이라는 특수한 시간적 상황은 시민들의 평온이 더욱더 요청되는 시간대이고, 집회참가자 입장에서도 주간보다 감성적으로 민감해져 자제력이 낮아질 가능성이 높다. 또한 행정관서 입장에서도 야간옥외집회는 질서를 유지시키기가 어렵다. 집시법 제10조는 야간옥외집회의 위와 같은 특징과 차별성을 고려하여,

원칙적으로 야간옥외집회를 제한하는 것이므로, 그 입법목적의 정당성과 수단의 적합성이 인정된다.

한편 집시법 제10조에 의하면 낮 시간이 짧은 동절기의 평일의 경우에는 직장인이나 학생은 사실상 집회를 주최하거나 참가할 수 없게 되어, 집회의 자유를 실질적으로 박탈하거나 명목상의 것으로 만드는 결과를 초래하게 된다. 또한 도시화·산업화가 진행된 현대 사회에서, '야간'이라는 시간으로 인한 특징이나 차별성은 보다 구체적으로 표현하면 '심야'의 특수성으로 인한 위험성이라고도 할 수 있다. 집시법 제10조는 목적달성을 위해 필요한 정도를 넘는 지나친 제한이다. 나아가 우리 집시법은 제 8 조, 제12조, 제14조 등에서 국민의 평온과 사회의 공공질서가 보호될 수 있는 보완장치를 마련하고 있으므로, 옥외집회가 금지되는 야간시간대를 집시법 제10조와 같이 광범위하게 정하지 않더라도 입법목적을 달성하는데 큰 어려움이 없다. 집시법 제10조 단서는, 관할경찰관서장이 일정한 조건하에 집회를 허용할 수 있도록 규정하고 있으나, 그 허용여부를 행정청의 판단에 맡기고 있는 이상, 과도한 제한을 완화하는 적절한 방법이라고 할 수 없다. 따라서 집시법 제10조는 침해최소성의 원칙에 반하고, 법익균형성도 갖추지 못하였다.

따라서 집시법 제10조 중 '옥외집회'에 관한 부분은 과잉금지 원칙에 위배하여 집회의 자유를 침해하는 것으로 헌법에 위반되고, 이를 구성요건으로 하는 집시법 제23조 제 1 호의 해당 부분 역시 헌법에 위반된다.

4. 2인의 합헌의견(김희옥, 이동흡)

(1) 집회의 자유에 대한 내용중립적인 시간, 장소 및 방법에 관한 규제는 구체적이고 명확한 기준에 의하여 이루어지는 한, 헌법 제21조 제 2 항의 금지된 허가에 해당하지 않는다. 이러한 입장은, 언론·출판에 대한 허가 및 검열금지에 관한 우리 재판소의 기존 해석과도 상통하는 것이고, 입법자도 같은 전제에 서서 집회의 자유를 제한하는 각종

규제조항을 마련해 놓고 있다.

따라서, 집시법 제10조가 헌법 제21조 제2항에서 금지하는 집회에 대한 허가에 해당하는지 여부는, 결국 그 사전적 제한의 기준이 내용중립적인 것으로서 구체적이고 명확한 것인지에 따라 결정되어질 문제라고 할 것인데, 집시법 제10조는 옥외집회의 자유를 제한함에 있어서 야간이라는 내용중립적이고 구체적이며 명확한 시간적 기준을 정하고 있으므로, 집시법 제10조가 헌법 제21조 제2항에서 금지하고 있는 허가에 해당한다고 볼 수는 없다.

(2) 집시법 제10조는 집회 및 시위의 보장과 공공의 안녕질서 유지의 조화라는 정당한 입법목적하에 규정된 것으로서, 야간의 옥외집회는 '야간'이라는 특수성과 '옥외집회'라는 속성상 공공의 안녕질서를 침해할 수 있는 높은 개연성을 지니고 있다는 점에서, 야간옥외집회의 원칙적 금지를 규정한 집시법 제10조는 입법목적 달성에 기여할 수 있는 적합한 수단이라고 할 것이다.

또한 야간옥외집회를 시간적으로 또는 공간적·장소적으로 더 세분화하여 규제하는 것이 사실상 어렵고, 특히 필요한 야간옥외집회의 경우에는 일정한 조건하에서 허용되며, 대안적 의사형성 및 소통수단도 마련되어 있는 점 등을 종합해보면, 집시법 제10조가 침해의 최소성 및 법익 균형성 원칙에 위배된다고 볼 수도 없다.

한편 입법목적 달성을 위하여 옥외집회에 대하여 어느 정도의 시간적 규제가 필요한 것인가 하는 문제는 당시의 집회 및 시위 문화의 성숙도, 법과 질서에 대한 존중의 정도 등을 종합적으로 고려하여 궁극적으로 의회가 입법재량으로 결정할 문제라 할 것인데, 집시법 제10조가 입법재량의 범위를 현저히 벗어난 것으로 보기는 어려우며, 타인의 기본권 보호와 존중이라는 관점에서도 야간옥외집회를 규제할 정당한 국가적 이익이 인정된다.

5. 결 론

(1) 이 사건 법률조항들이 헌법에 위반된다는 의견이 5인이고, 헌법에 합치되지 아니한다는 의견이 2인이므로, 단순위헌 의견에 헌법불합치 의견을 합산하면 헌재법 제23조 제 2 항 제 1 호에 규정된 법률의 위헌결정을 함에 필요한 심판정족수에 이르게 된다. 따라서 이 사건 법률조항들에 대하여 헌법에 합치되지 아니한다고 선언하되, 이 사건 법률조항들에는 위헌적인 부분과 합헌적인 부분이 공존하고 있으므로 입법자가 2010. 6. 30. 이전에 개선입법을 할 때까지 계속 적용되어 그 효력을 유지하도록 하고, 만일 위 일자까지 개선입법이 이루어지지 않는 경우 이 사건 법률조항들은 2010. 7. 1.부터 그 효력을 상실하도록 한다. 아울러 종전에 헌재가 이 결정과 견해를 달리해, 구 '집회 및 시위에 관한 법률'(1989. 3. 29. 법률 제4095호로 전부 개정된 것) 제10조는 헌법에 위반되지 않는다고 판시한 1994. 4. 28. 91헌바14 결정은 이 결정과 저촉되는 범위 내에서 이를 변경하기로 한다.

(2) 재판관 조대현의 적용중지의견

이 사건 법률조항들은 형벌에 관한 법률조항이다. 위헌 부분이 포함된 이 사건 법률조항들을 헌법불합치결정 선고 후 개선입법 이전에 계속 적용하게 허용하는 것은 위헌법률의 규범력을 제거하려는 위헌법률심판제도의 본지에 어긋나고 헌재법 제47조 제 2 항에 위반된다. 이 사건 법률조항들은 개선입법이 이루어질 때까지 적용 중지되어야 하고 계속 적용하게 해서는 아니된다.

[평 석]

이 결정은 해가 뜨기 전이나 해가 진 후에는 옥외집회 또는 시위를 원칙적으로 금지하고, 집회의 성격상 부득이하여 주최자가 질서유지인을 두고 미리 신고한 경우에는 관할경찰관서장이 질서 유지를 위한 조건을 붙여 야간옥외집회를 허용할 수 있도록 한 집시법 제10조와 이를 위반하였을 때 형벌을 가하도록 규정한 집시법 제23조 제 1 호에 대하여 헌법불합치결정을 한 것으로, 국민의 집회의 자유를 크게 신장하는 계기가 될 것이다. 이 결정은 실질적으로 동일한 내용의 구 조항에 대한 합헌결정(헌재결 1994. 4. 28, 91헌바14)을 변경한 것이기도 하다.

필자는 다수의견의 판단이 타당하다고 생각한다. 헌법 제21조 제 2 항에서 금지하는 허가란 특정한 행위를 일반적으로 금지하고, 특별한 경우에 반하지 않는 한 금지대상인 행위를 해제하는 행정행위이므로, 집회는 일반적으로 허용되어야 하며 일반적으로 허용되지 않는다고 전제하는 입법을 해서는 안된다. 따라서 집시법 제10조는 전면적 금지 원칙, 예외적 허용의 형식을 취하고, 행정청이 집회의 성격 등을 포함하여 야간옥외집회의 허용 여부를 사전에 심사하여 결정하므로 필연적으로 허가를 결정하는 과정에 행정청의 실질적인 심사가 이루어지므로 헌법 제21조 제 2 항에 반한다.

헌재는 대상조항에 대하여 헌법불합치 결정을 하였다. 그러나 전체 판시에 비추어보면, 단순위헌으로 판단하는 것이 더욱 타당했을 것이다. 특히 대상 중 일부인 형벌규정에 대하여 헌법불합치 결정을 하는 것이 타당한지는 심히 의문이다. 헌법불합치 결정이 법제화되어 있는 독일에서, 연방 헌법재판소가 명문의 금지 규정이 없는데도 불구하고 형벌규정에 대하여 헌법불합치 결정을 하지 않는 이유를 되새겨 볼 필요가 있다.

이러한 결론에 도달한 근본이유인 일률적인 주문별 평결방식의 관철에 관해서도 짚고 넘어갈 필요가 있다. 헌재법 제40조 제 1 항의 취지에 비추어 보았을 때, 헌법재판의 평결에 언제나 법원조직법 제66조 제 1 항이 정하는 합의의 방법을 준용하여야 하는 것은 아니다. 법원에서 이와 같이 법률의 적용 여부가 문제되는 경우는 존재하지 않으므로, 이 경우 법원조직법 제66조 제 1 항은 헌법재판에 준용할 수 있는 성질의 것이 아니다. 따라서 이와 같은 경우 예외적으로 쟁점별 평결방식을 취하는 것은 얼마든지 가능하다. 적어도 이 사건과 같이 위헌 5인에 헌법불합치 2인을 더하여 7인이 되어 결정정족수에 이르게 되었으므로 피치 못하게 헌법불합치 결정을 주문으로 채택하더라도, 심판대상 법률조항의 계속 적용·집행 여부는 예외적으로 쟁점별 평결방식에 따라 처리하는 것이 타당하다.

나아가 '이미' 위헌인 대상 조항에 대하여 결정정족수와 주문별 평결방식에 따라 어쩔 수 없이 헌법불합치 결정을 하더라도, 이에 대한 심판대상 법률조항의 계속 적용·집행 여부에 대해서는 구체적 고려를 하는 것이 필요했다.

21. 구 지방세법 제112조 제2항 제4호 위헌소원[26)]

[사건의 내용 및 쟁점]

청구인은 재개발 시행사로서 대지 및 그 지상 건물 7개동(이하 '이 사건 부동산'이라 한다)을 주상복합아파트를 건축할 목적으로 49,627,000,000원에 취득하였는데, 그 당시 이 사건 부동산의 일부가 유흥주점으로 사용되고 있었다. 청구인은 이 사건 부동산 중 유흥주점으로 사용되는 부분에 대하여는 구 지방세법 제112조 제2항 제4호 소정의 중과세율을 적용하고, 나머지 부분에 대하여는 위 구 지방세법 제112조 제1항 소정의 일반세율을 적용하여 각각 취득세와 농어촌특별세를 부과받은바, 이 사건 처분이 위법하다고 주장하면서 대구광역시 수성구청장을 상대로 하여 취득세등부과처분취소소송을 제기 중, 구 지방세법(2005. 1. 5. 법률 제7332호로 개정되고, 2005. 12. 31. 법률 제7843호로 개정되기 전의 것) 제112조 제2항 제4호(이하 '이 사건 법률조항'이라 한다)가 세금부과시 취득목적에 따른 구별을 하지 않아 평등원칙에 위반되고, 또한 과잉금지원칙에 위반되어 재산권을 침해하였다며, 위헌법률심판을 제청하였다가 기각되자 헌법소원심판을 청구하였다.

---

26) 헌재결 2009. 9. 24, 2007헌바87.

[결정요지]

이 사건 법률조항의 모태라고 할 수 있는 '국민생활의 안정을 위한 대통령 긴급조치'(제정 1974. 1. 14. 대통령긴급조치 제3호) 제1조에 비추어 볼 때, 이 사건 법률조항의 주된 목적은 사치·향락적 소비시설의 취득 및 소비를 억제하고자 하는 유도적·형성적 기능에 있다고 할 것이며, 이와 같은 입법목적은 그 정당성이 인정된다. 그러나 고급오락장으로 사용할 목적이 없는 고급오락장의 취득에 대하여까지 취득세 중과세를 부과하는 것은 입법목적의 달성과 전혀 무관한 내용에 대해 제한을 가하는 셈이 되어 방법의 적절성을 인정하기 어렵다. 또한 고급오락장으로 사용할 목적 없이 고급오락장을 취득한 사람의 피해를 가능한 한 줄일 수 있는 방안들을 강구해보지 아니한 채 취득목적을 불문하고 모든 고급오락장 취득행위를 취득세 중과세 대상으로 삼는 것은 침해의 최소성 요건을 충족하지 못한 것이다. 나아가 '고급오락장으로 사용할 목적 없는 취득'에 대해 중과세율에 의한 취득세를 부과하는 것은 이 사건 법률조항에 의하여 보호하고자 하는 공익과 무관한 것이어서 이를 통해 얻게 되는 공익은 없는 반면 제한되는 사익은 중대하여, 양자 사이에 현저한 불균형이 있다 할 것이다. 그렇다면 이 사건 법률조항은 고급오락장으로 사용할 목적 없는 취득에 대하여도 적용되는 한도 내에서 과잉금지원칙을 위반한 것이라 할 것이다.

'고급오락장으로 사용할 목적을 가지는 취득행위'와 '고급오락장으로 사용할 목적을 가지지 않는 취득행위'는 본질적으로 상이한 집단이므로, 그 취득목적에 따라 취득세 중과세 여부가 달라져야 할 것인바, 이러한 양자의 차이가 반영되지 아니한 채 이 사건 법률조항이 '고급오락장으로 사용할 목적을 가지지 않은 취득행위'에 대하여도 적용되는 것은 불합리한 차별취급에 해당하여 평등원칙에 위반된다(재판관 이공현, 재판관 김종대의 반대의견[합헌] 있음).

22. 국회의장과 국회의장 등 간의 권한쟁의[27)]

[사건의 내용 및 쟁점]

청구인 조승수는 진보신당 소속 국회의원, 나머지 청구인들은 민주당, 창조한국당, 민주노동당 소속 국회의원들이다. 국회의장은 2009. 7. 22. 11:00경 방송법 일부개정법률안 등 언론관계 법률안을 국회 본회의에 직권 상정하였다. 국회부의장은 같은 날 15:35경 민주당 소속 국회의원들의 출입문 봉쇄로 국회본회의장에 진입하지 못한 국회의장으로부터 의사진행을 위임받아 제283회 국회임시회 제 2 차 본회의의 개의를 선언한 다음, 같은 날 15:37경 '신문 등의 자유와 기능보장에 관한 법률 전부 개정법률안'(이하 '신문법 원안'이라 한다), '방송법 일부개정법률안'(이하 '방송법 원안'이라 한다), '인터넷멀티미디어 방송사업법 일부개정법률안'(이하 '인터넷멀티미디어법안'이라 한다)을 일괄 상정한다고 선언하고, 심사보고나 제안설명은 단말기 회의록, 회의자료로 대체하고 질의와 토론도 실시하지 않겠다고 하였다.

먼저 신문법 원안에 대하여 한나라당 강승규 의원 외 168인이 발의한 수정안(이하 '신문법 수정안'이라 한다)에 대한 표결이 이루어진바, 재적 294인, 재석 162인, 찬성 152인, 반대 0인, 기권 10인의 표결 결과가 나오자, 국회부의장은 신문법 수정안이 가결되었으므로 '신문 등의 자유와 기능보장에 관한 법률 전부 개정법률안'은 위 수정안 부분은 수정안대로, 나머지 부분은 신문법 원안의 내용대로 가결되었다고 선포하였다(이하 가결된 수정안 부분과 원안 부분을 합하여 '신문법안'이라 한다). 국회부의장은 이어 방송법 원안에 대하여 한나라당 강승규 의원 외 168인이 발의한 수정안(이하 '방송법 수정안'이라 한다)에 대하여 표결을 진행하였고, 몇 분이 경과한 후 "투표를 종료합니다."라고 선언하였으며, 곧이어 투표종료버튼이 눌러졌는데, 전자투표 전광판에는 국회 재

---

27) 헌재결 2009. 10. 29, 2009헌라8 · 9 · 10(병합).

적 294인, 재석 145인, 찬성 142인, 반대 0인, 기권 3인이라고 표시되었다. 이에 국회부의장은 "강승규 의원 외 168인으로부터 제출된 수정안에 대해서 투표를 다시 해 주시기 바랍니다." "재석의원이 부족해서 표결 불성립되었으니 다시 투표해 주시기 바랍니다."라고 하여 다시 투표가 진행되었고, "투표 종료를 선언합니다."라고 말한 후 전자투표 게시판에 재적 294인, 재석 153인, 찬성 150인, 반대 0인, 기권 3인으로 투표 결과가 집계되자, 방송법 수정안이 가결되었으므로 '방송법 일부개정 법률안'은 수정된 부분은 수정안대로, 나머지 부분은 원안대로 가결되었다고 선포하였다(이하 가결된 수정안 부분과 원안 부분을 합하여 '방송법안'이라 한다). 그 이후 인터넷멀티미디어법안에 대한 표결이 이루어졌고, 그 결과 재석 161인, 찬성 161인, 반대 0인, 기권 0인으로 표결 결과가 집계되자 국회부의장은 위 법안이 가결되었다고 선포하였다.

국회부의장은 같은 날 16:12경 '금융지주회사법 일부개정법률안'(이하 '금융지주회사법 원안'이라 한다)을 상정하고, 이 안건에 대하여 박종희 의원 외 168인으로부터 수정안이 발의되었다고 밝힌 후 위 수정안(이하 '금융지주회사법 수정안'이라 한다)에 대한 표결을 실시하였고, 재석 165인 가운데 찬성 162인, 기권 3인으로 표결 결과가 집계되자, '금융지주회사법 일부개정법률안'은 수정한 부분은 수정안대로, 기타 부분은 원안대로 가결되었다고 선포하였으며(이하 가결된 수정안 부분과 원안 부분을 합하여 '금융지주회사법안'이라 한다), 같은 날 16:16경 본회의는 산회되었다.

본회의 진행 당시 국회본회의장 의장석 주변에는 국회 경위들과 한나라당 소속 의원들 상당수가 민주당 등 일부 야당 소속 의원들의 의장석 점거를 막기 위하여 병풍처럼 에워싸고 있었고, 일부 야당소속 의원들은 '대리투표 무효' 등의 구호를 외치며 곳곳에서 국회부의장의 의사진행을 저지하려고 하면서 한나라당 소속 의원들과 몸싸움을 벌이고 있었다.

청구인 조승수는, 방송법 수정안에 대한 표결의 결과 투표에 참가한 의원수가 재적의원의 과반수에 달하지 못하여 위 법률안이 부결되었음에도 국회부의장이 동일한 법률안에 대하여 즉석에서 재투표를 실시하여 방송법안의 가결을 선포함으로써 일사부재의의원칙에 반하여 국회의원인 위 청구인의 법률안 심의·표결권을 침해하였다고 주장하면서, 2009. 7. 23. 위 권한의 침해 확인과 방송법 수정안에 대한 재투표 실시 및 그에 따른 가결선포행위의 무효확인을 구하는 권한쟁의심판(2009헌라8)을 청구하였다.

청구인 정세균 외 88인은 방송법 수정안에 대한 재투표 및 그 표결 결과에 따른 가결선포는 일사부재의원칙에 위반하여 위 청구인들의 법률안 심의·표결권을 침해한 것이고, 또한 신문법 수정안의 표결 과정에 권한 없는 자에 의한 표결이라는 명백한 절차적 하자가 있으며, 위 각 법률안에 대한 제안취지의 설명 절차 및 질의·토론 절차가 생략된 중대한 절차상 하자가 있으므로, 국회부의장의 위 각 법률안 가결선포행위는 적법절차의 원칙에 위배하여 국회의원인 위 청구인들의 법률안 심의·표결권을 침해한 것이라고 주장하면서, 2009. 7. 23. 위 권한의 침해 확인 및 위 각 법률안에 대한 가결선포행위의 무효 확인을 구하는 권한쟁의심판(2009헌라9)을 청구하였다.

청구인 정세균 외 88인은, 박종희 의원 외 168인이 제출한 금융지주회사법 수정안이 그 원안과는 전혀 다른 내용을 포함하고 있어 별개의 법률안임에도 수정안으로 표결되었고, 수정안에 대하여 어떠한 토의도 이루어지지 않았으며, 또한 금융지주회사법 수정안은 그 원안과는 별개로 정무위원회에 회부되어 소위원회에서 심사 중이었던 정부 제출의 개정 법률안과 동일한 것으로서 심사기일도 지정되지 않은 법안이므로 국회의장이 직권상정할 수 없음에도 직권상정하는 등 절차상 하자가 있어 위 청구인들의 심의·표결권을 침해하였다고 주장하면서, 2009. 7. 28. 위 권한의 침해 확인 및 금융지주회사법 수정안에 대한 가결선포행위의 무효 확인을 구하는 권한쟁의심판(2009헌라10)을 청구하였다.

피청구인들이 2009. 7. 22. 15:35경 개의된 제283회 국회임시회 제 2 차 본회의에서 신문법안, 방송법안, 인터넷멀티미디어법안, 금융지주회사법안(이하 '이 사건 각 법률안'이라 한다)의 각 가결을 선포한 행위가 청구인들의 법률안 심의·표결권을 침해한 것인지 여부 및 나아가 위 각 법률안에 대한 가결선포행위가 무효인지가 쟁점이었다.

[결정요지]

1. 국회의원이 국회의장의 직무를 대리하여 법률안 가결선포행위를 한 국회부의장을 상대로 위 가결선포행위가 자신의 법률안 심의·표결권을 침해하였음을 주장하여 권한쟁의심판을 청구할 수 있는지 여부

권한쟁의심판에서는 처분 또는 부작위를 야기한 기관으로서 법적 책임을 지는 기관만이 피청구인적격을 가지므로, 이 사건 심판은 의안의 상정·가결선포 등의 권한을 갖는 국회의장을 상대로 제기되어야 한다. 국회부의장은 국회의장의 직무를 대리하여 법률안을 가결선포할 수 있을뿐(국회법 제12조 제 1 항), 법률안 가결선포행위에 따른 법적 책임을 지는 주체가 될 수 없으므로, 국회부의장에 대한 이 사건 심판청구는 피청구인 적격이 인정되지 아니한 자를 상대로 제기되어 부적법하다(이하, '피청구인'이라고만 표시되었을 경우 이는 국회부의장이 '피청구인 국회의장'의 직무를 대리한 것을 의미한다)(재판관 조대현의 보충의견 있음).

2. (1) 국회의원이 법률안 심의·표결권을 포기할 수 있는지 여부

국회의원의 법률안 심의·표결권은 국민에 의하여 선출된 국가기관으로서 국회의원이 그 본질적 임무인 입법에 관한 직무를 수행하기 위하여 보유하는 권한으로서의 성격을 갖고 있으므로 국회의원의 개별적인 의사에 따라 포기할 수 있는 것은 아니다.

(2) 의사진행을 방해하거나 다른 국회의원들의 투표를 방해한 국회의원이 자신의 심의 · 표결권이 침해되었음을 주장하여 국회의장을 상대로 제기한 권한쟁의심판청구가 소권의 남용으로서 부적법한 것으로 볼 수 있는지 여부

이 사건 권한쟁의심판의 경우는 헌법상의 권한질서 및 국회의 의사결정체제와 기능을 수호·유지하기 위한 공익적 쟁송으로서의 성격이 강하므로, 청구인들 중 일부가 자신들의 정치적 의사를 관철하려는 과정에서 피청구인의 의사진행을 방해하거나 다른 국회의원들의 투표를 방해하였다 하더라도, 그러한 사정만으로 이 사건 심판청구 자체가 소권의 남용에 해당하여 부적법하다고 볼 수는 없다(재판관 이동흡의 일부 각하의견[권리보호필요성이 인정되지 아니하므로 각하되어야 한다] 있음).

3. '신문 등의 자유와 기능보장에 관한 법률 전부개정법률안'(이하 '신문법안'이라 한다)의 가결선포행위에 대하여

(1) 안건의 제안취지 설명 절차가 위법하여 국회의원의 심의 · 표결권을 침해하였는지 여부

① 재판관 이강국, 재판관 이공현, 재판관 조대현의 적법의견

제안취지의 설명에 관한 국회법 규정의 취지는 심의·표결에 참가할 국회의원으로 하여금 제안된 법률안의 취지와 내용을 알게 하고자 하는 것이다. 이 사건에서 국회의원들이 실제로 신문법 수정안을 표결할 때에는 법률안의 취지와 내용을 알 수 있는 상태에 있었으므로, 신문법 수정안에 대한 제안취지의 설명은 이루어졌다고 볼 것이다. 따라서 피청구인이 제안취지 설명에 관한 국회법 제93조를 위배하여 청구인들의 심의·표결권을 침해하였다고 보기는 어렵다.

② 재판관 민형기, 재판관 이동흡, 재판관 목영준의 적법의견

신문법 수정안이 표결개시 선언될 때 e-의안시스템에 입력되었을 뿐 아직 회의진행시스템에 입력되지 아니한 절차적 흠결이 있다. 그러나, 청구인들이 e-의안시스템에 의하여도 신문법 수정안의 내용을 파

악할 수 있었고, 표결이 실질적으로 개시되기 전에 의안이 회의진행시스템에 입력된 이상, 회의장의 질서가 극도로 문란하였던 상황에서 피청구인이 위와 같은 제안취지 설명을 유효한 것으로 보고 표결 절차를 진행한 것은 국회의장의 자율적 의사진행권한범위를 벗어나지 아니하였다. 따라서 국회법 제93조에 위배되어 청구인들의 심의·표결권을 침해할 정도에 이르렀다고 보기는 어렵다.

③ 재판관 김희옥, 재판관 김종대, 재판관 송두환의 위법의견

법률안 제안취지의 설명은 의안에 대한 질의·토론 및 표결을 위한 의사결정의 불가결한 전제가 되므로, 일반적인 '구두설명'이 아닌 다른 방식으로 대체되는 경우 제안자가 직접 설명한 것과 다름없다고 인정될 정도로 용이하고 간편한 방식으로, 질의·토론 및 표결 절차가 진행되기 전에 이루어져야 한다. 이 사건에서 신문법 수정안 표결 선포 후 표결이 실제로 개시되기 30여초 전에 해당 안건을 회의진행시스템에 입력한 것으로는 국회법이 요구한 '안건의 제안취지 설명'이 이루어졌다고 볼 수 없다. 결국, 피청구인은 위원회의 심사를 거치지 아니한 안건에 대하여 제안자의 취지설명도 없는 상태에서 표결을 선포한 잘못이 있고, 따라서 국회법 제93조 단서에 위배되어 청구인들의 심의·표결권을 침해하였다.

(2) 질의·토론 절차가 위법하여 국회의원의 심의·표결권을 침해하였는지 여부

① 재판관 이강국, 재판관 조대현, 재판관 김희옥, 재판관 송두환의 위법의견

국회의 심의 절차는 의회주의 이념을 기초로 하는 국회 입법 절차의 본질적인 부분이다. 국회법 제93조도 심의 절차를 특별한 사유가 없는 한 입법 절차에서 반드시 거쳐야 할 절차로 규정하고 있고, 특히 위원회의 심사를 거치지 아니한 안건에 대하여는 본회의의 의결에 의하여도 질의·토론 절차를 생략할 수 없도록 함으로써 안건에 관한 심의

가 보장되도록 하고 있다.

피청구인은 신문법안을 다른 법안들과 일괄 상정하고, 그 즉시 그에 대한 질의·토론은 실시하지 않겠다고 선언한 다음 곧바로 위원회의 심사를 거치지 않은 신문법 수정안에 대한 표결을 선포하였으며, 표결선포 후 약 11분 가량이 지난 후에야 신문법 수정안이 회의진행시스템에 입력되고, 그로부터 약 30초 후에 투표가 시작된 점 등의 회의 진행상황에 비추어보면, 청구인들이 피청구인의 표결선포 전에 질의나 토론 신청을 준비하는 것은 물리적으로 불가능하였다. 또한 국회법 제110조 제 2 항에 따라 표결선포 이후에는 질의·토론 자체가 허용되지 않으므로, 피청구인이 의안 내용을 사전에 제공하지 아니한 채 표결선포를 함으로써 질의 및 토론 신청의 기회는 실질적으로 봉쇄되었다.

이러한 사정을 종합하면, 피청구인이 청구인들에게 신문법 수정안에 대한 질의·토론 신청을 할 수 있는 기회를 사전에 부여하였다고 볼 수 없으므로, 이러한 상태에서 질의·토론 절차를 생략한 피청구인의 의사진행은 국회법 제93조를 위배하여 청구인들의 심의·표결권을 침해한 것이다.

② 재판관 김종대, 재판관 이동흡의 위법의견

위원회의 심사를 거치지 않고 바로 본회의에 상정된 법률안의 경우에 국회의장이 질의·토론 신청이 있었는지 여부를 확인하거나 이를 언급도 하지 아니한 채 질의·토론을 생략하고 곧바로 표결처리에 나아가는 의사진행은 국회의장의 의사진행 권한의 한계를 넘어 청구인들의 질의·토론의 기회를 봉쇄하는 것으로서 정당화될 수 없으므로, 청구인들의 심의·표결권을 침해한 것이다.

③ 재판관 이공현, 재판관 민형기, 재판관 목영준의 적법의견

국회의장은 질의·토론 절차를 진행함에 있어 질의 유무를 확인한 후 질의 신청이 없으면 토론에 들어가고, 토론 신청도 없는지 확인한 후 표결에 들어가는 것이 원칙이나, 회의 운영상 질의 신청이 없는 경

우에는 질의 부분을 생략하고 다음 단계로 넘어가도 무방하고, 이는 토론의 경우도 동일하다.

피청구인은 의사진행이 정상적으로 이루어질 수 없는 상황에서, 청구인들의 의사진행 저지행위에 비추어 의안에 대한 질의·토론이 없을 것으로 예상하여 신문법 원안 또는 수정안에 대하여 질의·토론 신청 유무를 확인하지 않은 채 질의·토론을 생략한 후 표결을 선포하였는바, 제반 사정과 국회의 자율성에 비추어 볼 때, 피청구인의 그러한 판단이 객관적으로 명백히 잘못되어 청구인들의 심의·표결권을 침해하였다고 보기 어렵다.

(3) 표결 절차에서, 표결의 자유와 공정이 현저히 저해되고 그로 인하여 표결 결과의 정당성에 영향을 미쳤을 개연성이 있는지 여부 및 다수결의 원칙에 위배되어 국회의원의 표결권을 침해하였는지 여부

① 재판관 이강국, 재판관 이공현, 재판관 조대현, 재판관 김희옥, 재판관 송두환의 위법의견

헌법 제49조가 천명한 다수결의 원칙은 국회의 의사결정 과정의 합리성 내지 정당성이 확보될 것을 전제로 한 것이고, 국회의원의 법률안 표결권은 국회의 구성원으로서 자신과 다른 국회의원의 표결권이 모두 정당하게 행사되고 확인되는 과정을 거쳐 국회의 최종 의사로 확정되는 국회입법권의 근본적인 구성요소이다. 따라서 법률안에 대한 표결의 자유와 공정이 현저히 저해되고 이로 인하여 표결 결과의 정당성에 영향을 미칠 개연성이 인정되는 경우라면, 그러한 표결 절차는 헌법 제49조 및 국회법 제109조가 규정한 다수결 원칙의 대전제에 반하는 것으로서 국회의원의 법률안 표결권을 침해한다.

신문법 수정안 표결 전후의 무질서하였던 회의장 상황 및 현행 전자투표 방식의 맹점 등을 고려할 때, 피청구인으로서는 표결과정에서 요구되는 최소한의 질서를 확보하고 위법한 투표행위나 투표 방해행위를 제지하는 등의 조치를 취하였어야 함에도 그러지 못한 결과, 신문법

수정안에 대한 표결 과정에 권한 없는 자에 의한 임의의 투표행위, 위법한 무권 또는 대리투표행위로 의심받을 만한 여러 행위, 투표방해 또는 반대 투표행위 등 정상적인 절차에서 나타날 수 없는 투표행위가 다수 확인되는바, 신문법 수정안에 대한 표결 절차는 자유와 공정이 현저히 저해되었다.

신문법 수정안 표결 전후 상황, 위법의 의심이 있는 투표행위의 횟수 및 정도 등을 종합하면, 신문법 수정안의 표결 결과는 극도로 무질서한 상황에서 발생한 위법한 투표행위, 정당한 표결권 행사에 의한 것인지를 객관적으로 가릴 수 없는 다수의 투표행위들이 그대로 반영된 것으로서, 표결과정의 현저한 무질서와 불합리 내지 불공정이 표결 결과의 정당성에 영향을 미쳤을 개연성이 있다.

결국, 피청구인의 신문법안 가결선포행위는 헌법 제49조 및 국회법 제109조의 다수결 원칙에 위배되어 청구인들의 표결권을 침해한 것이다.

② 재판관 민형기, 재판관 이동흡, 재판관 목영준의 적법의견

피청구인의 신문법안 가결선포행위가 국회의원인 청구인들의 표결권을 침해하였다고 하기 위하여는, 신문법안 표결이 극도의 혼란 속에서 이루어졌고 그 과정에서 비전형적인 투표행위가 있었다고 하더라도, 그것이 실제 표결 결과에 영향을 미쳐 청구인들의 투표가치를 훼손하였다고 인정할 수 있어야 한다. 그러나 이 사건 증거만으로는 이러한 점을 인정하기에 부족하므로, 청구인들의 표결권이 침해되었다고 볼 수 없다.

③ 재판관 김종대의 적법의견

국회의 자율권을 존중하여야 하는 헌재로서는 국회의장의 법률안 가결선포행위와 관련된 의사진행 절차상의 제반 사실을 인정함에 있어서도 특별한 사정이 없는 한 국회본회의 회의록의 기재 내용에 의존할 수밖에 없다. 따라서 청구인들이 주장하는 무권 또는 대리투표 등이 국

회본회의 회의록에 명기되어 있지 아니한 이 사건의 경우 특별한 사정이 없는 한 국회의 의사진행 절차가 적법하게 이루어졌다고 볼 수밖에 없다.

4. 방송법 일부개정법률안'(이하 '방송법안'이라 한다)의 가결선포행위에 대하여

(1) 안건의 제안취지 설명 절차가 위법하여 국회의원의 심의 · 표결권을 침해하였는지 여부

방송법안의 경우 의안이 회의진행시스템에 입력된 후 법률안에 대한 표결이 선포되었고 그러한 상태가 표결 종료 시까지 유지되어 있었으므로, 국회법 규정이 요구하는 의안에 대한 제안취지 설명은 이루어졌다.

(2) 질의 · 토론 절차가 위법하여 국회의원의 심의 · 표결권을 침해하였는지 여부

① 재판관 이강국, 재판관 이공현, 재판관 김희옥, 재판관 민형기, 재판관 목영준의 적법의견

방송법안의 경우 청구인들은 표결이 선포되기 전에 질의나 토론을 신청할 기회가 충분히 있었는바, 질의나 토론 신청이 있었다는 점이 명백하지 않은 이상 질의나 토론 신청이 없는 것으로 판단하고 의사를 진행한 피청구인의 판단은 존중되어야 한다.

또한 이 사건 당일 장내가 소란하여 의사진행이 정상적으로 이루어질 수 없는 상황이었으므로, 피청구인이 위 각 법률안에 대한 표결에 앞서 질의·토론 신청의 유무를 적극적으로 확인하는 발언을 하지 않았더라도, 그것이 국회법 제93조에 위배한 것으로 보기는 어렵다.

② 재판관 조대현, 재판관 송두환의 위법의견

질의와 토론의 기회를 실질적으로 부여하는 것은 의회민주주의 원리 등에서 도출되는 법률안 심의·표결권의 본질적 내용을 구성한다.

방송법안의 경우 청구인들에게 미리 질의나 토론 신청을 준비할

시간적 여유를 주지 않은데다, 질의·토론 신청 유무를 확인하지도 아니함으로써 청구인들이 의안의 내용을 실질적으로 파악하여 질의·토론을 신청하는 것이 사실상 불가능하였던 것으로 보이므로, 청구인들에게 질의·토론의 기회가 주어졌다고 볼 수 없다.

질의·토론을 임의로 생략할 권한이 없는 피청구인이 장내소란을 이유로 질의·토론을 실시하지 않겠다고 공언한 것은 그 발언의 효력 유무와는 무관하게 질의와 토론을 사실상 불가능하게 할 수 있는 것으로서 자율적 의사진행 권한의 한계를 넘는 것으로 보아야 한다.

③ 재판관 김종대, 재판관 이동흡의 위법의견

앞서 신문법안에 대한 판단에서 본 바와 같다.

(3) 표결 절차에서 일사부재의의 원칙에 위배하여 국회의원의 심의·표결권을 침해하였는지 여부

① 재판관 조대현, 재판관 김종대, 재판관 민형기, 재판관 목영준, 재판관 송두환의 위법의견

헌법 제49조 및 국회법 제109조는 의결정족수에 관하여 일부 다른 입법례와는 달리, 의결을 위한 출석정족수와 찬성정족수를 병렬적으로 규정하고 있고, '재적의원 과반수의 출석'과 '출석의원의 과반수의 찬성'이라는 규정의 성격이나 흠결의 효력을 별도로 구분하여 규정하고 있지 아니하다.

국회의원이 특정 의안에 반대하는 경우 회의장에 출석하여 반대투표하는 방법뿐만 아니라 회의에 불출석하는 방법으로도 반대 의사를 표시할 수 있으므로, '재적의원 과반수의 출석'과 '출석의원 과반수의 찬성'의 요건이 국회의 의결에 대하여 가지는 의미나 효력을 달리 할 이유가 없다.

전자투표에 의한 표결의 경우 국회의장의 투표종료선언에 의하여 투표 결과가 집계됨으로써 안건에 대한 표결 절차는 실질적으로 종료되므로, 투표의 집계 결과 출석의원 과반수의 찬성에 미달한 경우는 몰

론 재적의원 과반수의 출석에 미달한 경우에도 국회의 의사는 부결로 확정되었다고 볼 수밖에 없다.

결국 방송법 수정안에 대한 1차 투표가 종료되어 재적의원 과반수의 출석에 미달되었음이 확인된 이상, 방송법 수정안에 대한 국회의 의사는 부결로 확정되었다고 보아야 하므로, 피청구인이 이를 무시하고 재표결을 실시하여 그 표결 결과에 따라 방송법안의 가결을 선포한 행위는 일사부재의 원칙(국회법 제92조)에 위배하여 청구인들의 표결권을 침해한 것이다.

② 재판관 이강국, 재판관 이공현, 재판관 김희옥, 재판관 이동흡의 적법의견

헌법 제49조 및 국회법 제109조의 '재적의원 과반수의 출석'이라는 의결정족수는 국회의 의결을 유효하게 성립시키기 위한 전제요건인 의결능력에 관한 규정으로서, '출석의원 과반수의 찬성'이라는 다수결 원칙을 선언한 의결방법에 관한 규정과는 그 법적 성격이 구분된다. 따라서 의결정족수에 미달한 국회의 의결은 유효하게 성립한 의결로 취급할 수 없다.

국회에서의 실무 관행도 이와 같고, 의결정족수를 국회의 의결을 유효하게 성립시키기 위한 전제요건으로 보는 것은 비교법적으로도 공통된 것으로서, 이렇게 보지 않을 경우 소수의 국회의원만이 참석한 상태에서의 표결도 가능하고 이 때에는 굳이 투표 결과를 확인할 필요도 없이 부결이 된다는 결론에 이르게 되어 대의민주주의의 원리에도 부합하지 않는다.

따라서 방송법 수정안에 대한 투표가 종료된 결과 재적의원 과반수의 출석이라는 의결정족수에 미달된 이상, 방송법 수정안에 대한 국회의 의결이 유효하게 성립되었다고 할 수 없으므로, 피청구인이 방송법 수정안에 대한 재표결을 실시하여 그 결과에 따라 방송법안의 가결을 선포한 것이 일사부재의 원칙에 위배된다고 할 수 없다.

5. '인터넷멀티미디어 방송사업법 일부개정법률안'(이하 '인터넷멀티미디어법안'이라 한다) 및 '금융지주회사법 일부개정법률안'(이하 '금융지주회사법안'이라 한다)의 가결선포행위에 대하여

(1) 안건의 제안취지 설명 및 질의·토론 절차가 위법하여 국회의원의 심의·표결권을 침해하였는지 여부

앞서 방송법안에 대한 판단[4-(1), (2)]에서 본 바와 같다.

(2) 금융지주회사법 수정안이 국회법 제95조가 정한 수정동의에 해당하는지 여부

국회법상 수정안의 범위에 대한 어떠한 제한도 규정되어 있지 않은 점과 국회법 규정에 따른 문언의 의미상 수정이란 원안에 대하여 다른 의사를 가하는 것으로 새로 추가, 삭제 또는 변경하는 것을 모두 포함하는 개념이라는 점에 비추어, 어떠한 의안으로 인하여 원안이 본래의 취지를 잃고 전혀 다른 의미로 변경되는 정도에까지 이르지 않는다면 이를 국회법상의 수정동의에 해당하는 것으로 볼 수 있다.

6. 신문법안 가결선포행위에 대한 무효확인 청구의 인용 여부

① 재판관 민형기, 재판관 목영준의 기각의견

앞서 본 바와 같이 신문법안 가결선포행위가 청구인들의 법률안 심의·표결권을 침해한 것으로 볼 수는 없으므로, 위 가결선포행위가 청구인들의 심의·표결권을 침해함을 전제로 구하는 무효확인 청구는 나아가 판단할 필요 없이 이유 없다.

② 재판관 이강국, 재판관 이공현의 기각의견

권한쟁의심판 결과 드러난 위헌·위법 상태를 제거함에 있어 헌재는 피청구인의 정치적 형성권을 가급적 존중하여야 하므로, 재량적 판단에 의한 무효확인 또는 취소로 처분의 효력을 직접 결정하는 것은 권한질서의 회복을 위하여 헌법적으로 요청되는 예외적인 경우에 한정되어야 한다.

이 사건에 있어서도 국회의 입법에 관한 자율권을 존중하는 의미

에서 헌재는 처분의 권한 침해만을 확인하고, 권한 침해로 인하여 야기된 위헌·위법상태의 시정은 피청구인에게 맡겨 두는 것이 바람직하다.

③ 재판관 김종대의 기각의견

피청구인의 가결선포행위가, 무효나 취소소송의 대상이 될 수 있는 행정처분의 성격을 갖는 경우가 아닌 한, 국회의 법률제정과정에서 비롯된 국회의원과 국회의장 사이의 이 사건 권한쟁의심판사건에 있어서 헌재의 권한쟁의심판권은 피청구인이 청구인들의 심의·표결권을 침해하였는지 여부를 확인하는 것에 그치고, 그 후 법률안 가결선포행위의 효력에 대한 사후의 조치는 오직 국회의 자율적 의사결정에 의하여 해결할 영역에 속한다.

④ 재판관 이동흡의 기각의견

이 사건 각 법률안 가결선포행위의 무효 여부는 그것이 입법 절차에 관한 헌법의 규정을 명백히 위반한 흠이 있는지 여부에 의하여 가려져야 한다.

이 사건 신문법안은 재적의원 과반수의 출석과 출석의원 중 압도적 다수의 찬성으로 의결되었는바, 위 법률안 의결과정에서 피청구인의 질의·토론에 관한 의사진행이 국회법 제93조에서 규정한 절차를 위반하였다 하더라도, 다수결의 원칙(헌법 제49조), 회의공개의 원칙(헌법 제50조)등 헌법의 규정을 명백히 위반한 경우에 해당하지 아니하므로 무효라고 할 수 없다.

⑤ 재판관 조대현, 재판관 송두환의 인용의견

신문법안은 위원회의 심사를 거치지 아니하여 국회 본회의에서 질의·토론을 생략할 수 없음에도 불구하고 제안취지 설명이나 질의·토론 절차를 거치지 아니한 채 표결된 것이므로, 국회의 의결을 국민의 의사로 간주하는 대의효과를 부여하기 위한 실질적 요건을 갖추지 못하였다. 따라서 신문법안에 대한 국회의 의결은 국민의 의사로 간주될 수 없으므로 무효라고 봄이 상당하다. 더구나 신문법안의 경우 질의·

토론 절차가 생략된 점 외에도, 표결 절차의 공정성, 표결 결과의 진정성을 의심하지 않을 수 없는바, 위의 사유들은 중첩적으로 결합하여 중대한 무효사유를 구성한다.

⑥ 재판관 김희옥의 인용의견

권한쟁의심판제도는 국가권력의 통제를 통한 권력분립의 실현과 소수의 보호를 통한 민주주의의 실질화, 객관적 헌법질서 유지 및 관련 국가기관의 주관적 권한의 보호를 목적으로 한다. 헌재법 제61조 제2항, 제66조 제1, 2항도 권한쟁의심판이 객관적 쟁송과 주관적 쟁송의 성격을 동시에 지니고 있음을 나타낸다. 따라서 신문법안의 가결을 선포한 피청구인의 행위가 헌법과 국회법에 위배되는 것으로 인정한 이상 무효확인 청구를 인용함이 상당하다.

7. 방송법안 가결선포행위에 대한 무효확인 청구의 인용 여부

① 재판관 이강국, 재판관 이공현, 재판관 김희옥의 기각의견

앞서 본 바와 같이 방송법안 가결선포행위가 청구인들의 법률안 심의·표결권을 침해한 것으로 볼 수는 없으므로, 위 가결선포행위가 청구인들의 심의·표결권을 침해한 것임을 선세로 한 무효확인 청구는 나아가 판단할 필요 없이 이유 없다.

② 재판관 민형기, 재판관 이동흡, 재판관 목영준의 기각의견

헌재법 제66조는 권한침해확인과 아울러 원인되는 처분의 취소 또는 무효확인까지 할 것인지 여부를 헌재의 재량에 맡겨놓고 있는바, 우리 헌법은 국회의 의사 절차에 관한 기본원칙으로 제49조에서 '다수결의 원칙'을, 제50조에서 '회의공개의 원칙'을 각 선언하고 있으므로, 결국 법률안의 가결선포행위의 효력은 입법 절차상 위 헌법규정을 명백히 위반한 하자가 있었는지에 따라 결정되어야 할 것이다. 피청구인의 방송법안 가결선포행위는 비록 국회법을 위반하여 청구인들의 심의·표결권을 침해한 것이지만, 그 하자가 입법 절차에 관한 헌법규정을 위반하는 등 가결선포행위를 취소 또는 무효로 할 정도에 해당한다고 보

기 어렵다.

③ 재판관 김종대의 기각의견

앞서 신문법안 가결선포행위의 무효확인 청구에서 밝힌 바와 같은 이유로, 방송법안 가결선포행위의 무효확인 청구도 기각되어야 한다.

④ 재판관 조대현, 재판관 송두환의 인용의견

방송법안의 경우 질의·토론 절차가 생략되어 심의·표결권을 침해한 절차의 하자가 이미 중대한 경우이므로 국회법 제92조(일사부재의) 위반의 점도 부가적 사유로 삼아, 가결선포행위의 무효를 선언하여야 한다.

[평 석]

헌재는 입법절차상의 하자가 헌법이나 법률에 명백하게 위반되는 경우 국회의원의 심의 및 표결권의 침해를 확인하여야 한다. 이 때 국회의 자율권은 권한침해확인을 회피할 수 있는 이유가 될 수 없다. 국회의 자율권은 어디까지나 헌법과 법률에 명백히 반하지 않는 범위 내에서 존중될 수 있는 것이기 때문이다.

그리고 국회는 국민의 대표로 구성된 합의제기관이다. 합의는 구성원의 자유로운 토론과 의사의 가변성을 전제로 한다. 다수결은 이러한 전제를 충족시켰을 때, 비로소 의미가 있는 것이다. 따라서 이와 같은 전제는 헌법적으로 보호받아야 하며, 이러한 이유로 국회의원의 심의 및 표결권을 헌법에 근거한 권한으로 인정하는 것이다. 따라서 헌재는 국회의원의 심의 및 표결권을 침해하였다고 확인하였다면, 이에 따르는 법률안 가결선포행위는 위헌이라고 선언했어야 했다.

23. 공직선거법 제18조 제 1 항 제 2 호 위헌확인[28)]

[사건의 내용 및 쟁점]

청구인은 병무청장으로부터 현역입영통지서를 수령하였으나, 평화주의 신념에 따라 집총을 할 수 없다는 '양심적 병역거부'를 이유로 입영하지 아니하여 병역법 제88조 제 1 항 제 1 호 위반으로 기소되어, 징역 1년 6월을 선고받고 같은 날 상소를 포기하여 위 형이 확정되었다. 청구인은 위 형을 복역하던 중 제17대 대통령선거에서 투표하고자 하였으나 공직선거법 제18조 제 1 항 제 2 호에 의해 투표를 할 수 없자, 위 법률조항에 대하여 헌법 제10조의 행복추구권, 헌법 제11조의 평등권, 헌법 제24조의 선거권 침해를 이유로 이 사건 헌법소원심판을 청구하였다.

[결정요지]

1. 재판관 김희옥, 재판관 김종대, 재판관 민형기, 재판관 목영준, 재판관 송두환의 위헌의견

민주국가에서 국민주권과 대의제 민주주의를 실현하는 핵심적인 수단으로서 선거권이 갖는 중요성에 비추어 볼 때, 형벌의 내용이 선거권 제한이라고 한다면, 그 자체 및 적용범위의 정당성에 관하여도 보통선거의 원칙에 입각한 선거권 보장과 그 제한의 관점에서 헌법 제37조 제 2 항의 규정에 따라 엄격한 비례심사를 함이 타당하다.

이 사건 법률조항에 의한 선거권의 박탈은 범죄자에 대해 가해지는 형사적 제재의 연장으로서 범죄에 대한 응보적 기능을 갖는다 할 것이고, 나아가 이 사건 법률조항이 수형자에 대하여 그가 선고받은 생명형이나 자유형과는 별도로 선거권을 박탈하는 것은 수형자 자신을 포함하여 일반국민으로 하여금 시민으로서의 책임성을 함양하고 법치

28) 헌재결 2009. 10. 29, 2007헌마1462.

주의에 대한 존중의식을 제고하는 데도 기여할 수 있다. 이 사건 법률조항이 담고 있는 이러한 목적은 정당하고, 수형자의 선거권 제한은 이를 달성하기 위한 효과적이고 적절한 방법의 하나라 할 것이다.

이 사건 법률조항은 '금고 이상의 형을 선고받고 그 집행이 종료되지 아니한 자'에 대하여 전면적·획일적으로 선거권을 제한하여 선거권 제한의 대상에, 국가 공동체의 법질서를 해친다는 인식이나 의도가 없는 과실범, 민주주의 등 헌법질서를 부정하는 반국가적 성격의 범죄와 무관한 경미한 범죄로 단기 자유형을 받은 자에게까지 포함하여 기본권 침해의 최소성의 원칙에 위반하였다 할 것이다. 나아가 이 사건 법률조항은 기본권 제한에 있어 서로 대립하는 법익간의 균형성을 상실하였다.

요컨대, 이 사건 법률조항은 헌법 제37조 제 2 항에 위반하여 수형자의 선거권을 침해하고, 헌법 제41조 제 1 항 및 제67조 제 1 항이 규정한 보통선거원칙에도 위반되어 수형자의 평등권을 침해한다 할 것이므로, 이 사건 심판청구를 인용하여 이 사건 법률조항이 헌법에 위반된다고 선언하여야 한다.

2. 재판관 이공현, 재판관 조대현, 재판관 이동흡의 기각의견

중한 범죄자에 대한 선거권의 제한 여부 및 그 범위와 방법 등은 각국의 역사적 경험, 형사법체계, 국민의 범죄에 대한 법감정 등 여러 가지 요소를 종합적으로 고려하여 입법자가 결정할 사항으로서 광범위한 입법재량 내지 형성의 자유가 인정되어야 할 분야이다. 따라서 이 사건 법률조항에 대한 위헌심사를 함에 있어서도 이러한 점을 고려하여야 할 것이다.

이 사건 법률조항은 공동체 구성원으로서 반드시 지켜야 할 기본적 의무를 저버린 중한 범죄자에 대하여 형사적 제재를 가하고, 그를 통하여 범죄를 예방하며, 일반 국민으로 하여금 공동체 구성원으로서 책임성과 준법의식을 기르고 갖추도록 하는 데 그 입법목적이 있으므

로, 정당한 입법목적을 달성하기 위한 적절한 수단이라 할 것이다. 그리고 '금고 이상의 선고형'이라는 기준은 이러한 기본권 제한을 정당화할 만큼 중대한 기준이 된다. 더구나 이 사건 법률조항은 집행유예 판결이 아닌 '금고 이상의 실형'을 선고받아 형집행 중인 수형자에 대하여 적용되는 것인바, 이러한 중한 형을 선고받은 수형자에 대하여 형집행기간 동안 선거권을 제한하는 것이 입법목적의 달성에 필요한 정도를 벗어난 과도한 것이라고 보기 어렵다. 그리고 법익균형성도 갖추었다고 판단된다.

요컨대, 이 사건 법률조항은 헌법 제37조 제 2 항의 과잉금지원칙에 위배되지 아니하므로 청구인의 선거권 및 평등권을 침해하지 아니하므로, 이 사건 심판청구는 이유 없어 이를 기각하여야 할 것이다.

3. 재판관 이강국의 각하의견

선거권 제한 등 기본권침해 사유는 형법 제43조 제 2 항에서와 마찬가지로 판결이 확정된 때 발생하는 것이다. 청구인은 이 사건 징역형을 선고받아 그 형이 확정됨으로써 공법상의 선거권 등의 자격이 정지된 때로부터 1년이 경과한 후 헌법소원심판을 청구하였으므로, 헌재법 제69조 제 1 항 소정의 기본권침해 사유가 있은 날부터 1년 이내에 제기하여야 하는 청구기간을 준수하지 못하여 부적법하여 각하되어야 한다.

[평 석]

현행 공직선거법은 선거권의 제한을 넓게 규정하고 있다. 이 중 선거범에 대하여 일정한 기간 동안 선거권을 인정하지 않는 것은 헌법적 합리성이 있다고 판단된다. 반면 이 사건의 경우와 같이 일반적인 범죄자에 대하여 선거권을 부인하는 것에 대해서는 헌법적 합리성이 있다고 보이지 않는다. 이러한 의미에서 다수의견이 타당하다. 향후 입법자의 개선입법 또는 헌재의 판례 변경을 기대해본다.

24. 구 파산법 제38조 제2호 위헌제청[29]

[사건의 내용 및 쟁점]

공정거래위원회(이하 '공정위'라 한다)가 파이낸스 회사에 부과한 과징금 및 가산금채권이, 채무자에 대한 파산절차가 개시되기 이전에는 그 징수 우선순위가 일반파산채권보다 우선하지 아니하는 반면, 파산선고시에는 구 파산법(2005. 3. 31. 법률 제7428호로 제정된 '채무자 회생 및 파산에 관한 법률' 부칙 제2조에 의하여 폐지되기 전의 것) 제38조 제2호에 따라 재단채권으로서 우선적 지위를 갖게 되는바, 파산관재인이 이 조항이 평등의 원칙과, 과잉금지원칙에 위배되어 재산권 침해를 주장하며 위헌제청신청을 하였고, 위 법원은 위 신청을 받아들여 위헌제청결정을 하였다.

[결정요지]

파산절차에서 이 사건 과징금 및 가산금 채권을 특별히 취급하여 다른 파산채권보다 먼저 변제받게 하는 것은 입법목적의 정당성이 인정되고 적절한 수단이나, 실체법상 우선권이 인정되지 않고 있는 이 사건 과징금 및 가산금 채권을 구 파산법상 일반우선파산채권으로 취급하는 것에서 더 나아가 재단채권으로까지 이를 인정할 강한 공익성과 정책적 필요성을 인정하기는 어렵고, 파산절차상의 특성을 고려하여 볼 때에도 이 사건 과징금 및 가산금 채권이 일반적으로 파산절차의 진행을 위하여 필수불가결한 것, 채권자 전체의 이익을 도모하기 위한 것이라고 보거나 또는 파산절차상 형평의 이념상 우선적 지위를 인정하는 것이 필요한 경우라고 보기도 어렵다. 따라서 이 사건 법률조항은 최소침해성의 원칙을 충족하지 못한다. 또한 이 사건 법률조항으로 실현되는 이 사건 과징금 및 가산금 채권의 징수확보라는 공익이 일반

---

29) 헌재결 2009. 11. 26, 2008헌가9.

파산채권자들의 불이익보다 크다고 할 수 없으므로 이 사건 법률조항은 법익균형성원칙을 충족하지 못한다. 그러므로 이 사건 법률조항은 헌법상 과잉금지원칙에 위반되어 재산권을 침해한다.

한편 이 사건 법률조항은 일반 파산채권자를 과징금 등 채권자인 국가에 비하여 차별취급하고 있으나 위와 같은 차별을 정당화할 합리적 이유가 없으므로 평등원칙에 위반된다.

25. 형법 제304조 위헌소원[30)]

[사건의 내용 및 쟁점]

청구인은 혼인빙자간음죄를 처벌하는 형법 제304조(1953. 9. 18. 법률 제293호로 제정되고, 1995. 12. 29. 법률 제5057호로 개정된 것) 중 "혼인을 빙자하여 음행의 상습 없는 부녀를 기망하여 간음한 자" 부분(이하에서는 이 부분만을 '이 사건 법률조항'이라 한다)가 헌법상 남성의 성적자기결정권과 시생활의 비밀과 자유를 침해하고 평등원칙에 위반된다는 등의 이유로 대법원에 위헌심판제청신청(2008초기196)을 하였으나 기각되지 이 사건 헌법소원심판을 청구하였다.

[결정요지]

1. 다수의견

이 사건 법률조항의 경우 입법목적의 정당성이 인정되지 않는다. 첫째, 남성이 위력이나 폭력 등 해악적 방법을 수반하지 않고서 여성을 애정행위의 상대방으로 선택하는 문제는 그 행위의 성질상 국가의 개입이 자제되어야 할 사적인 내밀한 영역인데다 또 그 속성상 과장이 수반되게 마련이어서 우리 형법이 혼전 성관계를 처벌대상으로 하지 않고 있으므로 혼전 성관계의 과정에서 이루어지는 통상적 유도행위

30) 헌재결 2009. 11. 26, 2008헌바58, 2009헌바191(병합).

또한 처벌해야 할 이유가 없다. 다음 여성이 혼전 성관계를 요구하는 상대방 남자와 성관계를 가질 것인가의 여부를 스스로 결정한 후 자신의 결정이 착오에 의한 것이라고 주장하면서 상대방 남성의 처벌을 요구하는 것은 여성 스스로가 자신의 성적자기결정권을 부인하는 행위이다. 또한 혼인빙자간음죄가 다수의 남성과 성관계를 맺는 여성 일체를 '음행의 상습 있는 부녀'로 낙인찍어 보호의 대상에서 제외시키고 보호대상을 '음행의 상습없는 부녀'로 한정함으로써 여성에 대한 남성우월적 정조관념에 기초한 가부장적·도덕주의적 성 이데올로기를 강요하는 셈이 된다. 결국 이 사건 법률조항은 남녀 평등의 사회를 지향하고 실현해야 할 국가의 헌법적 의무(헌법 제36조 제1항)에 반하는 것이자, 여성을 유아시(幼兒視)함으로써 여성을 보호한다는 미명 아래 사실상 국가 스스로가 여성의 성적자기결정권을 부인하는 것이 되므로, 이 사건 법률조항이 보호하고자 하는 여성의 성적자기결정권은 여성의 존엄과 가치에 역행하는 것이다.

결혼과 성에 관한 국민의 법의식에 많은 변화가 생겨나 여성의 착오에 의한 혼전 성관계를 형사법률이 적극적으로 보호해야 할 필요성은 이미 미미해졌고, 성인이 어떤 종류의 성행위와 사랑을 하건, 그것은 원칙적으로 개인의 자유 영역에 속하고, 다만 그것이 외부에 표출되어 명백히 사회에 해악을 끼칠 때에만 법률이 이를 규제하면 충분하며, 사생활에 대한 비범죄화 경향이 현대 형법의 추세이고, 세계적으로도 혼인빙자간음죄를 폐지해 가는 추세이며 일본, 독일, 프랑스 등에도 혼인빙자간음죄에 대한 처벌규정이 없는 점, 기타 국가 형벌로서의 처단기능의 약화, 형사처벌로 인한 부작용 대두의 점 등을 고려하면, 그 목적을 달성하기 위하여 혼인빙자간음행위를 형사처벌하는 것은 수단의 적절성과 피해의 최소성을 갖추지 못하였다.

이 사건 법률조항은 개인의 내밀한 성생활의 영역을 형사처벌의 대상으로 삼음으로써 남성의 성적자기결정권과 사생활의 비밀과 자유라는 기본권을 지나치게 제한하는 것인 반면, 이로 인하여 추구되는 공익은 오늘날 보호의 실효성이 현격히 저하된 음행의 상습없는 부녀들만의 '성행위 동기의 착오의 보호'로서 그것이 침해되는 기본권보다 중대하다고는 볼 수 없으므로, 법익의 균형성도 상실하였다.

결국 이 사건 법률조항은 목적의 정당성, 수단의 적절성 및 피해최소성을 갖추지 못하였고 법익의 균형성도 이루지 못하였으므로, 헌법 제37조 제2항의 과잉금지원칙을 위반하여 남성의 성적자기결정권 및 사생활의 비밀과 자유를 과잉제한하는 것으로 헌법에 위반된다.

결국 이 사건 법률조항은 목적의 정당성, 수단의 적절성 및 피해최소성을 갖추지 못하였고 법익의 균형성도 이루지 못하였으므로, 헌법 제37조 제2항의 과잉금지원칙을 위반하여 남성의 성적자기결정권 및 사생활의 비밀과 자유를 침해하는 것으로 헌법에 위반된다. 종전에 헌재가 이 결정과 견해를 달리해 형법 제304조(1953. 9. 18. 법률 제293호로 제정되고 1995. 12. 29. 법률 제5057호로 개정된 것)는 헌법에 위반되지 아니한다고 판시한 2002. 10. 31. 99헌바40, 2002헌바50(병합) 결정은 이 결정과 저촉되는 범위 내에서 이를 변경하기로 한다.

2. 재판관 이강국, 재판관 조대현, 재판관 송두환의 합헌의견

이 사건 법률조항이 부녀만 보호대상으로 규정한 이유는 여자가 남자에 대하여 혼인을 빙자하는 경우에는 남자의 성적자기결정권이 침해될 가능성이 적다고 보았기 때문인데, 남녀는 신체구조가 다르고 성관계에 대한 윤리적·정서적 인식에도 차이가 있는 점을 고려하면, 이러한 입법자의 판단이 남녀를 불합리하게 차별하는 것이라고 보기 어렵다. 또한 혼인빙자의 상대가 음행의 상습없는 부녀인 경우에는 음행의 상습 있는 부녀의 경우보다 혼인빙자로 인하여 기망에 빠져 정교에 응할 가능성이 크다고 본 것이므로, 음행의 상습 있는 부녀를 불합리하게 차별한다고 보기 어렵고, 가부장적 정조관념이나 부녀의 혼전 순결을 강요하는 것이라고 볼 수 없다.

혼인을 빙자하여 부녀를 간음하는 행위는 자신만의 영역을 벗어나 다른 인격체의 법익을 침해하는 행위이기 때문에 자기결정권의 내재적 한계를 벗어나는 것이고, 따라서 이 사건 법률조항이 혼인을 빙자하여 음행의 상습없는 부녀를 간음한 남자의 성적자기결정권을 침해한다고 볼 수는 없다. 또한 남성이 혼인할 의사가 없으면서 혼인하겠다고 속이는 행위까지 헌법 제17조에 의하여 보호되는 사생활에 속한다고 할 수는 없으므로, 남자가 혼인빙자행위라는 부정한 수단을 사용한 이상, 상대방 부녀가 거짓을 알아차리지 못한 과실이 있다고 하여 혼인빙자 간음행위의 가벌성을 부정할 수 없다.

남자의 혼인빙자로 인하여 여자가 속아서 정교에 응하여 피해를 입었다고 고소하는 경우에는 사생활의 영역과 기본권의 내재적 한계를 벗어나 사회질서 침해의 문제로 표출된 것이므로, 이러한 단계에서는 사회질서 유지의 필요성이 당사자들의 사생활을 보호할 필요성보다 훨씬 크다. 또한 개인의 사생활이 타인의 법익을 침해할 경우에는 순전한 개인의 영역을 벗어나는 것이고 기본권의 내재적 한계를 벗어나는 것이기 때문에 그 한도에서 헌법 제17조의 보호범위를 벗어난다고 봄이 상당하므로, 남자가 혼인을 빙자하여 부녀를 간음한 행위를 처벌한다고 하여 법익균형이 잘못되었다고 볼 수 없다.

혼인빙자행위와 정교 동의 및 정교 사이에 인과관계가 인정되어 가벌성이 뚜렷한 경우만 처벌하기 위한 것으로서 합리적인 이유가 있다고 할 것이므로, 평등의 원칙에 위반된다고도 보기 어렵다(재판관 송두환의 합헌의견에 대한 보충의견 있음).

[평 석]

이 결정은 그간 지속적으로 비범죄화가 주장되던 이른바 혼인빙자간음죄에 대하여 종래의 합헌결정(헌재결 2002. 10. 31, 99헌바40, 2002헌바50(병합))을 위헌으로 변경한 점에서 의미를 찾을 수 있다.

26. 정치자금법 제21조 제 3 항 제 2 호(대통령선거경선후보자 부분) 위헌확인[31)]

[사건의 내용 및 쟁점]

청구인은 제17대 대통령선거후보자 선출을 위한 당내 경선 후보로 등록하여 후원회를 지정하였고, 청구인의 위 후원회는 총 294,518,594원을 모금하여 청구인에게 275,000,000원을 기부하였다. 그런데 청구인은 당시 청구인 소속 정당의 대통령선거경선후보자 단일화 여론에 따라 대통령선거경선후보자의 지위에서 사퇴하였다. 그에 따라, 청구인은 후원회를 둘 수 있는 자격을 상실하여 청구인의 후원회는 해산되었고, 관할 선거관리위원회는 청구인이 위 후원회로부터 기부받은 후원금 총액을 납부할 것을 통지하였다. 이에 청구인은 "대통령선거경선후보자가 후원회를 둘 수 있는 자격을 상실한 때(정당의 공직선거 후보자선출을 위한 당내경선에 참여하여 낙선한 때를 제외한다)" 후원회로부터 기부받은 후원금 총액을 국고에 귀속시키도록 하고 있는 구 정치자금법(2008. 2. 29. 법률 제8880호로 개정되기 전의 것) 제21조 제 3 항 제 2 호는 청구인의 헌법상 보장되는 기본권인 평등권, 공무담임권 등을 침해하는 것이라고 주장하면서 이 사건 헌법소원심판을 청구하였다.

[결정요지]

대통령선거경선후보자가 후보자가 될 의사를 갖고 당내경선 후보자로 등록을 하고 선거운동을 한 경우라고 한다면, 비록 경선에 참여하지 아니하고 포기하였다고 하여도 대의민주주의의 실현에 중요한 의미를 가지는 정치과정이라는 점을 부인할 수 없다. 따라서 경선을 포기한 대통령선거경선후보자에 대하여도 정치자금의 적정한 제공이라는 입법목적을 실현할 필요가 있는 것이며, 이들에 대하여 후원회로부터 지원

31) 헌재결 2009. 12. 29, 2007헌마1412.

받은 후원금 총액을 회수함으로써 경선에 참여한 대통령선거경선후보자와 차별하는 이 사건 법률조항의 차별은 합리적인 이유가 있는 차별이라고 하기 어렵다.

대통령선거경선후보자로서는 여론의 동향, 정치지형의 변화, 경제여건의 변화 등 다양한 상황변화를 이유로 하여 후보자가 되는 것을 포기할 수 있는 것이며, 그와 같은 불가피한 상황변화에도 반드시 경선에 참여할 것을 요구하거나, 애초에 반드시 경선에 참여할 사람의 경우에만 대통령선거경선후보자가 되어야 한다고 요구하기는 어렵다.

선거운동에는 선거비용이 필수적으로 수반되는 것이므로, 선거운동비용의 사용을 제한하는 것은 선거운동을 제한하는 결과로 된다. 이 사건 법률조항은 대통령선거경선후보자가 적법하게 조직된 후원회로부터 기부받은 후원금을 적법하게 사용한 경우에, 당내경선에 참여하지 않았다는 사유로 이미 적법하게 사용한 선거운동비용까지 포함하여 후원금의 총액을 국고에 귀속하게 하는 것이므로 선거운동의 자유를 제한하고 있는 것이다.

대통령선거경선후보자가 적법하게 후원회를 지정하고 후원금을 기부받아 선거운동의 비용으로 사용하였음에도 사후에 경선에 참여하지 않았다고 하여 후원금 총액의 국고귀속을 요구하는 것은 선거운동의 자유에 대한 중대한 제한이라고 할 것이다. 대통령선거경선후보자는 입후보에 대비하여 선거운동을 하다가 당선가능성이 적다고 판단하거나, 정치적·경제적 사유, 건강 등 일신상의 상황변화를 이유로 하여 대통령선거경선후보자로서의 지위를 사퇴할 자유를 가진다. 그런데 대통령선거경선후보자로서 선거과정에 참여한 이들은 이 사건 법률조항으로 인하여 대통령선거경선후보자로서의 자격을 중도에서 포기할 자유에 중대한 제약을 받게 된다. 대통령선거경선후보자의 정치적 의사결정에 이와 같은 제약을 가하는 것은 법상의 대통령선거경선후보자 제도 및 후원회 제도의 목적과도 조화되기 어려운 제약으로서, 자유로

운 민주정치의 건전한 발전을 방해하는 것이라고 할 것이다.

이 사건 법률조항은 정당한 사유도 없이 후원금을 선거운동비용으로 사용하는 것을 제한하는 것이고, 그로 인하여 선거운동의 자유 및 선거과정에서 탈퇴할 자유 등 국민의 참정권을 침해하는 것이다(재판관 이동흡, 재판관 목영준의 별개의견(대상조항은 선거운동의 자유를 침해한다고 볼 수 없으며, 헌법상 비례의 원칙에 반하여 청구인이 경선에서 사퇴할 자유, 즉 소극적 입후보의 자유를 침해하므로 헌법에 위반된다) 있음).

Ⅲ. 마치는 말

위에서 살펴본 것처럼, 2009년도에도 다양한 헌법적 쟁점에 대하여 헌법재판소가 판단을 하였다. 그 중에는 국민의 기본권 보장과 국가기관의 구성 및 운영에 큰 영향을 끼치는 결정도 있었다. 이 중에서 집회 및 시위에 관한 법률 제10조 야간옥외집회금지 및 처벌규정에 대한 헌법불합치 결정은 국민의 집회의 자유를 신장시킨 획기적인 결정으로 기록될 것이다. 한편 '신문 등의 자유와 기능보장에 관한 법률 전부개정법률안'의 본회의 의결에 대한 권한쟁의심판은 국회의원의 심의 및 표결권을 침해하였다고 확인하고도 이에 따르는 법률안 가결선포행위는 위헌이라고 선언하지 못하여 국회의 입법절차에 대한 실질적 통제를 못하였다는 측면에서 아쉬움을 남긴다.

그리고 2009년의 결정 중에는 헌재가 기존의 판시를 변경한 결정이 있다. 교통사고처리특례법 제4조 제1항 처벌특례에 대한 위헌결정, 집회 및 시위에 관한 법률 제10조 등 야간옥외집회금지에 대한 헌법불합치결정, 형법 제304조 혼인빙자간음죄에 대한 위헌결정은 기존의 합헌결정을 변경한 것이고, 정보통신망법 제65조 제1항 제2호 위헌소원에 대한 합헌결정은 음란 표현이 언론·출판의 자유의 보호영역에 속한다고 보았던 기존의 견해를 변경한 것이고, 2007년 전시증원연습 등 위헌확인에 대한 각하결정은 평화적 생존권을 기본권으로 보았던 기존의 견해를 변경한 것이다. 이러한 헌재의 태도 변화는, 기존의 결정 후 헌법현실 및 국민감정의 변화에 대한 고려 또는 기존 판시에 대한 반성에서 비롯된 것으로 대체로 환영할 만하다.

이와 같은 헌재의 결정 중에는 그간 학계의 이론적 성과를 반영하여 합리적인 판단을 한 경우도 있으며, 그와는 반대로 학계의 이론적 성과가 있음에도 이와는 별개로 판단을 내린 경우도 있다. 이에 대해서는 그간 학계의 이론적 성과가 잘못되었던 것이었는지, 또는 그것이 옳았음에도 헌법재판소가 이와는 별개의 판단을 한 것인지 앞으로 검증이 필요하다.

한편 학계의 이론적 성과가 별로 없는 영역에 대한 판단도 있다. 헌법학계의 본연의 소임이 '나라의 구조 만들기'에 있다는 것을 상기하여 볼 때, 인적 자원이 제한적이더라도 나라를 운영과 국민의 삶에서 제기된 다양한 헌법적 쟁점에 대하여 적절한 응답을 하지 못한 것은 바람직한 현상이 아니다. 이러한 측면에서 헌법학계가 앞으로 짊어지고 나아가야 할 책임이 더욱 막중하다. 필자와 같은 소장학자의 분발을 다짐하며 글을 맺는다.

[국문요약]

2009년 중요헌법판례

우리 헌법재판소는 2009년 한 해 동안 1,487건을 새로 접수하여, 전년도 미제사건을 포함하여 총 2,155건 중 1,545건(1,510건 결정 선고, 35건 취하)을 처리하였고, 610건을 미제로 남겼다. 헌법재판소는 그 중에서 28건을 위헌으로, 11건을 헌법불합치로, 1건을 한정위헌으로 결정하여 총 40건의 사건에서 28개 법률조항에 대하여 위헌성을 선언하였다. 한편, 16건의 권리구제형 헌법소원과 5건의 권한쟁의심판에 대하여 인용결정을 하였다.

이러한 2009년 결정 중에는 국민의 기본권 보장과 국가기관의 구성 및 운영에 큰 영향을 끼치는 결정도 있었다. 특히 집회 및 시위에 관한 법률 제10조 야간옥외집회금지 및 처벌규정에 대한 헌법불합치 결정은 국민의 집회의 자유를 신장시킨 획기적인 결정으로 기록될 것이다. 한편 '신문 등의 자유와 기능보장에 관한 법률 전부개정법률안'의 본회의 의결에 대한 권한쟁의심판은 국회의원의 심의 및 표결권을 침해하였다고 확인하고도 이에 따르는 법률안 가결선포행위는 위헌이라고 선언하지 못하여 국회의 입법절차에 대한 실질적 통제를 못하였다는 측면에서 아쉬움을 남긴다.

본문에서는 이외에도 2009년에 헌법재판소가 행한 결정 중 국민의 생활에 큰 영향력이 있거나, 헌법적으로 중요한 쟁점을 다루고 있는 30여개의 결정을 선정하여 정리하였다. 이 중에는 그간 학계의 이론적 성과를 반영하여 합리적인 판단을 한 경우도 있으며, 그와는 반대로 학계의 이론적 성과가 있음에도 이와는 별개로 판단을 내린 경우도 있다. 이에 대해서는 그간 학계의 이론적 성과가 잘못되었던 것이었는지, 또는 그것이 옳았음에도 헌법재판소가 이와는 별개의 판단을 한 것인지 앞으로 시간을 두고 검증이 필요하다. 한편 학계의 이론적 성과가 별로 없는 영역에 대한 판단도 있다. 헌법학계의 본연의 소임이 '나라의 구조 만들기'에 있다는 것을 상기하여 볼 때, 인적 자원이 제한적이더라도 나라를 운영과 국민의 삶에서 제기된 다양한 헌법적 쟁점에 대하여 적절한 응답을 하지 못한 것은 좋은 현상은 아님에 틀림없다. 이러한 측면에서 헌법학계가 앞으로 짊어지고 나아가야 할 책임이 더욱 막중하다.

[핵 심 어]
헌법재판, 헌법재판소, 위헌법률심판, 권한쟁의심판, 헌법소원심판

[Abstract]

A Critical Summary of Leading Constitutional Decisions in 2009

Pil Woon Jung(Lecturer, Yonsei University
Ph.D in Law)

The Constitutional Court of the Republic of Korea newly accepted 1,487 cases in 2009. Among total 2,155 cases including the pending 668 cases handed over from 2008, 1,545 cases was settled. In the settled cases, the Court decided 28 cases to be unconstitutional, 11 cases to be unconformable to constitution, 1 case to be unconstitutional in certain context, 21 cases to be annulled, 117 cases to be constitutional, 212 cases to be rejected, 1,119 cases to be dismissed, 35 cases to be withdrawn. 610 cases remained pending.

The Constitutional Court drew lines on many a wide range of issues in 2009. Among them, there are decisions that affect fundamental rights, structures and operation of state agencies.

Above all, a decision incompatible with the Constitution on Article 10 of The Act of Assembly and Demonstration, so-called Open-air Assembly in Night Prohibition Law will be recorded as a landmark decision.

In addition, more than 30 leading decisions made by the Constitutional Court in 2009 are summarized. Some of these decisions reflect theoretical results in academics with reasonable discretion, some of them are made independent of academic results. It is necessary to spend some time to verify whether the academic results are wrong or not.

Even if the human resources are limited, because the proper duty of Constitution academia is 'creating a structure of nation', it is not a good phenomenon that there is no appropriate response for a variety of constitutional issues. In this regard, constitutional academics carry forward a great deal of responsibility.

[Keywords]
constitutional litigation, Constitutional Court of the Republic of Korea, constitutional adjudication, judicial review, jurisdiction dispute adjudication, constitutional appeal adjudication

성폭력범죄자에 대한 성충동 약물치료처분의 헌법적 재조명

이 상 경*

Ⅰ. 서 론

2011년 7월 24일부로 시행하게 될 『성폭력범죄자의 성충동 약물치료에 관한 법률』(이하 성충동약물치료법)에 관심이 집중된 이유는 우리가 형벌이나 보안처분의 일종으로 규정하지도 않으면서 그 효과나 부작용에 대해 전혀 아는 바 없는 "성충동약물치료처분"의 시행을 내용으로 하고 있기 때문이다. 2009년 10월에는 폴란드에서 형기를 다 마친 성폭력범에 대한 강제적인 성충동약물치료처분법이 통과되었고,[1] 2009년 11월에는 프랑스에서도 성충동약물치료처분법이 사회적

* 광운대학교 법과대학 교수, 법학박사(J.S.D., J.D.)

1) "Polish President Sings Chemical Castration Law," BBC, 2009. 11. 27.

이슈였으며[2] 여러 나라에서 아동 성범죄자에 대한 강력한 대응이 사회적으로 요청되었기 때문에 이러한 흐름에 따라 우리도 미국의 성충동약물치료처분제도를 답습한 것이라고 보여진다. 성충동약물치료처분제도를 도입한 미국의 경우 연방 헌법상의 여러 관점—수정 제8조, 수정 제14조, 수정 제5조 등—에서 비롯된 비판이 일고 있다. 우리 또한 예외가 아닐 것이기 때문에 성충동약물치료처분제도의 도입과정에서 표출되었던 피해자의 인권론 대 성폭력범죄자의 인권론이라는 담론의 대립 또한 분명 헌법적 영역에서의 문제를 제기하고 있다. 즉 아동 및 청소년에 성보호를 위한 여러 제도적 장치[3]들과 마찬가지로 성충동약물치료에 의한 성폭력범죄자의 처우는 결과적으로 이들에 대한 인권을 제약하는 측면이 존재하기 때문이다. 특히 성폭력범죄자에 대한 성충동약물치료에 처분은 형벌인가 보안처분인가의 문제제기에서 시작하여 동의 없이 이루어지는 성충동약물치료처분은 보안처분일지라도 비례의 원칙을 위반하는 것이 아닌지 문제된다. 나아가 성충동약물치료처분은 일시적이기는 하지만 성기능의 장애상태를 가져오고 장기적인 성충동약물치료의 부작용이 완전히 밝혀지지 않은 상태에서 강제적 약물치료처분을 실시하는 것은 신체의 자유를 침해하는 것이 아닌가 하는 문제가 제기된다. 여기서 기본권제한의 헌법적합성의 문제는 필수적인 고려의 관점이 되어 아동성폭력범죄의 재범방지를 통한 아동의 성보호라는 공익과 성폭력범죄자의 인권보호라는 사익간의 전형적인 법익충돌의 문제가 생기고 따라서 그 양자 간의 이익형량 내지 조화의 문제가 필수적으로 수반된다. 특히 구체적인 지점에서는 미국에서 제기된 논의들을 간과할 수 없기 때문에 그러한 문제들도 살펴보아

---

2) "French Pedophile Trial Fuels Castration Debate," Reuters, 2009. 10. 26.

3) 예컨대 한국판 메건법(Megan's Law)이라고 불리는 "아동 및 청소년 성보호에 관한 법률"등의 제정 및 개정으로 도입된 성범죄자의 신상정보에 대한 인터넷 공개제도라든지, 특정 성폭력범죄자에 대한 위치추적 전자장치 부착에 관한 법률에 의한 전자발찌의 부착제도라든지 하는 것이 등이다.

야 한다. 이와 같은 문제의식에서 출발한 본 논문은 먼저 성충동약물치료처분에 대한 일반론적 관점으로 성충동약물치료처분의 의미, 성격 및 외국의 입법례에 대하여 살펴보고 결론적으로 전형적인 법익간의 충돌문제의 해결을 위한 이익형량 내지 조화방안으로 성충동약물치료처분이 우리 헌법상 수용될 수 있는 것인지, 즉 헌법상 정당화 될 수 있는 것인지의 여부를 당사자의 동의 없이 성충동약물치료처분치료를 부과할 수 있도록 하고 있는 점에서 보안처분(형벌이 아니 보안처분으로 본다는 전제하에서)의 비례성, 성폭력범죄자의 자기결정권, 신체의 자유 등을 침해하는 것은 아닌지 하는 관점에서 다시 한 번 조명해 보기로 한다. 따라서 본 논문은 아래에서는 먼저 소위 "성충동약물치료처분"의 개념과 작용체계를 살펴보고 다음으로 외국의 입법례를 검토하며 마지막으로 현행법의 헌법상의 제 문제를 고찰토록 한다.

Ⅱ. 성폭력범죄자에 대한 거세의 종류와 성충동약물치료처분의 작용체계

1. 거세의 종류[4)]

(1) 외과적 거세(surgical castration)

종래 성범죄자에 대한 거세형식으로 이루어진 처분은 생식기(gonads)의 외과적인 제거(orchidectomy: 고환적출수술)의 형식이었다. 이는 과거 유럽에서 일반적으로 남성의 성충동내지 공격성을 감소시키기 위하여 사용되었다. 외과적인 고환적출수술의 실시는 성적 충동과 관련되어 있는 호르몬인 "테스토스테론(testosterone)"을 생성하는 고환을

4) 황성기, "상습적 성범죄 예방수단으로서의 성충동약물치료처분에 관한 헌법적 고찰," 공법학 연구 제9권 제3호, 122-123쪽.

제거하는 방법이기 때문에 "회복불가능한" 방법이다. 이러한 외과적 거세조치가 시행되는 경우 당사자의 테스토스테론의 분비수준이 줄어 성적 충동이 급격하게 감소되기 때문에 물리적으로 성범죄를 범할 수 없는 상태에 이르게 된다. 비록 외과적 거세의 부작용으로 땀 증가, 탈모현상 및 체중증가 등의 현상이 발생하지만 성범죄 예방 내지 감소라는 측면에서 외과적 거세는 상당한 정도의 효과를 얻고 있다고 한다. 성범죄자에게 외과적인 거세를 시행토록 한 유럽에서의 유일한 국가인 체코 공화국은 지난 10년간 94명의 죄수에게 외과적인 거세를 허용한 바 있다.[5] 그러나 외과적인 거세는 그 자체가 신체의 완전성 등을 침해하여 위헌적인 요소가 다분할 뿐만 아니라,[6] 성범죄자의 동의가 있어야 시술할 수 있다고 하는 경우에도 구금되어 있는 성범죄자에게 법적으로 유효한 동의(informed consent)를 얻을 수 있는 가는 불분명하기 때문에 결국 위헌성이 다분하다. 특히 성범죄자는 무기형으로부터 풀려날 수 있다는 희망으로 외과적 거세를 요청하는 것이기 때문에 이것이 진정 자유로운 그리고 충분히 숙지된 동의라고 할 수 있겠는가 하는 것이 문제다. 다시 말하자면, 거세하면 석방한다는 식의 동의의 요구방법은 매우 강제적인 방식이며, 수형자의 선택이 진정한 의미에서 임의적인 것이라고 볼 수는 없다. 마찬가지로 성범죄 수형자의 동의가 있다고 하여도 장래의 범죄를 방지하기 위하여 물리적으로 철회할 수 없는 신체상해를 정부의 조치로 허용하는 것은 헌법상 수용될 수 없다고 할 것이므로 현재로서는 유죄가 선고된 성범죄자에 대해서 형벌로서 외과적 성충동약물치료처분의 시행을 용인하는 것은 생각할 수 없는 일이다.

---

5) http://www.nytimes.com/2009/03/11/world/europe/11castrate.html참조.

6) 신체의 자유에 대한 실체법적 보장과 절차법적 보장의 자세한 내용에 대해서는, 전광석, 한국헌법론, 제 7 판(2011), 269쪽 이하 참조.

(2) 성충동약물치료처분 — 소위 화학적 거세(chemical castration)

다음으로는 소위 화학적 거세처분이라고 일컫는 성충동약물치료처분제도가 각국에서 채택되었다. 여기서 성충동약물치료처분이란 테스토스테론의 분비를 억제하는 호르몬제를 주기적으로(매주 혹은 매달) 주사는 방법으로 거세를 시술하는 것이기 때문에 비외과적이고도(non-surgical) 주사를 중단하면 정상적인 성기능이 회복되므로 언제든 회복가능한 방법의 거세를 말한다. 이 경우 거세의 효과는 치료가 진행되는 동안에만 지속될 뿐이다. 이러한 시술에서 주로 사용되는 약물은 "데포메드록시프로게스테론 초산염(Depot Medroxyprogesterone Acetate; DMA) 혹은 데포-프로베라(Depo-Provera)"라는 주사약물로 이는 통상 황체형성호르몬과 여포자극호르몬을 억제하는 여성호르몬 혼합물이다. 데포메드록시프로게스테론 초산염은 1959년 애당초 부인과 질환의 치료제로 도입된 것인데, 이를 주사하면 황체형성호르몬의 생성이 억제되므로 일종의 피임약 역할을 하는 것이지만[7] 한편 뇌하수체에 직접 작용하여 여성 호르몬만 조절하는 것이 아니라 남성호르몬, 즉, 테스토스테론의 생성에도 관여한다. 따라서 남성호르몬을 억제하는 성욕 억제제로 쓰일 수 있고, 심지어 성욕을 아예 없앨 만큼 주사하게 되면 일시적인 거세효과를 볼 수도 있기에 이를 지칭하여 성충동약물치료처분이라고 하는 것이다. 그런데 데포메드록시프로게스테론 초산염을 이용해서 성충동약물치료처분을 시행함에 있어서 발생될 가장 큰 문제는 부작용인데 이에 대한 조사는 아직도 진행 중이다. 사실 네포메드록시프로게스테론 초산염을 여성 피임약으로 사용할 때도, "체중증가, 긴장, 무기력, 식은 땀, 악몽, 붉은 반점, 근육통" 등 여러 가지 부

7) Matthew V. Daley, A Flawed Solution to the Sex Offender Situation in the United States: The Legality of Chemical Castration for Sex Offenders, 5 IND. HEALTH. L. REV. 87 (2008), 91쪽.

작용을 일으켰다고 한다. 그런데 성충동약물치료처분에 쓰이는 주사양은 피임제로 쓰이는 것보다 수십 배나 많기 때문에 그 장기적인 부작용이 얼마나 클지 또한 어떠한 새로운 부작용이 나타날지 전혀 예측할 수 없는 상황이다.[8)] 특히 장기간에 걸쳐 데포메드록시프로게스테론 초산염을 다량투입할 때에는 당뇨병, 담석, 혈전증, 암 등이 발생할 우려가 있고 단기간의 복용에 따른 부작용으로서는 심각한 우울상태, 고혈압, 극단적 체중증가, 그리고 피로감의 증대 등이 지적되고 있다.[9)] 데포메드록시프로게스테론 초산염의 장기투여의 부작용을 알 수 없고 예측할 수 없는 상황에서 성충동약물치료처분방법을 시행하는 것은 성범죄자를 일종의 실험의 대상으로 삼는 것과 다르지 않기 때문에 성충동약물치료처분은 이러한 점에서 많은 비판을 받고 있는 것이 현실이다.

그럼에도 불구하고 성충동약물치료처분을 여러 선진국들이 특히 아동성폭력범에 대한 대응무기로 적극적으로 도입했거나,[10)] 도입을 고려하고 있다는 것은 무엇을 의미하는지 생각해 보아야 한다. 무엇보다 외과적 거세처럼 성기능을 영원히 상실하게 하는 것이 아니라 일시적으로 정지시키는 데 지나지 않으므로, 덜 잔인한 치료방법 혹은 처분으로 인식되고 있고, 또한 그런 수단을 동원해서라도 아동에 대한 성폭력범죄를 줄여야 할 현실적인 필요가 있기 때문이라고 할 수 있다. 침해되는 사익과 보호되는 공익 사이의 비교형량이 성충동약물치료처분을 헌법상 수용할 수 있는지의 여부를 결정하는 규준이 되겠지만 현실적으로 아동의 성보호라는 공익이 우선한다는 것은 부인할 수 없는 사회적 요청이기 때문에 성충동약물치료처분의 방법까지 동원되어 아동의

8) 김희균, 상습적 아동 성폭력범에 대한 성충동약물치료처분 도입 가능성에 대한 연구 (2009), 276쪽.

9) 황성기, 전게논문, 123쪽 참조.

10) Marqus P. Richson, Sex, Drugs, "And ... Race−To−Castrate: A Black Box Warning of Chemical Castration's Potential Side Effects," 25 Harv. Blackletter L.J. 95 (2009), 100쪽 참조.

성폭행의 재범 등을 방지하고자 하는 것이다.[11] 다만 한 가지 강조하고 싶은 것은 외국의 입법례에 따르면 성충동약물치료처분의 방법으로 약물투여의 방법만을 사용하는 경우는 드물고 약물투여와 더불어 동시에 인지행동치료요법을 적용하는 것이 좀 더 효과적인 억제수단이 되기 때문에 인지행동요법 등에 의한 재범방지프로그램을 병용하는 것이 일반화 되어있다는 점이다. 이러한 정신적·심리적 치료를 병행토록 제반 여건들이 구비되지 않으면서 성충동약물치료처분만을 부과하는 경우, 성폭력범죄자의 재범방지를 통해 아동·청소년의 성을 보호한다는 공익보호의 주장은 설득력이 떨어질 수밖에 없는 것이다.

11) 우리 헌법재판소도 아동·청소년 등에 대한 성범죄자에 대한 신상공개제도와 관련하여 이는 비록 형벌이나 보안처분에 해당하지 않지만 개인의 인격권, 사생활의 비밀의 자유 등을 침해하는 측면이 있기 때문에 다음과 같이 공·사익의 이익형량을 통해 헌법적합성을 인정한 바 있다; “신상공개제도는 범죄자 본인을 처벌하려는 것이 아니라, 현존하는 성폭력위험으로부터 사회 공동체를 지키려 인식을 제고함과 동시에 일반인들이 청소년 성매수 등 범죄의 충동으로부터 자신을 제어하도록 하기 위하여 도입된 것으로서, 이를 통하여 달성하고자 하는 ‘청소년의 성보호’라는 목적은 우리 사회에 있어서 가장 중요한 공익의 하나라고 할 것이다. 이에 비하여 청소년 성매수자의 일반적 인격권과 사생활의 비밀의 자유가 제한되는 정도를 살펴보면, 법 제20조 제 2 항은 “성명, 연령, 직업 등의 신상과 범죄사실의 요지”를 공개하도록 규정하고 있는바, 이는 이미 공개된 형사재판에서 유죄가 확정된 형사판결이라는 공적 기록의 내용 중 일부를 국가가 공익 목적으로 공개하는 것으로 공개된 형사재판에서 밝혀진 범죄인들의 신상과 전과를 일반인이 알게 된다고 하여 그들의 인격권 내지 사생활의 비밀을 침해하는 것이라고 단정하기는 어렵다”(헌재결 2003. 6. 26, 2002헌가14, 청소년성보호법 제20조 제 2 항 위헌심판사건).

Ⅲ. 성충동약물치료처분에 관한 외국의 입법례

1. 미 국

(1) 캘리포니아 주의 성충동약물치료처분법의 내용과 비판[12)]

1) 내 용

1996년에 캘리포니아 주는 성충동약물치료처분을 성범죄자에 대한 처벌과 가석방요건으로 부가하기 위하여 형벌법규를 개정했다.[13)] 개정 캘리포니아주 형법 제645조[14)] [성범죄; 가석방; 메드록시프로게스테론 초산염에 의한 치료 등]는 성범죄자에 대해서 적용되는 성충동약물치료처분의 실체적 및 절차적 요건을 아래와 같이 규정하고 있다.

(a) 13세 미만의 자를 대상으로 하여 제 c 항[15)]에서 규정하고 있는 범죄를 저질러서 처음으로 유죄판결을 받은 자는, 각 해당 조항에서 규정하고 있는 처벌 이외에도 법원의 재량에 따라 가석방시 메드록시프로게스테론 초산염에 의한 치료 내지 이에 준하는 화학적 치료를 받을 수 있다(may).

(b) 13세 미만의 자를 대상으로 하여 제 c 항에서 규정하고 있는 범죄를 저질러서 두 번째로 유죄판결을 받은 자는, 각 당 조항에서 규정하고 있는 처벌 이외에도 가석방시 메드록시프로게스테론 초산염에

---

12) Matthew V. Daley, 전게논문 106면 이하.

13) Philip J. Henderson, "Section 645 of the California Penal Code: California's "Chemical Castration" Law — A Panacea or Cruel and Unusual Punishment?," 32 U.S.F. L. Rev. 653, 654 (1998).

14) Cal. Penal Code §645 (1998).

15) 강제적인 항문성교행위(sodomy)를 처벌하는 형법 제286조 제 c 항 및 제 d 항, 14세 미만자에 대한 강제적 추행행위를 처벌하는 형법 제288조 제 b 항 제 1 문 15), 강제적인 구강성교행위(oral copulation)를 처벌하는 형법 제288a조 제 c 항 및 제 d 항 16), 강간행위 등을 처벌하는 형법 제289조 제 a 항 및 제 j 항 등이다.

의한 치료 내지 이에 준하는 화학적 치료를 받아야만 한다(shall).

(c) 메드록시프로게스테론 초산염에 의한 치료는 적용대상이 되는 성범죄자가 가석방으로 출소하기일주일 전에 시작되고, 가석방 기간 중에도 교정국이 교도소위원회에 더 이상 치료가 필요하지 않다는 의견을 제시할 때까지 계속 실시된다.

(d) 만일 대상자가 호르몬 약물치료의 대체로서 영구적인 외과적 시술을 자발적으로 받은 경우에는 이 조항(제645조)을 적용하지 않는다.

2) 비 판

우선, 동 법에 의하면 성폭력범죄자에 대한 의료전문가의 의견이나 진단을 화학적 치료의 요건으로 하지 않는다는 점이 문제된다. 이는 결국 판사가 의사로서의 역할을 수행하고 나아가 메드록시프로게스테론 초산염에 의한 치료방법이 유용한가 여부를 결정해야한다. 다만 이것은 초범일 때 한하여 제기될 수 있는 문제이다. 초범의 경우만 화학적 치료가 임의적이기 때문이고, 재범의 경우는 가석방의 요건으로 반드시 화학적 치료를 받아야 하기 때문에 의료적 고려를 배제하고 있기 때문에 그렇다. 또한, 동 법은 초범의 경우 법원의 재량에 전적으로 의존하고 있고 판사가 의사의 견해를 따라야 한다는 요건도 없어 실제로 의사소견을 판사가 거부할 수 있어 문제다. 이러한 규정 하에서는 판사가 의료적 지식이 없음에도 불구하고 고도의 의료적 판단을 하는 그러한 문제가 발생할 수 있고, 그러한 실제 사례가 바로 State v. Estes[16] 사건이다.

둘째, 동법은 어떠한 성범죄자인가에 대한 결정과 그들에 대해 메드

16) 821 P.2d 1008 (1991). 미성년 소년을 유괴하여 1급 유괴죄로 기소된 Estes에 대하여 의사는 소아성애증(pedophile)환자로 진단하여 메드록시프로게스테론 초산염에 의한 처우소견을 내었음에도 판사는 Estes가 정당한 조건과 상황 하에서 그러한 처우를 받더라도 현실에서 성공적할 것인지는 보장이 없으며 오히려 확률은 그 반대라고 하면서, 사회를 그러한 자로부터 방위해야 할 필요성에 대해 가장 큰 강조를 하면서 의료전문가의 소견에 반대하여 장기구금을 명한 사건이다.

록시프로게스테론 초산염에 의한 치료를 실시하는 것이 도움이 될 것인지의 여부도 요구하지 않는다. 성범죄의 경우 성충동을 억제하지 못하는 경우도 있고 우발적인 경우도 있을 수 있으므로 이를 엄밀하게 구분하여 특히 성충동을 억제치 못하는 범죄자의 경우에 그것도 메드록시프로게스테론 초산염치료가 유효할 지의 여부에 대한 선행적 판단이 필요함에도 이러한 부분에 대한 규정이 흠결되어있다. 그러므로 이러한 약물치료가 장차 또 다른 범죄를 범하려는 가석방자들의 욕구나 잠재성에 영향을 미치지 않을 수 있음에도 불구하고 치료를 받아야만 하는 상황이 된다. 즉, 이러한 법령 하에서는 앞서 살펴본 제645조 제(C)항의 범죄 실행자는 그들이 장래 다른 성폭력을 범하지 않도록 약물치료의 효과발생여부와 관계없이 아직 밝혀지지 않은 부작용의 항목이 부지기수임에도 약물치료를 강제당할 수밖에 없는 것이다. 결국 캘리포니아법은 이유야 어떻든 약물을 범죄자에게 강제주입하려는 것을 주정부에 허용할 뿐이다.

셋째, 동법은 약물의 사용과 함께 그 어떠한 심리적 치료도 필요함을 제안하지도 또 요구하지도 않는다. 따라서 판사도 법령도 가석방자에게 심리적 치료프로그램 등의 이수를 강제하지 않기 때문에 동법의 규정은 재범을 방지하는 메드록시프로게스테론 초산염 치료의 효율성에 일정 정도 제한을 가하는 것이나 마찬가지다. 다시 말하자면 심리적 치료가 병행될 때 가석방자의 재범률을 낮출 수 있다는 전제 하에서 볼 때 심리적 치료의 병해요건의 흠결은 결국 재범을 줄일 수 있는 가능성을 낮추는 데 조금도 기여하지 못한다는 것이다.[17)]

넷째, 더욱이 동법은 메드록시프로게스테론 초산염 치료의 지속기간에 대한 제한을 설정하고 있지 않다. 동법은 오로지 "교정국(Department of Corrections)이 더 이상 치료가 필요하지 않다는 점을 형기위원회(the Board of Prison Terms)에 보고할 때까지"라고만 하고 있기 때문에

17) Matthew V. Daley, 전게논문, 108면.

다른 어떤 치료의 중단을 형기위원회가 결정할 조건들을 제시하고 있지 않다.[18] 교정국의 판단에 전적으로 의존하는 것은 미국의 형사사법체제의 근간인 대립당사자주의적 구조에 정면으로 반하는 것이다. 즉 당사자는 처벌을 받기 전에 변호인과 중립적인 재판관 앞에서 자신을 변호할 기회를 부여받아야만 마땅하기 때문에 동법은 결함이 있는 것이다. 교정국은 가석방자에게 약물치료를 지속해서 재범을 방지하려는 유인을 많이 가지고 있기 때문에 약물치료의 중단여부에 관한 판단을 전적으로 교정국에 맡기는 것은 결국 약물치료의 지속기간의 제한을 설정하지 않은 것에 다름 아니다. 따라서 오로지 교정국의 판단에만 의존할 것이 아니라, 가석방자가 독립적으로 혹은 그의 변호인의 형기위원회에 대한 신청으로 약물치료를 중단할지 여부를 판단할 수 있는 절차가 마련되어야 한다. 나아가 동법에 따르면 얼마나 오랜 기간 교정국이 약물치료를 계속할 수 있는지의 여부가 불문명하다. 가석방기간이 끝난 경우에도 교정국이 약물치료를 계속하게 할 수 있는 가능성 또한 열려 있기 때문에 동법은 문제인 것이다. 이러한 경우 이중위험금지(Double Jeopardy)의 문제가 발생할 수 있을 것이다. 왜냐하면 원수형기간을 넘어서 성범죄자를 처벌하는 것이나 마찬가지로 볼 수 있기 때문이다.[19]

끝으로, 약물치료가 실질적인 "동의에 기초하지 않는다"[20]는 점을 지적할 수 있다. 수정 헌법 제8조 상의 동의는 반드시 자발적이어야만 한다. 그런데 만약 대상자들이 성충동약물치료처분을 원하지 않을 경우에는 형기를 다 살아야 하므로 결국 가석방조건으로 약물치료를 선택하도록 하는 것은 약물치료에 대한 진정한 자발적 동의라고 볼 수 없다. 여기서 동법은 선택권을 주기는 하나 약물주입을 하고 실

18) Cal. Penal Code §645 (1998).

19) Matthew V. Daley, 전게논문, 109면. 여기서 동법을 비판한 Daley는 물론 약물치료가 형사적 처벌이라는 전제하에 논의하고 있는 것이다.

20) Matthew V. Daley, 전게논문, 109면.

체를 알 수 없는 장기적 부작용을 기다리든지 아니며 남은 형기를 다 살든지 하는 강제적·비자발적 동의의 길로 대상자들을 내모는 것일 뿐이다.[21]

(2) 기타 주

캘리포니아 주가 성충동약물치료처분법을 채택한 이후 몬태나 주, 조지아 주, 플로리다 주, 오레곤 주, 아이오아 주, 루이지애나 주 등이 상습적 성범죄자에 대한 성충동약물치료처분의 적용을 규정하는 법률을 통과시키게 된다. 캘리포니아 이외에 성충동약물치료처분처우를 채택한 주의 치료처분부과요건에 관한 그 간략한 내용은 아래의 도표와 같다.

주	도입시기	주요내용
플로리다	1997년 법률제정	① 요건: 재범 이상의 경우 필요적 강제처분, 초범의 경우 임의적 처분, 위반 시 중범죄 적용 ② 대상: 모든 성폭력범죄자 ③ 전문가 의견: 재판부가 지정한 의료전문가의 진단 필요 ④ 결정주체: 법원 ⑤ 기간: 법원에서 판결문에 구체적으로 명기 — 법률에서 처우의 종결에 대해 정하고 있지 않음 ※ 본인 선택시 외과적 거세가능
몬타나	1997년 법률제정	① 요건: 재범 이상의 경우 필요적 강제처분, 초범의 경우 임의적 처분 / 피해자 16세 미만, 가해자가 3세 이상 연상인 경우 법원 결정에 따른 임의적 처분 ② 대상: 성추행, 동의 없는 성교 등 성범죄자 ③ 전문가 의견: 전문가의 의학적 소견 없이 가능 ④ 결정주체: 법원 ⑤ 기간: 교정국이 더 이상 필요하지 않다고 판단할 때까지

21) 상게논문.

오레곤	1999년 법률제정	① 성격: 교정당국의 행정처분 ② 대상: 성범죄 전과가 있는 가석방 예정자 ③ 전문가 의견: 전문가의 의학적 소견 필요 ④ 결정주체: 교정국 ④ 기간: 주정부에서 가석방 및 보호관찰 기간 중 일부 또는 전 기간을 결정, 치료 비용 범죄자 부담
아이오와	1998년 법률제정	① 요건: 재범 이상의 경우 필요적 강제처분, 초범의 경우 임의적 처분 ② 대상: 13세 미만 아동 상대 성학대, 성추행범 ③ 전문가 의견: 치료효과에 대한 전문가의 진단 필요 ④ 결정주체: 법원 ⑤ 기간: 치료감독 담당부서의 치료종료 결정 시까지, 치료의 적정 비용 범죄자 부담 ※ 본인 선택시 외과적 거세 가능
루이지애나	2008. 6. 25. 발효	① 요건: 법률의 규정에 의한 필요적 강제처분위반시 집행유예·가석방·선고유예 철회 ② 대상: 13세 미만 아동 상대 성범죄자 및 성폭력 재범자 ③ 전문가 의견: 성범죄자 치료경험이 있는 정신보건 전문자격 소지자 소견 필요 ④ 결정주체: 법원 ⑤ 기간: 교정당국에서 치료가 불필요하다고 판단될 때까지, 치료의 모든 비용 범죄자 부담

(자료: 법무부 — 필자 밑줄 내용 부가)

2. 유 럽

독일의 경우 나치시대의 잔혹한 인권침해의 경험이 있어 성충동약물치료처뷴 등의 도입에 신중할 수밖에 없었다. 특히 1933년 나치시대에 제정된 거세법률은 제 2 차 세계대전 직후인 1945년에 폐지되었다. 그러나 1970년 또다시 징역형과 외과적 거세 중의 하나를 선택할 수 있는 거세법률(Kastrationsgesetz; Gesetz über die freiwillige Kastration und andere Behandlungsmethoden vom 15. 08. 1969)을 도입하였다. 동법 제 1 조는 남성의 생식선을 의도적으로 제거하거나 성기능을 지속적으로 불능화하는 것을 통해서 비정상적인 성욕발현의 억제를 목적으로 한다고 규정하고 있다. 다만 독일의 경우 우리의 치료감호처분과 유사한 독일 형법 제61조 제1호 "정신병원수용처분"을 받은 성폭력범죄자에 대한 약물치료를 실시하고 있다. 여하튼 동법에 따르면 거세는 당사자의 동의를 전제로 하여 의사의 진단서가 있어야 하며, 대상자는 25세 이상이어야 하고 거세처분으로 인한 신체적·정식적 부작용이 사전고지 되도록 하고 있다. 덴마크는 1929년에 거세법을 제정하였는바 유럽지역에서 외과적 거세를 합법화한 최초의 나라였다. 다만 외과적 거세에 대해서는 반인륜적이라는 비판이 거세지자 1973년 이후부터는 외과적 거세방법을 배제하고 오로지 성충동약물치료처분방법만을 채택하고 있으며 인지요법에 따른 행동치료가 실패한 이후에 이용되고 있다. 스웨덴은 1944년에 거세법이 제정되어 시행되고 있다. 스웨덴에서는 23세 이상의 자를 대상으로만 거세방법이 시행될 수 있도록 제한하고 있고 당사자의 성적 충동으로 인해 사회에 위해를 가할 것으로 판단되는 경우와 당사자가 성적 지향 내지 비정상적 성적 충동으로 인해 상당한 정도의 심리적 혹은 기타 장애를 겪고 있다고 판단되는 경우에만 허용된다.[22] 이 경우에도 본인의 동의가 있는 경우에만 허용되고 강제적 성충동약물치료처분은 당사자가 정신적으로 장애가 있어 판단능력이 흠결된 경우에만 허용된다. 절차적으로 볼 때, 스웨덴의 성충동약물치료처분은 국가건강 및 복지위원회의 승인이 있어야지만 가능할 뿐만 아니라 반드시 면허가 있는 외과의사에 의해 이루어져야 한다. 나아가 스웨덴 법은 비밀준수규정을 두고 있고 동 규정의 위반자는 형사 처벌하도록 되어 있다. 핀란드의 경우 1970년도에 이르러서야 거세법이 제정되었는바 이에 의하면 성충동약물치료처분은 성적 충동본능으로 인해 심각한

22) Stacy Russell, "Castration of Repeat Sexual Offenders: An International Comparative Analysis," 19 Houston Journal of International Law 425 (1997), 441면.

정신적 고통을 겪고 있거나 기타 사회에 해악이 될 결과의 발생가능성이 있으며 이러한 행위들이 성충동약물치료처분치료에 의해 감소할 것이라는 점에 대한 합리적인 근거가 있는 경우에만 본인의 신청에 의해 허용된다. 따라서 핀란드의 경우 강제적인 방법에 의한 성충동약물치료처분치료는 허용하지 않는다. 절차적으로 볼 때, 성충동약물치료처분치료가 부과되기 전에 당해 성충동약물치료처분치료가 본인의 정신적 고통을 감소해 줄 것인지 그리고 사회 해악이 될 결과발생가능성을 낮출지의 여부에 대한 판단을 반드시 국가의료위원회가 행해야 한다.[23)]

Ⅳ. 성충동 약물치료 처분의 헌법적 문제점

1. 약물치료처분의 법적 성격과 비례의 원칙의 문제

(1) 문제의 소재

성충동약물치료법 상의 약물치료는 죄형법정주의 원칙에 근거하여 볼 때, 현행 형법상의 형벌이라 할 수 없다.[24)] 또한 우리 헌법상 신체형을 금지하고 있는 인간의 존엄과 가치의 정신에 비추어 볼 때 약물치료처분을 형벌이라고 하면 이와 같은 헌법상의 정신에 정면으로 위배되기 때문에 수용될 수 없는 것이 된다. 따라서 약물치료처분을 현행 법상의 형벌로 규정할 수는 없다. 그렇다면 형벌이 아닌 제재수단으로써 약물치료처분의 성격을 명확히 할 필요가 있다. 우선 성충동약물치료처분이 처벌수단인가 아니면 치료수단인가라고 하는 성충동약물치료처분의 법적 성격에 관한 논의는 그 헌법적 근거 내지 한계를 결정하는 데 있어서 중요할 뿐만 아니라, 성충동약물치료처분이 적용될 수 있

23) 자세한 것은 Russell, 전게논문 440-47면 참조; 황성기, 전게논문, 131-32면 참조.
24) 형법 제41조 참조.

는 실체적·절차적 요건을 설정하는 데 있어서도 중요한 요소가 된다. 즉 성충동약물치료처분이 처벌수단이라고 한다면, 의료적 필요성이라는 요건은 필요치 않을 것이나 이를 치료수단이라고 한다면 의료적 필요성이라는 요건은 성충동약물치료처분이 시행되기 위한 필수적인 전제요건이 될 것이다.[25] 결론적으로 성충동약물치료처분은 치료수단이기도 하지만 궁극적으로는 범죄자에 대해서 부과되는 형사처분의 한 형태인 보안처분이라고 할 것이다. 보안처분이란 형벌로는 행위자의 사회복귀와 범죄의 예방이 불가능하거나 행위자의 특수한 위험성으로 인하여 형벌의 목적을 달성할 수 없는 경우에 형벌을 대체하거나 보완하기 위한 예방적 성질의 목적적 조치 또는 장래에 범죄를 저지를 위험성이 있는 범죄인의 재범을 방지하고 이를 통해 사회 일반인의 안전을 확보하기 위한 형사제재로 이해되기 때문이다.[26] 보안처분의 핵심은 재범의 위험성에 대한 사회방위처분이므로 성충동약물치료처분이 재범의 위험성을 방지하기 위해 특정 상습적 성범죄자의 치료를 위한 수단으로 활용되어 사회를 방위하기 위한 목적 하에 이루어지는 한 보안처분에 해당한다. 다만 성충동약물치료는 치료의 수단으로서의 성격도 함께 가지고 있는 보안처분이기 때문에 치료감호와의 구별이 문제된다. 치료감호는 감호를 통한 자유박탈 보안처분인 점에서 자유제한 보안처분에 해당할 뿐인 성충동약물치료처분과 구별된다. 그리고 보안처분으로서 성충동약물치료처분이 정당화되기 위해서는 재범의 위험성 판단이 중요한 요소가 되고 이러한 재범의 위험성에 대한 판단은 미래에 대한 예측과 행위자의 상태 등을 기초로 하고 나아가 행위자의 습벽과 위험성 사이에 인과관계가 인정되어야 한다. 이러한 재범위험성 판단을 근거로 한 성충동약물치료처분의 부과에도 헌법상 기본권제한의 한계원리인 비례의 원칙, 보안처분법정주의, 적법절차의 원리가 적

25) 황성기, 전게논문, 133면.

26) 박상기, 형사정책, 제3판 (형사정책연구원, 2009), 335면.

용되어야 한다. 이하에서는 비례의 원칙과의 관계와 성충동약물치료처분의 부작용과 관련한 신체의 자유 침해여부만으로 논의를 국한해서 살펴보기로 한다. 따라서 적법절차위반 등의 문제와 형벌과 보안처분은 그 본질과 추구하는 목적과 기능이 구별되는 별개의 제도이므로 보호감호라든지 보호관찰과 같은 보안처분을 형벌과 병과하는 것은 이중처벌이 아니라는 것이 우리 헌법재판소의 입장이기 때문에 성충동약물치료처분의 이중처벌금지원칙위반의 쟁점은 다루지 않기로 한다.[27]

(2) 비례의 원칙의 관점

일반적으로 보안처분은 형벌과 달리 책임주의가 아니라 비례의 원칙에 의해 지배된다. 필자는 상습적 성범죄자의 재범을 방지하기 위한 치료적 목적의 성충동약물치료처분이 보안처분에 해당한다고 보기 때문에 비례의 원칙에 따라 목적의 달성을 위한 필요한 한도 내에서만 부과되어야 한다고 본다. 헌법적 관점에서 살핀다면 결국 이는 기본권제한의 한계원리로서의 과잉금지의 원칙 위반 여부의 문제가 될 것이다. 아래에서는 비례의 원칙에 관한 논의를 성충동약물치료처분의 확대 적용 및 진정한 동의의 부존재 문제와 결부하여 살펴보기로 한다.

① 성충동약물치료처분의 확대적용의 문제

보안처분으로서의 성충동약물치료처분은 그 목적인 재범방지와 수단이 효과 사이에 엄격한 비례관계[28]가 성립되어야 헌법상 정당화될

27) 헌재 1989. 7. 14. 88헌가5 등 병합(사회보호법 제5조의 위헌심판), 헌재 1997. 11. 27. 92헌바28(보안관찰법 제2조 등 위헌소원) 참조. 다만 미국 캘리포니아 성충동약물치료법에 관한 비판에서는 이중위험금지에 관한 간략한 고찰을 한 바 있다.

28) 비례의 원칙 혹은 과잉금지의 원칙에 관하여 자세한 내용은 전광석, 전게서, 236－39쪽; 정종섭, 헌법과 기본권 (박영사, 2010), 108－19쪽 참조; 헌법재판소도 "보안처분의 하나인 보안관찰처분은 특정범죄(보안관찰해당범죄)를 범한 자에 대하여 재범의 위험성을 예방하고 건전한 사회복귀를 촉진하여 사회방위를 도모하고자 하는 공공의 필요에서 기본권을 제한하는 국가공권력의 행

수 있다. 일반적으로 아동 대상 성범죄자는 재범의 위험성이 높기 때문에 사회를 방위처분의 필요성은 인정되나 성충동약물치료처분이 범죄자에게 주는 정신적·육체적·심리적 영향이 심대하다는 점에서 엄격한 이익형량이 요청된다고 본다. "보안처분의 목적이 "재범의 방지"라고 하더라도 비례의 원칙상 수단의 적합성 관점에서 보면 아동 및 청소년에 대한 성폭력범죄의 재범방지 효과가 훨씬 크면서 성폭력범죄자의 인권에 대한 피해가 아주 극미할 경우 목적과 수단과의 균형이 생기고 이러한 성충동약물치료처분처우는 헌법상 정당화 될 수 있을 것이다. 따라서 효과면에서는 아동성폭력범죄자에 대한 과학적 분류를 통해 의학적 처우가 필요한 경우에 국한에서 실시함으로써 재범방지의 효과를 극대화하는 동시에 성폭력범죄자에게 발생될 수 있는 부작용을 최소화 할 수 있는 경우에만 성충동약물치료처분처우는 정당화 될 수 있을 것이다.[29] 또한 성충동약물치료법 제3조(약물치료의 요건)도 이와 같은 관점에서 약물치료의 요건에서 "과도한 신체적 부작용을 초래하지 아니할 것"을 규정하고 있다.[30] 그러나 신체적 부작용의 구체적 내용을

사로서 용인되는 것이므로 입법목적의 정당성이 인정된다 할 것이다. 보안관찰처분 여부를 결정하기 전 단계인 보안관찰처분대상자에게 출소 후 신고의무를 부과하고 그 위반 시 처벌함에 있어서도, 그 신고의무의 부과 및 이에 대한 처벌이 위와 같은 입법목적 달성을 위하여 적합한 수단이고, 이로 인한 기본권의 침해 내지 피해가 최소한에 그치며, 나아가 기본권의 제한과 공공의 필요 사이에 비례, 균형이 이루어져야 할 뿐만 아니라, 처벌의 정도 역시 다른 법률의 처벌조항들과 형평을 이루어야 한다는 것이 헌법상의 요청임은 더 말할 나위 없다"고 하여 보안처분에 있어서도 과잉금지원칙의 적용은 헌법상 당연한 요청으로 보고 있다 (헌재 2003. 6. 26. 2001헌가17 보안관찰법 제27조 제2항 위헌제청 등 사건).

29) 김희균, 전게논문, 280쪽.

30) 동법 제3조(약물치료의 요건) 약물치료는 다음 각 호의 요건을 모두 갖추어야 한다.

1. 비정상적 성적 충동이나 욕구를 억제하거나 완화하기 위한 것으로서 의학적으로 알려진 것일 것
2. 과도한 신체적 부작용을 초래하지 아니할 것
3. 의학적으로 알려진 방법대로 시행될 것

판단함에 있어서 아직 모든 의학적 경과와 결과 등이 보고된 바가 없기 때문에 어려움이 있을 것으로 보인다. 따라서 일반적으로 정신적인 결함이 보고되고 있는 아동성폭력범죄의 경우 적어도 성충동약물치료처분을 실시하게 되는 경우 심리적, 정신적 치료를 병행하도록 하여야만 보안처분의 비례원칙상 헌법상의 정당성을 인정받을 수 있다고 본다.[31] 또한 성충동약물치료처분의 경우 그 효과와 적용대상 간의 과학적·의학적 연계성이 과잉금지의 원칙 위반 여부를 판단하는데 중요한 판단기준이 될 것으로 보인다. 즉 성충동약물치료처분이 상습적 성범죄자집단의 어떠한 유형에 대해서 적용되는 것이 과학적·의학적 연계성을 확보할 수 있을 것인가의 문제를 말한다. 보다 구체적으로 말하면, 성도착증환자와 같은 성범죄자에 대해서만 효과가 있는 것으로 입증되고 있는 성충동약물치료처분을 그 외의 상습적 성범죄자, 예컨대 성적 충동이나 욕구에 의한 것이 아닌 약물이나 알콜남용, 반사회적 성향, 폭력적 성향 등 기타 요인에 의해서 성범죄를 범하는 상습적 성범죄자에 대해서 확대적용하는 것이 과잉금지의 원칙에 반하지 않느냐의 문제를 말하는 것이다. 이 문제는 위에서 소개한 캘리포니아 주의 성충동약물치료법의 위헌성 논쟁에서 중요한 쟁점 중의 하나였다. 생각건대, 성충동약물치료처분이 갖는 기본권 제한적 효과 내지 성충동약물치료처분이 갖는 의미를 염두에 둘 때, 가능한 성충동약물치료처분이 적용될 수 있는 대상자는 한정적으로 설정하는 것이 타당하다. 이러한 맥락에서 성적 충동이나 욕구에 의한 성도착증환자와 같은 상습적 성범죄자 이외의 자에 대해서도 성충동약물치료처분을 부과한다면 과잉금지의 원칙에 반한다. 따라서 2011년 7월 시행될 성충동약물치료법이 모든 성폭력범죄자를 대상으로 하고 있지 않고 16세 미만의 아동을

31) 이와 같은 관점에서 성충동약물치료법은 제10조 제1항 제3호에서 "보호관찰관의 지시에 따라 인지행동치료 등 심리치료 프로그램을 성실히 이수할 것"이라는 규정을 두고 있다.

대상으로 성범죄를 저지른 19세 이상의 성도착증 환자로서 재범위험성이 있는 자에 대하여만 성충동약물치료처분을 부과하도록 규정하고 있는 것은 이러한 비례의 원칙을 수용한 것으로 보인다.[32]

② 보안처분으로서의 성충동약물치료처분에 대한 동의의 필요성

또한 비례의 원칙을 충족시키려면 정신적·심리적 치료를 병행하여 적합한 수단요건을 충족해야 하는데 문제는 정신적·심리적 치료에 대한 대상자의 동의가 자발적으로 이루어지지고 이게 기한 정신적·심리적 치료의 적극적·자발적 참여가 필요하다. 즉, 보안처분으로서의 성충동약물치료처분의 재범방지의 효과를 증대시키기 위해서는 성충동약물치료처분에 대한 성범죄자의 자발적 동의와 정신·심리적 치료의 병행이라는 것이 요청된다. 성충동약물치료처분 치료 요법은 치료감호의 한 형식으로서 법원의 결정에 의하여 강제 집행되는 것임에도, 본인의 동의를 요건으로 하는 것은 현행 형사법체계에 맞지 않을 뿐만 아니라,[33] 동의의 자발성, 진정성에도 의문이 있을 수 있으므로, 동의가 필요하지 않다는 주장도 있지만[34] 동의가 요하지 않는 위치추적 전자장치[35]와는 성격이 다른 성충동약물치료처분은 그 조치의 목적 및 효과와 부작용[피해]에 대해서 정확한 이해를 수반한 동의가 필요하다는

32) 성충동약물치료법
제 1 조(목적) 이 법은 16세 미만의 사람에 대하여 성폭력범죄를 저지른 성도착증 환자로서 성폭력범죄를 다시 범할 위험성이 있다고 인정되는 사람에 대하여 성충동 약물치료를 실시하여 성폭력범죄의 재범을 방지하고 사회복귀를 촉진하는 것을 목적으로 한다.
제 4 조(치료명령의 청구) ① 검사는 16세 미만의 사람에 대하여 성폭력범죄를 저지른 성도착증 환자로서 성폭력범죄를 다시 범할 위험성이 있다고 인정되는 19세 이상의 사람에 대하여 약물치료명령(이하 "치료명령"이라고 한다)을 법원에 청구할 수 있다.

33) 법무부, "「상습적 아동 성폭력범의 예방 및 치료에 관한 법률안」검토 의견," 임인규(편), 상습적 아동성폭력범의 예방 및 치료에 관한 법률안 검토 보고, 국회법제사법위원회, 2008.

34) 법무부, 앞의 글.

35) 특정범죄자에대한위치추적전자장치부착등에관한법률 제 9 조 제 1 항 참조.

견해가 옳다고 본다.[36] 현행 성충동 약물치료에 관한 법률에서는 치료명령이 선고되지 아니한 수형자 및 가종료자에 대한 성충동약물치료처분의 청구만 "당사자의 동의"를 요건으로 하고 있고 일반적인 경우에 대하여는 검사의 청구에 따른 법원의 명령으로 당사자의 동의 없이 성충동약물치료처분치료가 강제적으로 부과할 수 있도록 규정되어 있다.[37] 원 법안은 제 9 조 제 1 항에서 성충동 약물치료 대상자로부터 약물치료요법에 관한 동의를 얻고자 하는 경우에는 사전에 약물치료의 근거, 중요성, 부작용에 대하여 충분히 설명하여야 하며, 제 2 항에서 성충동약물치료 대상자가 약물치료의 근거, 중요성 및 부작용 등에 관한 이해 및 판단 능력이 부족하거나 없는 경우 성충동약물치료를 청구할 수 없다고 규정하고 있어 인권과 사회방위에 관점을 적절히 교량하고 있었음에도[38] 현행법은 이러한 내용을 삭제하고 통과된 것으로 인

36) 조은경, "아동 대상 성범죄자의 재범 억제를 위한 화학적 거세 법안 제정에 대한 소고," 상습적 아동 성폭력범의 예방 및 치료에 관한 법률안에 대한 공청회, 국회법제사법위원회, 2009, 28면.

37) 제 4 조(치료명령의 청구) ① 검사는 16세 미만의 사람에 대하여 성폭력범죄를 저지른 성도착증 환자로서 성폭력범죄를 다시 범할 위험성이 있다고 인정되는 19세 이상의 사람에 대하여 약물치료명령(이하 "치료명령"이라고 한다)을 법원에 청구할 수 있다.

② 검사는 치료명령 청구대상자(이하 "치료명령 피청구자"라 한다)에 대하여 정신과 전문의의 진단이나 감정을 받은 후 치료명령을 청구하여야 한다.

③ 제 1 항에 따른 치료명령의 청구는 공소가 제기되거나 치료감호가 독립청구된 성폭력범죄사건(이하 "피고사건"이라 한다)의 항소심 변론종결 시까지 하여야 한다.

④ 법원은 피고사건의 심리결과 치료명령을 할 필요가 있다고 인정하는 때에는 검사에게 치료명령의 청구를 요구할 수 있다.

⑤ 피고사건에 대하여 판결의 확정 없이 공소가 제기되거나 치료감호가 독립청구된 때부터 15년이 지나면 치료명령을 청구할 수 없다.

⑥ 제 2 항에 따른 정신과 전문의의 진단이나 감정에 필요한 사항은 대통령령으로 정한다.

38) 원안 제 9 조의 내용은 아래와 같다.

제 9 조(성충동약물치료처분 치료의 동의) ① 성충동약물치료처분 치료 대상자로부터 성충동약물치료처분 치료요법에 관한 동의를 받고자 하는 경우에는 사전에 성충동약물치료처분 치료요법의 근거, 중요성, 부작용 등에 관하여 충분히 설명하여야 한다.

권보다는 사회방위처분에 치중하여 보안처분의 비례원칙상 문제가 될 수 있다. 즉 성충동약물치료처분에 관하여 위에 언급한 바와 같이 효과와 부작용의 형량의 관점에서 볼 때 재범방지효과를 극대화하기 당사자의 자발적 동의에 기초한 협조가 필요한데 이러한 당사자의 동의를 요건으로 하지 않고 강제적으로 집행할 수 있도록 하고 정신적·심리적 치료를 병행해야 효과적인 성충동약물치료처분치료를 보장하고 있지 못한 현행법의 태도는 보안처분의 비례성에 원칙에 부합하지 않으며, 또한 성범죄예방이라는 공익과 성범죄자의 자기결정권[39) 등의 권리라고 하는 사익이 균형 있게 형량되어야 하는데 본인의 자발적 동의를 전제로 하지 않고 이루어지는 현행법상의 성충동약물치료처분은 헌법상 인정되는 보안처분의 한계를 벗어난 "일시적인" 자기결정권의 제한에 해당하여 헌법상의 기본권을 침해하게 될 수 있다.

2. 성충동약물치료처분의 부작용과 신체의 자유 침해 문제

신체의 자유는 신체의 완전성을 훼손당하지 아니할 권리를 포함하는 것으로서, 본인의 승낙 없이 강제로 이루어지는 불법적인 신체훼손의 금지를 그 내용으로 하기 때문에 성범죄자에 대한 성충동약물치료

---

② 검사는 성충동약물치료처분 치료 대상자가 성충동약물치료처분 치료의 근거, 중요성 및 부작용 등에 관한 이해 및 판단 능력이 부족하거나 없는 경우 성충동약물치료처분 치료 청구를 할 수 없다.

39) 우리 헌법상 자기결정권이란 개인이 자신의 삶에 관한 중대한 사항에 대하여 스스로 자유롭게 결정하고 그 결정에 따라 행동할 수 있는 권리를 말한다. 이러한 자기결정권은 다양한 내용으로 분류될 수 있는데, 그 중에서 장기이식이나 치료거부 등과 같은 생명·신체의 처분과 관련된 자기결정권과 출산이나 피임과 관련되어 있는 자기결정권이 아동성범죄자에 대한 성충동약물치료처분과 직접적으로 관련되어 있다고 할 수 있다. 여기서 약물치료처분이 자기결정권을 비롯하여 성범죄자가 향유하는 각종 헌법상의 권리를 침해하는지 여부에 대한 판단에 있어서 가장 중요한 요소는 "당사자 본인의 자발적 동의 여부"가 될 것이다. 특히 "자발성"과 "동의"가 구분되어 모두 인정되는 경우 성충동약물치료는 그 정당성을 인정받을 수 있을 것이다.

처분이 본인의 동의 없이 강제적·일방적으로 이루어지는 경우에는 성범죄자의 신체를 훼손당하지 아니할 권리를 침해하게 우려가 있다. 즉 치료기간 동안은 성적은 충동이 억제되어 성적 기능의 일시적 장애가 나타날 뿐만 아니라 장기간 약물투여를 받는 경우 암, 당뇨, 담석, 혈전증 등 각종 신체장애 및 질병이 발생되는 부작용이 있으므로 설령 약물투여가 종료된 이후에 성적 기능을 회복된다고 하더라도 신체상에 나타나는 여러 가지 부작용을 고려해 보면 성충동약물치료처분은 본인의 동의를 전제로 하지 않는 한, 신체를 훼손당하지 아니할 권리를 침해하게 될 소지가 높은 것이다. 따라서 앞서 검토한 바와 같이 현행법의 성충동약물치료처분치료명령의 청구는 당사자의 동의를 전제로 하지 않고 검사가 할 수 있도록 규정되어 있어 신체의 자유침해와 관련하여 문제가 발생한다. 즉 성충동약물치료 대상자가 약물의 작용과정과 부작용에 대한 인식이 충분하게 갖추어져 있는 상태에서 이루어지는 자발적인 동의가 있는 경우에는 신체를 훼손당하지 않을 권리의 침해를 인정하기 어려울 것이나 현행법은 미국 캘리포니아 주의 예를 따른 듯 강제적 성충동약물치료처분방법을 인정하고 있기 때문에 성범죄자의 신체의 자유 침해의 혐의에서 자유로울 수 없게 된다. 특히 약물치료제도를 도입하고 있는 국가 중 폴란드와 캘리포니아를 포함한 미국의 일부 주 등 극히 제한적인 지역에서만 이를 강제로 시행할 뿐, 대부분의 국가에서는 당사자의 진정한 동의를 필수요건으로 하고 있다는 점은 당사자의 진정한 자발적 동의가 약물치료의 인권침해의 문제를 어느 정도 상쇄할 수 있는 부분이라는 것에 대한 인식에 근거한 것이다.

V. 결 론

미국에서조차 성범죄자에 대한 성충동약물치료처분은 이제 막 시작된 단계로 약물치료에 수반되는 부작용에 관한 연구가 충분하다고 할 수 없다. 약물투여를 통한 성폭력재범방지효과에 대한 데이터나 그 부작용에 관한 시계열적 데이터의 축적이 충분이 이루어지지 않은 상태에서 이러한 약물치료가 장기간에 걸쳐서 실시된 경우 그 영향을 확정할 수 없기 때문에 성충동약물치료처분방법으로 재범방지의 효과를 제고하려는 것은 일종의 위험한 도박이라고 할 수 있다. 물론 아동성폭력범죄자에 대한 성충동약물치료처분처우를 무조건 부정하고 이를 전면적으로 포기해야 된다는 것은 아니다. 결론적으로 두 가지 점을 지적하고자 한다. 첫째는 당자자의 동의를 요건으로 하였던 원래 법안의 내용을 동의 없는 절차로 바꾼 것은 바람직한 방향이 아닌 것이다. 앞서도 지적한 바와 같이 당사자의 동의가 없는 성충동약물치료처분치료의 부과는 성폭력범죄자의 자기결정권, 사생활의 자유, 신체의 자유 등을 침해할 수 있고, 적법절차원리에도 부합하지 않으며, 헌법상 비례의 원칙에도 어긋난다고 할 것이다. 둘째, 원안에 있었던 심리치료의 병행부과를 단순한 약물투여만에 의한 성충동약물치료처분방식으로 수정한 것도 제고해볼 여지가 있다. 즉 약물투여는 성도착증상에 의한 성충동을 억제할 수 있을 뿐 그 외의 다른 이유로 아동성범죄를 상습으로 범하는 범죄자에게는 효과가 없다고 보고되고 있다. 또 약물에 의한 일시적 억제된 성충동도 약물투여중단 후 언제든 성충동이 재발하여 재범의 가능성이 있기 때문에 약물투여에 의한 성폭력범죄자의 성충동만을 억제하는 방식만을 고집할 것이 아니라는 것이다.[40] 따라서 정신심리학적 치료를 포함한 재발방지프로그램을 실시하여 그 결과에 대해 냉정하고 충분한 검토가 이루어진 다음, 성충동약물치료처분을 집행하는 것이 아동의 성보호와 성폭력범죄자의 인권이라는 법익의 충돌을 규범조화적으로 해결할 수 있는 방법으로서 헌법상 최후수단의 억제원칙

40) 박상열, "성범죄자처우의 새로운 동향과 그 과제 — 의학적 처우를 중심으로," 형사법의 신동향, 제24호(2010).

(보충성)에 부합한다고 본다. 특히 미국 캘리포니아 주의 경우 성충동 약물치료처분의 현저한 재범방지효과도 성충동약물치료처분 치료요법과 심리치료를 병행하고 있는 가운데 보고되었다는 점에 유의해야 할 것이다. 종래의 법안의 원안 제 1 조와 제11조에서는 이와 같은 것이 반영되었으나 — "상습적 아동 성폭력범의 예방 및 치료에 관한 법률안 제 1 조(목적) 이 법은 13세 미만의 아동을 대상으로 한 상습적 성범죄자 중에서 비정상적인 성적 충동이나 욕구를 억제하기 어려운 성도착증 환자로 판명된 자에 대하여 화학적 거세 치료요법 및 심리 치료 프로그램을 마련하여 재범을 방지하고 사회복귀를 촉진하는 것을 목적으로 한다." 제11조(심리치료 등) ① 제10조에 따른 성충동약물치료처분 치료요법을 시행함에 있어서는 반드시 심리치료 또는 인지·행동 치료 등을 병행하여야 한다. ② 제 1 항의 심리치료 또는 인지·행동 치료 프로그램에 관하여 필요한 사항은 대통령령으로 정한다. — 현행 성폭력범죄자의 성충동 약물치료에 관한 법률 제 1 조(목적) — "이 법은 16세 미만의 사람에 대하여 성폭력범죄를 저지른 성도착증 환자로서 성폭력범죄를 다시 범할 위험성이 있다고 인정되는 사람에 대하여 성충동 약물치료를 실시하여 성폭력범죄의 재범을 방지하고 사회복귀를 촉진하는 것을 목적으로 한다." — 는 오히려 이런 관점을 반영하지 못했다는 점을 문제점으로 지적하고 싶다.[41)]

41) 참고로 현행법 제10조 (준수사항) 제 1 항 제 3 호, "보호관찰관의 지시에 따라 인지행동치료 등 심리치료 프로그램을 성실히 이수할 것"과 제14조(치료명령의 집행) 제 1 항, "치료명령은 의료법에 따른 의사의 진단과 처방에 의한 약물치료, 정신보건법에 따른 정신보건전문요원 등 전문가에 의한 인지행동치료 등 심리치료 프로그램의 실시 등의 방법으로 집행한다"는 규정은 필자가 주장하는 "인지행동요법 등에 의한 치료프로그램 병행실시"와는 다른 것으로 이러한 병행실시를 규정한 원 법안의 내용이 낫지 않았나 싶다.

[참고문헌]

박상기, 형사정책, 제 3 판(형사정책연구원, 2009).

전광석, 한국헌법론, 제 7 판(2011).

정종섭, 헌법과 기본권(박영사, 2010).

허 영, 한국헌법론(박영사, 2010).

김희균, 상습적 아동 성폭력범에 대한 성충동약물치료처분 도입 가능성에 대한 연구(2009).

박상열, 성범죄자처우의 새로운 동향과 그 과제 - 의학적 처우를 중심으로, 형사법의 신동향, 제24호(2010).

법무부, "「상습적 아동 성폭력범의 예방 및 치료에 관한 법률안」검토 의견," 임인규(편), 상습적 아동성폭력범의 예방 및 치료에 관한 법률안 검토 보고(국회법제사법위원회, 2008).

조은경, "아동 대상 성범죄자의 재범 억제를 위한 화학적 거세 법안 제정에 대한 소고," 상습적 아동 성폭력범의 예방 및 치료에 관한 법률안에 대한 공청회(국회법제사법위원회, 2009).

황성기, 상습적 성범죄 예방수단으로서의 성충동약물치료처분에 관한 헌법적 고찰, 공법학 연구 제 9 권 제 3 호.

Marqus P. Richson, Sex, Drugs, And...Race－To－Castrate: A Black Box Warning of Chemical Castration's Potential Side Effects, 25 Harv. Blackletter L.J. 95 (2009).

Matthew V. Daley, A Flawed Solution to the Sex Offender Situation in the United States: The Legality of Chemical Castration for Sex Offenders, 5 IND. HEALTH. L. REV. 87 (2008).

Philip J. Henderson, Section 645 of the California Penal Code: California's "Chemical Castration" Law - A Panacea or Cruel and Unusal Punishment?, 32 U.S.F. L. Rev. 653, 654 (1998).

Stacy Russell, Castration of Repeat Sexual Offenders: An International

Comparative Analysis, 19 Houston Journal of International Law 425 (1997).

[판 례]

헌재 1989. 7. 14. 88헌가5 등 병합(사회보호법 제 5 조의 위헌심판).

헌재 1997. 11. 27. 92헌바28(보안관찰법 제 2 조 등 위헌소원).

헌재 2003. 6. 26. 2001헌가17(보안관찰법 제27조 제 2 항 위헌심판).

헌재 2003. 6. 26. 2002헌가14(청소년성보호법 제20제 조 제 2 항 위헌심판).

State v. Estes, 821 P.2d 1008 (1991).

[국문요약]

성폭력범죄자에 대한 성충동 약물치료처분의 헌법적 재조명

『성폭력범죄자의 성충동 약물치료에 관한 법률』은 형벌이나 보안처분의 일종으로 규정되지도 않으면서 그 효과나 부작용에 대해 전혀 아는 바 없는 "성충동약물치료처분"처분의 시행을 내용으로 하고 있다. 여러 나라에서 아동 성범죄자에 대한 강력한 대응이 사회적으로 요청되었기 때문에 이러한 흐름에 따라 우리도 미국의 성충동약물치료처분제도를 답습한 것이라고 보여 진다. 성충동약물치료처분제도를 도입한 미국의 경우 연방 헌법상의 여러 관점 — 수정 제 8 조, 수정 제14조, 수정 제 5 조 등 — 에서 비롯된 비판이 일고 있다. 따라서 성충동약물치료처분제도의 모태가 된 각국의 입법례를 살펴보고 나아가 헌법적 관점에서 문제될 부분을 검토하고자 한다. 특히 성충동억제약물투여를 통한 성폭력재범방지효과에 대한 데이터나 그 부작용에 관한 시계열적 데이터의 축적이 충분이 이루어지지 않은 상태에서 이러한 약물치료가 장기간에 걸쳐서 실시된 경우 그 영향을 확정할 수 없기 때문에 성충동약물치료처분방법으로 재범방지의 효과를 제고하려는 것은 일종의 위험한 도박이라고 할 수 있다. 이러한 관점에서 2011년 7월 24일 실시되는 동법은 다음과 같은 문제점이 있어 이를 지적해두고자 한다. 첫째는 당자자의 동의를 요건으로 하였던 원래 법안의 내용을 동의 없는 절차로 바꾼 것은 바람직한 방향이 아니다. 당사자의 동의가 없는 성충동약물치료처분은 보안처분으로서 헌법상의 비례원칙에 부합하지 않으면 나아가 성폭력범죄자의 자기결정권, 신체의 자유 등을 침해할 수 있다. 둘째, 원안에 있었던 성충동약물치료처분과 심리치료의 병행부과제도를 단순히 약물투여만에 의한 치료처분방식과 보호관찰관의 명령에 의한 심리치료이수제도로 대체한 것도 제고해볼 여지가 있다. 정신심리학적 치료를 포함한 재발방지프로그램을 실시하여 그 결과에 대해 냉정하고 충분한 검토가 이루어진 다음, 성충동약물치료처분을 집행하는 것이 아동의 성보호와 성폭력범죄자의 인권이라는 법익의 충돌을 규범조화적으로 해결할 수 있는 방법으로서 헌법상 최후수단의 억제원칙(보충성)에 부합한다고 본다.

[핵 심 어]

성폭력범죄자, 성충동 약물치료처분, 성폭력범죄자의 성충동 약물치료에 관한 법률, 헌법상 비례원칙, 최후수단의 억제원칙

[Abstract]

A Constitutional Revisit on Sexual Compulsivity Chemical Treatment for Sex Offenders

Sang Kyung Lee(Professor (J.S.D., J.D.), Kwangwoon University College of Law)

The Sexual Compulsivity Chemical Treatment for Sex Offenders Law provides chemical treatment for sex offenders, which is neither criminal penalties nor security measures according to the current law. The im-portation of such chemical treatment to Korea reflects that there has been increasing needs to step up social and legal measures against sex offender in oder for sexual protection of minors in many countries. However, even in the United States enacting such laws, there are a lot of criticisms against the chemical treatment in terms of the constitutionality of it, as being repugnant to the 8th Amendment, the 14th Amendment, and the 5th Amendment. Hence, the article will focus on the comparative study on the legislation of the chemical treatment and the consitutional issues risen under those laws. Especially, without the data of the effect of chemical treatment against the repetition of a sexual offense and the ac-cumulation of the time series side effects data of the chemical treatment, it seems to be a risky experiment to apply the treatment to the sex of-fenders for a long period. In this regard, this article will point out two problems of the Korean Sexual Compulsivity Chemical Treatment for Sex Offenders Law, which will be in effect from July 24, 2011. Firstly, even though there was a consent requirement in the original bill, the current law has been changed, not requiring the consent from the party to be chemi-cally treated. The chemical treatment without consent will infringe the par-ty's constitutional principles and rights, such as the principle of proportion-ality, right to make decisions, the personal freedom not to be infringed on the body, and so forth. Secondly, it is problematic that the original bill's idea that the chemical treatment shall be imposed on the party with im-position of the parallel program of psychological treatment has been substituted only by chemical treatment and collateral psychological pro-gram with observation of parol officers. For it is important that after having enough research conducted on the results of executing the anti-repetition program of a sexual offense first, then chemical treatment should be fol-lowed in order to balance of the public interest of protecting minors and the sexual offenders' basic rights, which would give the chemical treat-ment more constitutionality in terms of the principle of subsidiarity.

[Keywords]
sex offender, Sexual Compulsivity Chemical Treatment, The Sexual Compulsivity Chemical Treatment for Sex Offenders Law, the principle of proportionality, the principle of subsidiarity

공인중개사의 실거래가신고의무제도의 문제점

이승우* · 신희동**

Ⅰ. 문제제기

2008년 말에 발생한 세계적인 금융위기는 우리나라에도 크나큰 영향을 미쳤다. 그리고 그 금융위기의 원인은 부동산에 대한 과도한 대출에서 비롯된 모기지제도와 관련된 것으로 보도되었다. 담보가치의 100%에 해당하는 담보대출을 값싼 이자율로 대출이 이루어진 이후에 부동산가격이 폭락하면서 금융위기가 발생했다는 것이다. 우리나라의 경우 부동산을 담보로 대출하는 여러 기준을 통하여 제한해왔기 때문에 부동산가격의 폭락과 그에 따른 경제위기가 그리 심각하게 나타나

* 경원대학교 법과대학 법학과 교수
** 경원대학교 대학원 법학과 박사과정

지는 않았지만,[1] 만약 미국과 같은 정도로 부동산 담보대출제도가 이루어졌다면 미국보다 심각한 경제위기를 맞았을 것은 말할 필요도 없다. 우리 경제규모에 비추어 부동산 담보대출의 비율이 높은 국가도 드물기 때문이다.[2]

아무튼 우리나라의 경우 경제발전과 더불어 부동산가격은 경제성장률을 훨씬 초과하여 끊임없이 올랐다. 일본의 경우 1990년대 부동산가격의 폭락과 함께 경제위기로 인하여 잃어버린 10년이라는 말이 유행하는 동안에도 우리의 부동산가격은 떨어지질 않았다. 각 정부마다 부동산가격이 경제성장률 이상으로 올라가지 못하게 다양한 정책을 폈으나 효과를 거두지 못했고, 특히 지난 노무현정부는 부동산가격의 상승이 사회양극화의 주범으로 생각하고 부동산가격의 안정을 위하여 7차례의 부동산대책을 법률로 제정하여 추진했으나,[3] 대부분의 부동산 전문가들은 사실상 실패한 것으로 평가하고 있다. 가장 근본적인 이유는 우리 국민들이 가지고 있는 부동산에 대한 애착을 바탕으로 하는 부동산시장의 흐름을 제대로 이해하지 못한 때문으로 평가할 수 있지만, 공급확대를 통한 가수요를 잠재워야 한다는 평범한 진리를 실천하

1) 부동산 담보제도에 대한 규정방법으로는 L.T.V.(Loan to Value Ratio: 담보대출인정비율)제도와 D.T.I.(Loan to Income Ratio: 총부채상환대출비율)제도를 운영하고 있다. 전자는 금융기관이 제공하는 주택담보대출금액과 고객으로부터 취득하는 담보물건과의 가격비율이며, 대개 담보물건가격의 60% 이내에서 대출을 허용하는 것을 의미한다. 후자는 차입자가 은행에 매년 지급하는 대출원리금상환액과 차입자의 연간소득과의 비율이며, 그 비율이 40%를 넘지 않도록 하고 있다.

2) 2009년말 현재 주택담보대출 현황이 발표되었는데, 전년대비 43조 4000억원이 증가된 351조 2000억원에 달하고 있다. 그 가운데서 은행권대출이 265조 1000억원이고 비은행권대출이 86조 1000억원이다. 만약 부동산가격이 폭락하거나 이자율이 올라갈 경우 시한폭탄으로 작용할 것으로 전문가들은 판단하고 있다. 조선일보, 2010. 1. 7.

3) 첫째, 2003. 5. 23. 주택가격안정대책, 둘째, 2003. 9. 5. 재건축시장안정대책, 셋째, 2003. 10. 29. 주택시장안정 종합대책, 넷째, 2005. 5. 4. 부동산제도의 선진화와 투기수요억제대책, 다섯째, 2005. 8. 31. 부동산제도개혁방안, 여섯째, 2006. 3. 30. 서민주거복지증진과 주택시장합리화방안, 일곱째, 2006. 11. 15. 부동산시장 관련 조세정책 등이 그것이다.

지 못한 것 때문이라고 할 수 있다. 특히 노무현정부가 강조한 국토의 균형 있는 발전을 위한 신행정수도의 건설과 주요 공기업의 지역분산 정책 등은 그 취지는 정당성을 인정받을 수 있을지라도, 그것은 잠자고 있던 지방의 부동산가격을 상승시키는 것으로 그치지 않고 풍선효과와 함께 전국의 부동산가격을 급등시키는 결과를 가져왔다. 그 결과 부동산소유자가 받는 경제적 이익을 불로소득으로 간주하고 그 이익을 세금으로 환수하려고 하는 등의 부동산조세정책은 부동산시장의 왜곡을 넘어 재산세 때문에 소위 세금폭탄을 맞게 되어 일반국민의 분노를 자아내게 하였다.

아무튼 여기서 논의하려고 하는 공인중개사의 실거래가신고의무제도의 경우도 노무현정부의 부동산정책의 하나로 도입된 「공인중개사의 업무 및 부동산 거래신고에 관한 법률」(2005. 7. 29. 법률 제7638호 전부개정)의 내용과 관련된 것이며, 지금까지 수십년간 지속된 부동산거래시의 '이중계약'이라는 잘못된 관행을 바로잡아 부동산시장에서의 거래의 투명성을 확보함은 물론이고 부동산거래에 따른 '공정과세'의 기반을 마련하기 위해서 도입된 것과 관련된다. 즉, 이 제도가 도입되기 전에는 공인중개사에 의하여 작성된 실거래가액을 전제로 한 계약서는 매매계약을 체결한 당사자에게만 효력이 인정되게 하고, 매매당사자들은 취득세와 등록세를 줄이기 위하여 별도의 다운계약서를 작성하여 부동산등기이전에 필요한 '검인신청'을 하고 등기하는 절차를 거쳤고, 그 다운계약서에 근거한 취득세와 등록세를 납부하는 것으로 했다.[4] 이러한 관행은 실거래가격을 알 수 없게 함으로써 부동산시장의 가격흐름을 파악하여 통계자료를 작성하고 정책을 입안하는 데 어려움을 주었을

4) 관계기관에 제출하는 다운계약서는 당시의 과세기준이 되는 기준시가를 상회하는 한 문제되지 않았다. 다만 실거래가격제도를 도입하는 경우 세율을 낮추지 않는 한 급격한 취득세와 등록세의 증가를 가져오기 때문에 그에 대한 대비책이 동시에 강구되었어야 한다. 이와 관련하여 취득세와 등록세를 낮춘 것은 2006년 1월 1일부터이다. 즉 개인간의 주택거래에 대하여 취득세는 2%에서 1.5%로, 등록세는 1.5%에서 1%로 인하하였다.

뿐만 아니라 '공정과세'와 '과세형평'이 이루어지는 것을 방해하는 결과를 가져왔다. 따라서 부동산의 거래당사자는 물론이고 공인중개사로 하여금 실거래가신고의무를 지도록 하여 부동산시장에서의 거래의 투명성을 확보함은 물론이고 부동산거래에 따른 '공정과세'의 기반을 마련할 수 있게 한 것이다.

다만 부동산에 대한 실거래가신고의무제도는 도입목적에 있어서 긍정적인 측면이 있는 반면에, 공인중개사의 입장에서는 새로운 의무를 부담하게 되면서 공인중개사제도와 관련된 면허제도의 시각에서 문제점이 제기되었다. 그리하여 「공인중개사의 업무 및 부동산 거래신고에 관한 법률」(이하 공인중개사법으로 약칭함) 제27조 제 2 항을 위반하여 제51조 제 3 항에 따라 과태료를 부과받은 공인중개사가 위 법률조항의 위헌을 주장하기에 이르렀다.[5] 즉 공인중개사의 직업의 자유를 과잉금지원칙에 위반하여 침해하였다는 점과, 변호사나 법무사와 달리 유사한 다른 전문직 종사자는 부담하지 않는 신고의무를 부담하고 있다는 취지에서 평등원칙의 침해라는 것, 그리고 공인중개사는 거래행위의 당사자가 아닌 제 3 자이므로 중개업자에게 신고의무를 부과하고 위반 시 과태료를 부과하는 것은 자기책임의 원칙에 위배된다고 하는 등의 위헌주장을 하였다.

헌법재판소는 전원일치의 합헌결정을 하였으나, 공인중개사제도의 본질 및 공인중개사의 법적 지위 등에 비추어 문제점은 없는지 살펴볼 필요가 제기되었다. 그리하여 다음에서는 부동산중개업무의 중요성과 독자성을 살펴보고(II), 공인중개사의 제도도입의 목적과 연혁 및 법적 지위를 고찰한 다음(III), 공인중개사의 실거래가신고의무제도의 구체적 내용과 문제점을 살펴보기로 한다(IV). 그리고 결론으로서 부동산실명제와 부동산실거래가제도가 정착되기 위하여 요구되는 정책적 요소로 어떤 것이 있는가를 제안하려고 한다(V).

5) 헌재결 2009. 3. 26, 2008헌바63, 2007헌마988, 2008헌마225(병합).

Ⅱ. 부동산중개업무의 중요성과 독자성

1. 부동산중개업무의 중요성

(1) 부동산의 개념과 부동산중개업무의 중요성

부동산이란 민법 제99조 제1항의 규정처럼 '토지 및 그 정착물'을 말하며, 전통적으로 토지와 토지의 정착물 가운데서 가장 대표적인 주택을 비롯한 건축물이 부동산에 속한다.6) 그런데 이 부동산은 인간의 가장 기본적인 생존조건인 의식주의 토대라는 것을 알 수 있다. 부동산은 인간이 먹고 마시는 식물의 산출근거이고 입는 의복의 생산지이며, 인간이 정주하고 거주하는 주택의 토대이다. 따라서 부동산은 인간의 가장 중요한 삶의 토대라는 점과 가장 중요한 소유권의 대상이라는 본질과 기능이 있다.

부동산이 인간의 가장 중요한 삶의 토대인 까닭에 부동산은 자산가치가 크고 가장 중요한 소유권의 대상이다. 부동산이 산출하는 생산물이 곧 자산이기 때문에 부동산의 소유는 곧 부의 원천이다. 2000년대 후반에 들어서서도 우리나라 국민들이 보유하고 있는 자산 중 부동산이 차지하는 비중이 약 80%에 달한다고 하는 것은 그것을 증명한다.7) 부동산의 소유 여부가 빈부를 구분하는 중요한 척도가 되고 있다는 것이다. 또한 부동산은 고가이기 때문에 거래에 있어서 신중을 기하지 않으면 안 된다. 잘못된 부동산의 거래는 회복할 수 없는 손해를 가져와 개인을 파산에 이르게도 하고, 기업의 경우도 존립을 위태롭게 할

6) 부동산의 개념을 광의로 이해하는 경우 광업권과 어업권 및 입목 등 토지를 토대로 한 재산가치 있는 권리와 전통적으로 동산에 속하는 것임에도 등록제도가 시행됨으로 인하여 부동산과 같이 거래되는 선박·항공기·차륜 등을 포함시키기도 한다. 이원준, 주동산경영관리론, 법론사, 1992, 29면.

7) 통계청, 가계자산조사, 2006.

수 있는 상황에 이르게 한다. 그리하여 국가마다 그 소유관계를 분명히 하고 거래의 투명성을 유지하는 것은 대단히 중요하기 때문에 누구나 그 소유관계를 알아볼 수 있도록 공시제도를 채택하고 있으며, 우리나라는 등기제도를 공시제도로 채택하고 있다. 따라서 소유권을 이전하는 것과 같은 소유관계의 변동이 있으려면 매매계약과 함께 등기변경이 이루어져야 한다.

아무튼 부동산은 인간생존의 가장 중요한 토대이기 때문에 오래전부터 거래의 대상이 되었다. 물론 과거 원시시대에는 정복의 대상이었지만, 인간이 정착생활을 시작한 이후에는 여러 이유로 상품거래와 마찬가지로 부동산거래가 이루어지기 시작했다. 다만 부동산은 인간의 생존의 수단이요 토대로서 가장 중요한 거래의 대상이었기 때문에 거래 당사자들에 의하여 직접적으로 거래되기보다는 공신력 있는 제3자의 중개를 통하여 거래되기 시작했다. 그것은 다른 상품의 교환 내지 거래대상과 달리 부동산은 자주 거래되지 않고 또한 상품가치가 수시로 변화하는 것이어서 정당한 거래가격을 알 수 없는 것이었기 때문에 공신력 있는 제3자의 중개가 필요한 것이었다. 부동산중개업무의 중요성이 그대로 부동산 거래시장에 반영된 것이다.

(2) 부동산과 경제활동의 관계에 따른 부동산중개업무의 중요성

부동산은 인간의 삶의 토대일 뿐만 아니라 경제활동의 토대이다. 토지 자체가 농산물을 산출할 뿐만 아니라 모든 공장물의 토대가 되어 경제활동의 기반이 된다는 것이다. 기업이 공장을 지어 공산품을 생산하기 위해서도 토지부동산에 대한 투자로부터 시작되기 때문에 여러 입지조건에 맞는 토지를 구하는 것이 중요하다. 무조건 값싼 토지가 문제인 것이 아니라 공장을 운영하는 데 필요한 여러 입지조건이 갖추어져야 하며, 또한 같은 입지조건이라면 값싼 토지가 경쟁력이 있을 수밖에 없다. 따라서 경제발전에 따른 모든 경제활동을 위해서는 부동산중개를 통하여 시작되는 것을 알 수 있고, 그 경제활동의 내용은 부동산에 대한 투자대비 이윤을 고려한 부동산중개업무의 중요성을 토대로 이루어지지 않을 수 없다. 즉 부동산중개업무는 부동산소비자에게 부동산정보를 제공하고, 표준화가 불가한 부동산가격산정에 참여하여, 소비자의 의사결정에 조력하는 중요한 역할을 하게 된다.8) 이것은 곧 부동산중개업무가 모든 경제활동에 직접적 영향을 미치는 중요한 요소임을 알 수 있게 하는 부분이다.

한편 부동산중개업무는 국가재정의 수입과도 밀접한 영향관계에 있다. 부동산중개업무와 관련하여 산정된 부동산거래가격을 토대로 취득세와 등록세를 부과하게 되며, 부동산양도인에게 양도차익이 발생한 경우 일정한 양도차익에 대하여 양도세를 거두게 하기 때문이다. 또한 상속세 또는 증여세의 경우 부동산의 가치를 토대로 부과되는데, 그 가치가 실거거래가격을 토대로 해야 하지만 유동적인 거래가격 때문에 기준시가 내지 공시지가 등을 만들어 놓고 부과할 수밖에 없는 점 등을 고려할 때 부동산중개업무의 투명성이 무엇보다도 요구된다. 따라서 부동산중개업무는 국민의 경제활동은 물론이고 국가재정에 미치는 영향이 매우 큰 점에서도 그 중요성이 있다고 할 수 있다.

2. 부동산중개업무의 독자성

부동산중개업무의 독자성을 논의하기 위해서는 '공인중개사법'이 규정하고 있는 '중개'의 개념으로부터 출발해야 한다. 동법 제2조 제1호에 따르면 "중개라 함은 제3조의 규정에 의한 중개대상물에 대하여 거래당사자간의 매매·교환·임대차 그 밖의 권리의 득실·변경에 관한 행위를 알선하는 것을 말한다"고 하였고, 따라서 부동산중개업무의 독

---

8) 이동진, "부동산중개업자의 직무만족에 관한 연구," 단국대 박사학위논문, 2006, 54면 이하.

자성을 논의하려면 이 '중개'의 개념을 토대로 '중개행위'를 살펴보아야 한다.[9] 다만 중개행위의 개념과 범위에 대하여 동법 제16조 제 2 항, 제25조 제 1 항, 제30조 제 1 항 등 여러 규정에서는 중개행위와 관련되면서도 명시적인 설명이 없는 점을 고려하여야 하며, 수차례의 법률개정이 이루어지는 과정에서 중개행위의 범위에 있어서 변화가 있었던 것을 고려하여 중개의 개념과 범위를 유연하게 해석할 필요가 있다.[10] 아무튼 부동산중개업무의 독자성에 관하여 다음과 같은 2가지 방향에서 논의할 수 있다. 첫째는 부동산중개계약의 성질과 관련된 논의이고, 다른 하나는 다른 전문자격사와의 관계에서 독자성이 인정되고 있는가의 논의이다.

(1) 부동산중개계약의 성질에 따른 독자성

먼저 공인중개사와 중개의뢰인 사이에 체결되는 "부동산중개계약이란 공인중개사와 중개의뢰인 사이에 부동산중개업무의 처리를 위임받은 공인중개사가 위임받은 중개업무를 수행하여 완성시키면 그 대가로 보수를 지급하기로 합의한 계약"이라고 한다. 즉 중개의뢰인이 동법 제 3 조의 규정에 의한 중개대상물에 관하여 매매 · 교환 · 임대차 그 밖의 권리의 득실변경에 관한 행위를 공인중개사에게 알선 · 중개하도록 의뢰하고, 그 중개행위의 완성과 함께 공인중개사에게 보수를 지급할 것을 약정하는 행위를 부동산중개계약이라고 할 수 있다.[11] 따라서 이

9) 중개는 소송 대체적 분쟁해결제도로 활용되고 있는 변호사법상의 중재(Arbitration), 조정(Mediation), 화해(Reconciliation) 등과 다르고, 대리 · 위임 · 협상 등과도 다른 것으로서 부동산거래계약을 성립시키기 위하여 노력하는 사실행위이다. 황영두, 부동산중개계약의 계약책임에 관한 연구, 박사학위논문, 창원대학교 대학원, 2006, 100면.

10) 대판 2007. 4. 12, 2005다40853. 김대명 · 이대운, "공인중개사법상 부동산중개계약에 관한 연구," 법학연구 제34집(한국법학회, 2009), 415면.

11) 황영두, 부동산중개계약의 계약책임에 관한 연구, 박사학위논문, 창원대학교 대학원, 2006, 3면; 김상명, "부동산중개계약에 관한 연구(1)," 법학연구 제25집(한국법학회, 2007), 147면; 김대명 · 이대운, "공인중개사법상 부동산중개계약에 관

러한 부동산중개계약이 다른 계약이론에 비추어 독자성을 가지는가의 문제가 논의의 대상이 된다.

현재 중개업무와 관련하여 크게 상사중개와 민사중개로 나누어지고 있으며, 부동산중개는 현행 상법 제6장 제93조의 적용대상이 아닌 점에서 민사중개에 해당하는 것으로 본다.[12] 그런데 민사중개에는 부동산중개 외에도 '혼인알선'과 '직업소개'가 포함되는 것으로 보지만, 우리 민법은 민사중개계약에 관한 일반규정을 두고 있지 않는 관계로 공인중개사법을 제외하고는 흠결이 있는 경우에 민법 제750조의 불법행위에 관한 판례나 학설에 의존할 수밖에 없다.[13] 그리고 부동산중개계약에 대하여 그것이 정상적으로 이루어지는 한 유상계약과 쌍무계약의 요건을 갖추게 되는 점에서 편무계약에 가까운 특수한 쌍무계약이며, '조건부쌍무계약'이라는 판례도 있고,[14] 부동산중개계약은 부동산중개계약체결이라는 부동산중개의 완성을 결과로 하여 보수를 지급하는 측면에서 민법상의 도급계약과 유사하다고 보아 '도급적 위임계약'으로 보는 판례도 있으며,[15] '위임계약'이라고 보는 판례도 있다.[16]

그러나 부동산중개계약은 중개계약을 하였다 하더라도 공인중개사는 매매·임대차 등의 거래를 성립시킬 적극적 의무를 가지고 있지 않음은 물론이고 중개할 권한과 자격은 부여되지만 채무로서 중개를 하여야 한다는 의무는 생기지 않음으로, 즉 중개의뢰인의 상대방을 구하기 위하여 적극적으로 노력할 의무가 없다는 점에서 통상의 위임·도급 등의 민법상의 전형계약과는 다르다는 것을 알 수 있다.[17] 그리하여

한 연구," 415면.

12) 김상명, "부동산중개계약에 관한 연구(1)," 147면; 김대명·이대운, "공인중개사법상 부동산중개계약에 관한 연구," 415면.

13) 민법 제750조의 불법행위를 전제하지 않지만 동일한 취지로는 김대명·이대운, "공인중개사법상 부동산중개계약에 관한 연구," 421면.

14) 서울고법 1994. 12. 15, 94구12069.

15) 서울지법 1984. 4. 25, 83나2098.

16) 대판 2002. 2. 5, 2001다71484.

17) 김상명, "부동산중개계약에 관한 연구(1)," 161면; 김대명·이대운, "공인중개사

민법개정시안(2002년 11월 24일)에 따르면 여행계약(시안 제674조의 2)과 중개계약(시안 제692조의 2)을 민법의 전형계약으로 포함시키면서도, 중개계약에 관한 규정을 다른 전형계약에 관한 규정과 구별하여 독자적인 계약유형으로 명시하고 있으며, 다만 중개계약에 관한 상세한 규정을 두지 않은 부분에 대하여 위임계약의 내용을 준용하도록 하고 있다. 이에 대하여 규정형식을 볼 때 중개계약의 독자성을 인정하는 모습처럼 보이지만, 실질적인 내용은 위임계약의 일종으로 규정한 것이라고 보면서 중개계약의 독자성을 인정할 수 없다는 주장도 있지만,[18] 이미 부동산중개계약의 특수성 때문에 위임 또는 도급계약으로 설명할 수 없는 것을 전제로 중개계약 자체가 도입되고 있는 점과 그것이 독자적 계약유형으로 도입되는 이상 그 독자성을 부인할 수 없지 않는가의 의문이 제기된다.

(2) 다른 전문자격사와의 관계에서의 독자성

부동산중개업무가 공인중개사에게 독점적으로 부여된 것이 타당하다면 그것은 부동산중개업무의 독자성을 근거로 하는 것이라고 본다. 특히 공인중개사의 업무영역이 유사한 영역에 속하면서도 가장 포괄적인 전문자격사인 변호사의 업무영역에 완전히 포섭되는 것이 아니라면, 그것은 독자성이 인정되는 것이라고 할 수 있다. 따라서 여기서는 변호사의 업무영역과의 관계를 통하여 부동산중개업무의 독자성을 살펴보기로 한다.

1) 변호사 · 변리사 · 법무사 · 세무사와 부동산중개업무의 직무관계

변호사는 가장 포괄적인 전문자격사에 해당한다. 변호사법 제3조는 변호사의 직무범위에 대하여 "당사자 기타 관계인의 위임 또는 국

법상 부동산중개계약에 관한 연구," 427면.

18) 황영두, 부동산중개계약의 계약책임에 관한 연구, 247면; 김대명 · 이대운, "공인중개사법상 부동산중개계약에 관한 연구," 428면.

가·지방자치단체 기타 공공기관의 위촉 등에 의하여 소송에 관한 행위 및 행정처분의 청구에 관한 대리행위와 일반 법률사무를 행함을 그 직무로 한다"고 하였다. 즉 변호사는 '소송에 관한 행위'와 '행정처분의 청구에 관한 대리행위' 및 '일반 법률사무'를 직무내용으로 하고, 그 가운데서도 3번째의 '일반 법률사무'라는 개념은 매우 포괄적이기 때문에 법률사무와 관련되는 한 변호사의 직무범위에서 제외되는 영역이 없을 정도라는 것을 알 수 있다. 위와 같은 직무범위의 포괄성 때문에 변호사는 변리사법 제3조 및 세무사법 제 3 조 등에서 볼 수 있듯이 등록절차만 거치면 변리사 및 세무사로 활동할 수 있는 점에서 가장 포괄적인 직무범위를 가진 전문자격사라고 하는 것이다. 그리고 변호사의 일반 법률사무 가운데서 법무사법 제2조는 서류작성과 등기업무 및 작성된 서류의 제출대행 등을 모아 법무사의 업무영역으로 하면서 변호사의 관여를 배제시키고 있을 뿐이다.

결국 변호사의 직무범위가 매우 포괄적이기 때문에 부동산중개업무도 변호사의 직무영역에 포함되는지가 문제로 된다. 부동산중개업무 자체가 부동산 매매계약 등과 관련된 점에서 법률사무가 아니라고 할 수 없는 점에서 그러한 문제가 제기된다. 부동산의 매매는 물론이고 중개행위 자체가 법률행위와 유사하기 때문에 이것을 직무로 하는 공인중개사의 직무가 법률사무가 아니라고 단정할 수 없는 점에서 그러하다. 따라서 부동산중개업무도 법률사무이기는 하지만 일반 법률사무에 비추어 독자성이 인정되지 않는다면 당연히 변호사의 직무영역으로 포섭되어야 한다는 결론에 도달하는 것이다.

2) 부동산중개업무의 독자성에 대한 판례

대법원은 부동산중개사무소개설등록신청반려처분취소사건에서 변호사법 제 3 조의 '일반 법률사무'에 '중개행위'는 포함되지 않는다고 판시했다.[19] 그 이유로 "부동산중개업의 대상이 되는 중개행위는 중개대

19) 대판 2006. 5. 11, 2003두14888.

상물에 대하여 거래당사자간의 매매·교환·임대차 기타 권리의 득실·변경에 관한 행위를 알선하는 것이라고 규정하고 있어, 중개행위는 당사자 사이에 매매 등 법률행위가 용이하게 성립할 수 있도록 조력하고 주선하는 사실행위라 할 것이다. 따라서 변호사법 제3조에서 규정한 법률사무는 거래당사자의 행위를 사실상 보조하는 업무를 수행하는데 그치는 소정의 중개행위와는 구별되는 것이고, 일반의 법률사무에 중개행위가 당연히 포함되는 것이라고 할 수 없다"고 대법원은 판단하였다. 중개대상물의 거래에 개입하여 거래계약 당사자 양측 사이에서 계약을 성사시키기 위한 '알선행위'로서의 '사실행위'라는 것이 '중개행위'에 대한 대법원의 판결취지이다.[20] 따라서 부동산중개업무의 독자성이 인정되는 한 변호사는 당연히 부동산중개업무를 그 직무내용으로 할 수 없음을 알 수 있고, 공인중개사만이 부동산중개업무를 할 수 있다고 할 수 있다.

그리고 위에서 살펴본 중개행위의 성격에 관한 것을 제외하더라도 부동산중개업무의 독자성은 인정될 수 있다. 부동산중개는 매수자의 매수용도를 전제로 살펴볼 때, 거래대상이 되고 있는 부동산의 용도에 따른 적격성과 활용가치의 측면, 부동산에 대한 담보물권의 설정 등과 관련된 채권·물권관계는 물론이고 「국토의 계획 및 이용에 관한 법률」·「건축법」 등과 같은 부동산공법에 이르기까지의 법률적 측면, 그리고 부동산시장의 추이와 경기상황 및 개발이익 등을 고려한 경제현황의 측면 등에 대한 전문적 지식을 토대로 이루어져야 하기 때문이다.[21] 변호사의 경우 위에서 살펴본 법률적 측면에 대해서는 전문성을 인정받을 수 있지만, 나머지 2가지의 측면에 대해서는 전문성을 가지고 있다고 할 수 없기 때문이다. 따라서 부동산중개업

20) 이 알선행위로서의 사실행위성 때문에 변호사가 부동산중개를 하는 경우, 대법원은 비밀유지의무, 이익충돌회피의무 등 변호사의 신분상·직무상의 의무를 규정한 변호사법의 입법취지와 상충될 여지가 있다고 하였다.

21) 이원준, 부동산경영관리론, 400면.

무의 독자성이 인정된다면 그에 적합한 공인중개사와 같은 전문자격사가 필요함은 말할 필요도 없다.

Ⅲ. 공인중개사의 제도도입의 목적과 연혁 및 법적 지위

1. 제도도입의 목적

부동산은 매우 고가일 뿐만 아니라 규격화가 될 수 없는 거래대상 상품이다. 먼저 부동산은 작은 경우에도 수천만원에 해당하지만 수억 내지 수천억에 이르기까지 그 가격에 있어서 매우 다양한 고액의 거래 대상이다. 또한 부동산이 평균적으로 자산의 80%를 차지한다고 보는 개인의 경우는 물론이고 부동산을 토대로 투자가 이루어지는 기업의 경우도 부동산거래는 개인과 기업의 명운을 좌우하는 중요한 것이다. 만약 부동산거래와 관련하여 사기 등의 부동산거래사고를 당하는 경우 개인은 물론이고 기업의 경우도 헤어나오기 어려운 곤경에 처하게 된다. 뿐만 아니라 부동산은 그 특성상 규격화가 불가하기 때문에 일정한 시장가격이 형성될 수 없고, 지리적·공간적 형상에 따라 부동산가격이 천차만별로 달라지며, 매도자와 매수자의 주관적 판단에 따라 가치가 달라질 수 있는 것임을 알 수 있다. 그것은 곧 부동산시장이 합리적으로 제도화되지 않으면 불법이 판칠 수 있는 요소가 많다는 것을 의미한다. 따라서 이렇게 부동산가격이 불완전할 수밖에 없나는 것을 고려하면서, 불법한 부동산거래로 인한 부동산사고를 미연에 방지하기 위하여 부동산시장의 안정화와 합리화를 요구하게 되었음을 알 수 있다. 즉 부동산시장은 매도자와 매수자를 매개하면서 부동산중개를 전문으로 하는 공인중개사를 요구하게 된 것이다. 특히 부동산중개는 거래대상이 되고 있는 부동산의 용도에 따른 적격성과 활용가치의 측면, 부동산에 대한 담보물권의 설정 등과 관련된 법률적 측면, 그리고 부동산시장의 추이와 관련된 경제현황의 측면 등에 대한 전문적 지식을 토대로 이루어져야 하기 때문에 그에 대한 전문자격사를 요구하게 된 것이다.

2. 제도도입의 연혁

부동산중개업에 대하여 현대의 시각에서 요구하고 있는 것처럼, 의뢰인이 원하는 적정한 규모와 가격 및 적당한 위치의 부동산을 찾아 제시하는 것이고, 그 부동산에 가해지고 있는 공·사법상의 규제와 하자사항 등을 찾아 제시하며, 투자환경과 부동산경기변동에 따른 가격의 추이 및 매매사례 등을 비교하여 예상되는 평가액을 제시하는 등 부동산거래에 필요한 제반지식을 겸비한 전문가의 참여가 불가결한 직무영역이라고 할 때,[22] 우리나라의 부동산중개업은 산업화와 도시화가 시작된 1960년대 초에 시작되었다고 할 수 있다.[23] 1961년 정부는 「소개영업법」을 제정하여 영업신고만으로 누구든지 소개영업을 할 수 있도록 한 것이 그것이다. 그러나 이 법률은 부동산 이외의 민사소개업을 모두 포함한 것이었고, 자격요건이 요구되지 않았으며, 부동산의 경우 요구되는 권리분석이나 물건의 하자유무 등에 대한 조사활동도 미흡했고, 특히 소개업자의 책임에 대하여 강력히 묻지 않았다.[24]

22) 이원준, 부동산경영관리론, 132면.

23) 우리나라의 부동산중개업의 시초는 고려시대의 객주제도에서 비롯된 것이라고 보고 있으며, 타인간의 상품거래에 대하여 흥정을 붙이는 사람을 '居間'이라고 하였고, 조선시대의 각종 거래에는 반드시 거간(주름이라고도 부름)이라는 중개자가 필요했다고 한다. 조선말 거간제도가 너무 활성화되어 거래질서가 문란해지자 1980년 '객주거간규칙'이 제정되었고, 일제에 의하여 폐기되기까지 존속하였다. 또한 조선중기부터 '복이 있는 집과 땅을 소개한다'는 의미의 복덕방이 생겨났는데, 이것은 家居間 내지 집주름이 모여 공동으로 업무를 보던 중개사무소였고, 1910년 일제강점이 시작되는 무렵에 서울에만 100개소가 있었다고 한다. 이에 대한 보다 자세한 내용은 다음 논문을 참조 바람. 이원준, 부동산경영관리론, 169면 이하; 황영두, 부동산중개계약의 계약책임에 관한 연구, 51면 이하.

24) 황영두, 부동산중개계약의 계약책임에 관한 연구, 66면 이하.

따라서 이 소개영업법은 현대적 의미의 부동산중개업의 토대는 되었지만, 전문가를 전제로 한 부동산중개업의 제도화는 이루지 못했다. 다만 기존의 부동산중개를 주로 담당하던 복덕방이 이 법률규정에 흡수되게 되었다.

한편 1960년대 후반부터 경제개발5개년계획의 효과가 나타나기 시작하면서 산업화와 도시화가 본격적으로 시도되고, 그에 따른 산업용지 및 주택용지가 급격히 요구되고 인구이동이 이루어지면서 부동산중개업무의 폭증이 이루어졌으며, 그 결과 부동산중개업무의 폭증은 동시에 무책임한 부동산중개업자의 양산을 낳게 되었다. 특히 부동산전문투기꾼의 등장으로 부동산시장의 왜곡이 심해지면서 규제의 필요성을 절실히 느끼게 되었다. 따라서 전문자격사가 아닌 일반인에 의하여 행해지던 부동산중개업무를 부동산전문가인 공인중개사에게 맡기는 것을 전제로 「부동산중개업법」이 1983년 12월 30일 제정되기에 이르렀다.

결국 부동산중개업법의 제정은 부동산중개업에 대하여 자유업으로 보아 신고주의를 택했던 소개영업법의 내용을 허가주의로 변경한 것에 그치지 않는다. 공인중개사제도를 도입함으로써 부동산중개업의 전문성과 책임성의 중요성을 확인하는 법률이 되었고, 부동산중개업무를 적절히 규율함으로써 부동산중개업자의 공신력을 높이게 되었으며, 공정한 부동산중개 내지 거래질서를 확립하여 국민의 재산권보장에 기여하게 된 것이다. 그러나 부동산중개업에 관한 규제와 조정은 국토개발정책 및 부동산정책에 따라 수시로 가해졌기 때문에 2000년 1월 28일의 개정까지 8차례의 개정이 있었고, 부동산실거래가제도의 도입을 계기로 2005년 7월 29일 현행 법률로 전면개정되어 2006년 1월 1일부터 시행되고 있다.

3. 공인중개사의 법적 지위

앞에서 살펴본 것처럼 부동산중개업의 독자성이 인정되고 또한 부동산중개업의 전문성이 요구된 결과 공인중개사제도가 정착되게 되었음을 알 수 있었다. 따라서 이제 공인중개사의 법적 지위의 관점에서 공인중개사의 면허취득요건과 면허내용 및 공인중개사의 권리와 의무에 대하여 살펴보는 것이 필요하여졌다.

(1) 공인중개사의 면허취득과 면허내용

공인중개사와 같이 직업영역에 있어서 전문적 지식과 기술이 요구되는 분야에 대하여 국가자격사제도가 운용되고 있다. 헌법 제15조가 모든 국민에게 직업선택의 자유가 있다고 규정하고 있지만, 공인중개사제도와 같이 전문적 지식과 기술이 요구되는 분야의 직업영역에 대해서는 법률로 직업선택을 일반적으로 금지시켜 놓고, 일정한 전문적 지식과 기술을 갖춘 자에 한하여 직업선택의 자유를 회복시켜 주는 면허제도를 실시하고 있는 것이 대표적인 예이다.[25] 만약 전문적 지식과 기술이 요구되는 직업영역임에도 불구하고 일정한 자격을 갖추지 않은 사람이 그 직업영역을 선택하고 행사하는 경우 국민의 생명과 재산에 대하여 큰 손해를 끼칠 수 있기 때문이다. 따라서 공인중개사의 경우도 부동산중개업을 전문적으로 취급할 수 있는 능력과 자격을 갖춘 것을 전제로 운영되는 국가자격제도인 것이다.

그런데 공인중개사는 자격기본법에 의하여 인정되는 것이 아니라 개별법상의 국가자격사에 해당하며, 국가자격사 가운데서도 분류기준상 '경영 및 전문관리 분야'에 해당하는 전문자격사에 해당한다. 그리고 이러한 전문자격사는 개별적으로 사무소를 개설하여 운영할 수 있는 고도의 전문성이 요구되는 국가자격사에 해당한다.[26] 즉 공인중개사는

25) 이승우, 직업선택의 자유와 면허제도, 세창출판사, 2002, 39면.
26) 이승우, 직업선택의 자유와 면허제도, 213면.

국가가 실시하는 국가시험에 합격한 후,[27] 정부에서 실시하는 실무교육을 이수한 다음, 시·군·구에 등록하고 사무소를 개설할 수 있다(법 제9조 제1항).[28] 따라서 공인중개사는 부동산중개에 대한 전문성을 갖춘 것을 전제하면서 동법 제1조의 규정과 같이 부동산중개업의 공신력을 제고하고 건전한 부동산거래질서를 확립하여 국민의 재산권을 보호할 책임성이 강조되는 전문자격사라 할 수 있다.

아무튼 공인중개사의 면허내용은 동법 제2조 제1호가 정하고 있는 것처럼 "제3조가 규정하고 있는 중개대상물에 대하여 거래당사자간의 매매·교환·임대차 그 밖의 권리의 득실변경에 관한 행위를 알선하는 것"을 그 내용으로 한다. 즉 제3조가 규정하고 있는 토지, 건축물, 그 밖의 토지의 정착물, 그리고 대통령령이 정하는 재산권 및 물건에 대한 중개이며, 대통령령인 시행령 제2조에 따르면 「입목에 관한 법률」에 따른 입목, 「광업재단저당법」에 따른 광업재단, 「공장저당법」에 따른 공장재단 등도 중개의 대상으로 하고 있다.

(2) 공인중개사의 권리와 의무

1) 공인중개사의 권리

공인중개사는 부동산중개업무를 이행함에 있어서 2가지 권리만을 가진다. 仲介手數料請求權과 資料要求權이 그것이다. 중개수수료청구권(법 제32조)은 공인중개사가 가지는 가장 기본적인 청구권으로서 공인중개사는 중개업무에 관하여 중개의뢰인으로부터 소정의 수수료를 받

27) 부동산학개론, 민법 및 민사특별법 중 부동산중개관련 규정, 공인중개사의 업무 및 부동산거래신고에 관한 법률 및 중개실무, 부동산공시에 관한 법령 및 부동산관련세법, 부동산공법 중 부동산과 관련된 규정 등이 공인중개사의 시험과목이다.

28) 공인중개사 또는 법인이 아닌 자는 누구라도 중개사무소 개설등록을 할 수 없음에도 불구하고(법 제9조 제2항), 농업협동조합법 제12조, 산림조합법 제11조, 산업집적활성화 및 공장설립에 관한 법률 제30조 제5항에 의거하여 농업협동조합, 산림조합, 일반산업단지 관리권자 또는 도시첨단산업단지 관리권자 등은 부동산중개업을 영위할 수 있다.

는 것을 말한다. 대부분의 경우 중개수수료에는 중개의뢰인으로부터 중개대상물의 권리관계 등의 확인 또는 계약금 등의 반환채무이행에 소요되는 실비를 받는 것을 포함하지만, 계약내용에 따라 이를 별도로 청구할 수 있다. 또한 공인중개사는 매도의뢰인과 임대의뢰인에 대하여 중개대상물의 상태에 관한 자료요구권(제25조 제 2 항)을 가지며, 자료요구에 불응하는 경우에는 그 사실을 매수의뢰인과 임차의뢰인 등에게 설명하고 중개대상물확인설명서에 기재하여야 한다.

한편 공인중개사법에서는 명시적인 규정을 두고 있지 않지만, 민법 제688조 제 1 항에 따른 손해배상청구권을 공인중개사는 가진다. 즉 중개계약상 공인중개사가 의뢰인의 위임사무를 처리함에 있어서 과실 없이 손해를 받은 때에는 의뢰인에 대하여 그 손해의 배상을 청구할 수 있다. 예컨대 공인중개사의 중개로 부동산거래 당사자간에 거래계약에 대한 합의가 이루어진 이후에, 일방 당사자가 계약조건을 달리하는 새로운 계약을 요구하며 계약해지를 요구할 경우, 공인중개사는 계약해지로 인하여 중개수수료를 받지 못하게 되더라도 그 동안 들인 시간과 노력에 대한 비용을 부동산거래계약을 해지한 의뢰인에게 청구할 수 있다.[29)]

29) 공인중개사의 중개수수료와 관련된 손해배상청구권의 인정여부에 대하여 판례가 확립되어 있지는 않다. 먼저 손해배상청구권이 인정되지 않은 다음의 2개의 대법원판결이 있다. i) 부동산 매매계약에 있어서 가장 중요한 부분이 매수대금의 마련을 위한 은행대출의 성사 여부였고, 은행대출을 전제조건으로 성사된 매매계약이 매수인의 은행대출이 실패하여 매매계약이 합의해제된 경우 공인중개사의 중개수수료의 청구권이 인정되지 않는다. 대판 2009. 8. 20, 2009다8130. ii) 중개업자의 중개결과 의뢰인의 매도가격과 매수인의 매수가격(감정평가금액)이 달라 매매계약이 결렬되었지만, 매수인이 소위 공익사업법 제68조 규정에 따라 추진한 결과 더 높은 가격으로 토지보상을 하게 되었다 하더라도 최초의 중개행위와 관련된 것을 토대로 중개수수료의 청구권이 인정되지 않는다. 대판 2009. 9. 24, 2009다58487. 이에 반하여 상황이 다르지만 손해배상청구권이 인정된 지방법원의 판결이 있다. i) 중개수수료를 내지 않기 위해 중개를 받았음에도 불구하고 매도인과 매수인이 직접 만나 계약을 체결한 경우 손해배상청구권이 인정된다. 부산지법 2005. 7. 6, 2004가단122358에 대한 항소심인 부산지법 2007. 1. 25, 2005나10743. ii) 매매계약이 체결된 이후에 매매계약 당

2) 공인중개사의 의무

공인중개사는 전문직업인으로서의 기본윤리의 시각에서 品位維持義務와 秘密遵守義務(법 제29조)가 있다. 즉 공인중개사는 품위유지의 차원에서 신의와 성실 및 공정하게 업무를 수행해야 하고, 동법 및 다른 법률에서 특별히 규정하고 있는 경우를 제외하고 그 업무상 알게 된 비밀을 누설하여서는 아니 된다. 나머지 여러 의무에 대해서는 작위의무와 부작위의무로 나누어 살펴보기로 한다.

공인중개사가 부동산중개업무를 수행하기 위한 절차를 전제로 요구되는 作爲義務를 살펴보면 다음과 같다. 먼저 공인중개사는 부동산중개업무를 시작하기 전에 중개사무소를 마련하고 시·군·구청장에게 중개사무소의 개설등록을 하여야 한다(법 제9조 제1항). 등록증을 교부받은 공인중개사는(법 제11조) 1인 1개의 사무소를 둘 수 있고(법 제13조 제1항), 사무소의 명칭은 '공인중개사사무소' 또는 '부동산중개사무소'라고 하여야 하며(법 제18조), 소속공인중개사 또는 중개보조인을 고용하거나 해고할 때에는 등록관청에 신고하여야 하고(법 제15조), 중개행위에 사용할 인장을 등록관청에 등록하여야 하며(법 제16조), 중개사무소에는 보기 쉬운 곳에 중개사무소등록증, 공인중개사자격증, 중개수수료 및 실비의 요율표 및 한도액표를 게시하여야 한다(법 제17조). 다음으로 부동산중개업무를 함에 있어서 공인중개사는 중개대상물에 대한 권리를 취득하고자 하는 중개매수의뢰인에게 성실·정확하게 설명하고, 특히 중개대상물의 상태, 입지 및 권리관계, 법령의 규정에 의한 거래 또는 이용제한사항을 토지대장 등기부등본 등 실명의 근서사료를 제시하여야 하고(법 제25조 제1항), 중개행위를 함에 있어서 고의 또는 과실로 인하여 거래당사자에게 손해를 발생하게 한 때에는 손해를

사자 사이에 계약해제의 약정이 이루어진 사실을 공인중개사가 알았다고 하더라도 그로서 공인중개사의 중개수수료 청구권이 포기되는 것은 아니다. 광주지법 2008. 4. 11, 2007가단13669.

배상할 책임이 있음을 밝히고 손해배상책임의 보장에 관한 관계문서의 사본을 교부하거나 관계증서에 관한 전자문서를 제공하여야 한다(법 제30조). 공인중개사는 중개가 완성된 때에는 거래계약서를 작성하여 거래당사자에게 교부하고 대통령령이 정하는 기간동안 그 사본을 보존하여야 하며(법 제26조 제1항), 중개가 완성되어 중개계약서를 작성할 때에는 확인·설명사항을 서면으로 작성하여 거래당사자에게 교부하고 그 사본도 함께 보존한다(법 제25조 제3항). 그리고 공인중개사는 여기서 논의의 대상이 되고 있는 사항으로서 거래당사자와는 별도로 부동산의 실제거래가격 등 대통령령이 정하는 사항을 계약일로부터 60일 이내에 신고하여야 한다(법 제27조 제2항). 한편 공인중개사는 부동산중개업무를 행함에 있어서 동법 제33조가 규정하고 있는 다양한 부작위의무를 갖는다.

Ⅳ. 공인중개사의 실거래가신고의무제도의 문제점

공인중개사의 실거래가신고의무제도에 대하여 헌법재판소는 2008헌바63사건을 통해서는 합헌결정을,[30] 2007헌마988 및 2008헌마225 병합사건에서는 기각결정을 하였다.[31] 즉 헌재는 실거래가신고의무제도가 공인중개사의 직업의 자유에 대한 새로운 의무를 부과하여 직업수행의 자유에 대한 제한이 이루어지고 있다는 점을 인정한 다음, 일반적으로 직업수행의 자유는 직업선택의 자유와 달리 공익목적을 위하여 상대적으로 폭넓은 입법적 규제가 가능하다는 점을 전제로 과잉금지의 원칙 내지 비례의 원칙에 비추어 필요한 정도를 넘은 것인가를 주로 검토한 결과 합헌결정을 하고 있다. 따라서 공인중개사의 실거래가신

30) 헌재결 2009. 3. 26, 2008헌바63.

31) 헌재결 2009. 3. 26, 2007헌마988, 2008헌마225 병합.

고의무제도는 당분간 합헌적인 것으로서 계속 유지될 것으로 보인다. 그러나 헌법재판소의 결정내용의 문제점을 제시함으로써 앞으로의 입법활동에 기여하고자 하는 취지에서 검토하려고 한다.

1. 직업의 자유의 침해여부

(1) 목적적 정당성과 방법의 적정성에 대하여

부동산거래에 있어서 실거래가신고의무제도가 입법목적에 있어서 정당성이 인정된다는 사실을 부정할 사람은 거의 없다. 앞에서 지적했듯이 이중계약서의 관행으로 인하여 정부는 실질적인 부동산시세를 토대로 부동산정책을 입안할 수 없었을 뿐만 아니라 취득세와 등록세 및 양도세의 산정기준과 관련하여 국가재정의 수입에 막대한 지장을 초래한 것이었기 때문이다. 따라서 전면개정된 공인중개사법 제 1 조에서 지적하고 있듯이 부동산투기 및 탈세의 원인이 되고 있는 이중계약서 작성을 금지하고 실거래가격에 기초한 과세가 이루어질 수 있도록 제도적 장치를 마련함으로써 건전한 부동산 거래질서를 확립함과 동시에 국민의 재산권을 보호하려는데 그 입법목적이 있다고 하는 점은 타당하다.

그러나 입법목적이 정당하다 하더라도 그 목적달성에 적합한 '방법의 적정성'이 인정되어야 한다는 점에서 문제가 제기된다. 헌법재판소는 이에 대하여 부동산거래에 직접 관여하여 계약서를 작성하고 계약체결 및 거래가격형성에 중요한 역할을 하는 중개업자로 하여금 자신이 중개한 매매의 실거래가격 등을 신고하게 하는 것은 부동산거래가격의 적정성 검증 및 정확한 세원포착을 가능하게 함으로써 위 입법목적에 크게 기여할 것이라고 하면서 수단의 적정성을 인정하고 있지만, 부동산중개업자인 공인중개사는 부동산거래계약의 당사자가 아니라는 점에서 문제점이 제기된다. 즉 현행의 실거래가신고의무제도는 부동산거래의 당사자인 매도인과 매수인으로 하여금 실거래가신고의무를 지도록 하는 것으로도 충분히 목적달성이 가능함에도 불구하고(법 제27조 제1항), 부동산거래의 당사자가 아닌 공인중개사로 하여금 추가로 의무를 부담시키고 있는 점에서 의문이 제기된다(법 제27조 제2항). 이것은 부동산거래에 대하여 가하는 2중 부담이고, 부동산실거래가제도를 빨리 정착시키고자 하는 행정편의주의의 발상에 지나지 않는다. 즉 공인중개사는 중개가 완성된 때에는 거래계약서를 작성하여 거래당사자에게 교부하고 대통령령이 정하는 기간동안 그 사본을 보존하여야 하고(법 제26조 제1항), 그 거래계약서를 작성하는 때에는 거래금액 등 거래내용을 거짓으로 기재하거나 서로 다른 2 이상의 거래계약서를 작성하여서는 아니 되는 의무가 있을 뿐임에도 불구하고(법 제26조 제3항), 그 부동산거래계약의 증인에 해당하는 제3자인 공인중개사에게 불필요한 신고의무를 새로이 부담시키고 있는 것이다. 다시 말해서 부동산실거래가제도와 관련하여 실거래가신고의무는 거래당사자가 부담하고, 부동산거래의 당사자가 허위신고를 한 의심이 있는 경우 행정청이 중개업자에게 확인해야 하는 경우에 대비하여 공인중개사는 그 사본의 보존의무를 부담하는 의무로서 충분함에도 불구하고, 공인중개사의 실거래가신고의무는 불필요하게 2중의 신고의무를 부담케 하는 행정편의주의의 발상에 불과하다는 것이다.

또한 헌법재판소는 피해의 최소성에 관한 논증을 함에 있어서, 공인중개사는 객관적·중립적인 입장에서 거래에 관여한 제3자이므로 공인중개사의 신고를 통하여 거래당사자의 통모에 의한 투기 및 탈세행위를 견제할 수 있는 장점이 있다고 하였지만, 이것도 문제점이 있는 주장이다. 부동산실거래가제도는 실거래가격을 등기부에 공시하게 함으로써 그 자체가 이미 거래당사자의 통모에 의한 투기 및 탈세행위를 방지하는 기능이 있기 때문이다. 이미 이중계약서의 작성이 금지되면서 실거래가격이 등기부에 공시되는 것을 전제한다면, 만약 down계약서를 써서 취득세와 등록세를 탈세한 당사자가 있다면 양도세를 낼 때는 반대로 더 많은 세금을 내야 하며, 반대로 up계약서를 쓴 사람은 취득세와 등록세는 더 많이 부담하지만 양도세는 감면받을 수 있게 될 것이기 때문에, 거래당사자는 양자의 득실을 따져 거래할 수밖에 없게 되어 부동산실거래가제도가 정착되는 한 그러한 부조리는 발생할 수 없게 된다는 점에서 문제점이 지적된다.[32]

결국 헌법재판소의 견해와 달리 법률관계의 당사자에게 부담시키는 실거래가신고의무에 더하여 중개행위 내지 알선행위를 한 중개업자인 공인중개사에게 별도의 동일한 의무를 부담시키는 것은 불필요한 2중 신고의무이고 행정편의주의에 불과한 것이기 때문에 방법의 적정성이 인정되기 어렵다는 결론에 도달한다. 또한 부동산실거래가제도가 정착되고 있는 점에서 중개업자의 실거래가신고의무제도를 제도화하지 않는다고 거래당사자에 의한 통모에 의한 투기와 탈세행위가 빈발할 가능성은 없다. 특히 부동산거래의 당사자가 아닌 공인중개사의 실거래가신고의무제도가 아니면 부동산실거래가제도가 정착될 수 없을 정도의 필요성이 인정되는 것이 아니라는 점에서 방법의 적정성이 인정될 수 없다고 할 수 있다.

(2) 방법의 적정성과 피해의 최소성 및 법익의 균형성의 관계

목적의 정당성이 인정될 수 없다면 나머지 과잉금지의 원칙과 관련된 모든 기준이 불필요한 것으로 되듯이, 과잉금지의 원칙상의 방법의 적정성이 인정되지 않는다면 나머지 피해의 최소성 및 법익의 균형성의 문제는 논의할 필요가 없어진다. 그렇지만 헌법재판소는 방법의 적정성을 인정하고 있기 때문에 나머지의 문제점도 살펴보기로 한다.

---

32) 그러나 부조리가 완전히 없어지는 것은 아니다. 2009년 미분양아파트를 해소시키기 위하여 일시적으로 양도세를 면제해 주는 아파트가 생겼고, 2010년 1월 현재 미분양아파트를 가지고 있는 건설회사가 up계약서를 써주면서 분양하려는 기도가 포착되었다는 보도가 있었다.

1) 피해의 최소성에 관하여

헌법재판소는 공인중개사의 신고방법 및 절차가 간편하여 신고의무 이행에 드는 노력과 비용, 절차상 번거로움 등 공인중개사가 입는 불이익이 매우 경미하고, 신고의무 이행에 따른 세제상의 혜택도 확대되었기 때문에 피해의 최소성의 원칙에 반하지 않는다고 하였다. 또한 과태료의 부과기준과 관련하여 신고해태기간의 장단을 고려하고 있으며, 의무위반에 대한 당사자의 귀책사유도 함께 고려하고 있어 의무위반의 정도에 비하여 지나친 제재로 보이지 않는다고 하였다.

물론 헌법재판소의 판단처럼 공인중개사가 신고의무의 이행에 들이는 노력과 비용이 크지 않는 것이 사실이다. 그리고 신고의무 이행에 대하여 거부감을 가지지 않고 당연한 것으로 받아들이는 한 문제는 없다. 그러나 전혀 불필요한 신고의무가 추가되고 있는 한 어떠한 부담도 피해의 최소성을 피할 수 없다. 더군다나 의도적이든 아니면 실수이든 신고의무의 이행을 해태한 공인중개사에게 내려지는 과태료는 최소한 중개수수료의 2배 이상에 해당하기 때문에 매우 과중하다고 볼 수 있다. 취득세가 내려 매매가의 1.5%인 취득세에 비하여 중개수수료는 매매가의 0.5% 전후에 그치기 때문이다. 만약 10억원인 부동산을 중개한 경우 중개수수료로 500만원을 받았을 경우 과태료는 1,500만원을 넘을 것이기 때문이다. 이 사건의 경우 1억 7,250만원의 거래가격이지만 취득세가 2%였던 것을 고려하여 350만원의 과태료가 부과되었는데, 중개수수료에 비하여 4배에 해당하는 금액이다. 따라서 의도적인 것이 아니라 실수로 신고의무의 이행을 해태한 것에 대한 과태료는 과중하다고 하지 않을 수 없다.

2) 법익의 균형성에 관하여

헌법재판소의 견해와 같이 투명하고 공정한 부동산 거래질서를 확립하고 거래가격에 기초한 적정과세가 이루어지도록 하는 입법목적은 매우 중요한 공익임에 틀림없다. 반면에 공인중개사가 제한받는 사익은 별로 크지 않는 것이 사실이다.

그러나 이미 지적했듯이 방법의 적정성이 없다면 법익의 균형성은 따질 필요가 없다. 불필요한 제한을 제3자에게 부당하게 부담시키면서 그것이 경미한 제한이라고 하여 보다 큰 공익을 위하여 감내하도록 한다면 법익의 균형성은 의미 없는 논의가 될 뿐이다. 거래당사자가 부담해야 할 신고의무를 상기한 입법목적과 비교하여 법익의 균형성을 논의하는 것은 타당하지만, 동일한 신고의무를 제 3 자인 공인중개사에게도 부담시키면서 동일하게 법익의 균형성을 논의하는 것은 타당하지 않다는 것이다. 따라서 방법의 적정성이 인정되지 않는다는 관점에서 본다면, 헌법재판소의 법익의 균형성에 관한 논의는 논리의 비약에 해당함을 알 수 있다.

2. 평등원칙의 위배여부

헌법재판소는 공인중개사가 업무로 취급하는 부동산에 대한 '중개업무'에 집착하여, 애초에 중개행위를 할 수 없는 변호사, 법무사 등의 경우 '중개업무' 자체가 없기 때문에 신고의 대상 자체가 존재하지 않는다고 하였다. 즉 '부동산 거래를 중개할 수 있는 중개업자'와 '중개행위를 할 수 없는 타 전문직 종사자'는 차별취급을 논함에 있어서 본질적으로 동일한 집단이라고 볼 수 없으므로 차별취급 자체가 존재하지 않는다고 한다.

그러나 앞에서 공인중개사의 법적 지위에서 살펴본 것처럼, 공인중개사와 변호사, 법무사, 세무사 등은 동일한 자격기본법의 적용을 받는 국가자격사이고, 이들은 개별법률에 의하여 인정된 국가자격사이며, 국가자격사 가운데서도 분류기준상 '경영 및 전문관리 분야'에 해당하는 전문자격사라고 하였다. 따라서 헌법재판소는 직업의 선택과 행사에 있어서 동일한 유형으로 분류되는 전문자격사라는 점에서 평등권의 침해여부를 평가했어야지, 그들 사이에 구체적으로 구분된 직업영역의 관점에서 평등권 침해여부를 평가할 성질의 것이 아니었다. 즉 이들은 각자에게 부여된 직무영역이 구별될 뿐 대부분의 문제에 있어서 동일한 자격제도의 적용을 받는 비교대상이 되는 직업영역이기 때문에, 그러한 동일요소에도 불구하고 부동요소가 있기 때문에 별도의 전문자격사가 되고 있지만, 과연 동일요소가 그렇게 존재함에도 불구하고 부동요소가 그러한 신고의무를 공인중개사에게만 요구될 정도로 차별이 요구되는 문제인가를 살펴보았어야 한다. 만약 헌법재판소와 같이 부동요소만을 내세워 차별이 요구된다는 논리를 내세운다면 어떠한 직업영역 사이에서도 비교가 불가하다는 것을 의미할 뿐만 아니라 사실상 평등원칙은 대부분의 직업영역과 관련하여 무의미한 평가기준이 될 것이라는 점을 주목해야 한다.

생각건대 모든 전문자격사는 직업행사의 결과인 영업실적을 기록으로 남겨야 하고, 그 기록을 바탕으로 사업소득세를 신고하고 납부하여야 한다. 그러한 점에서 전문자격사 모두에게 있어서 예외가 없다. 그런데 많은 전문자격사의 경우 사업소득세를 적게 내기 위하여 실거래가격에 비추어 낮은 가격을 신고하고, 특히 탈세를 위하여 신용카드로 수수료를 받는 것을 꺼리고 있을 뿐만 아니라 현금으로 낼 경우 할인을 해주고 있는 것이 현실이다. 전문자격사와 고객 사이에서 거래되는 대부분의 서비스공급계약과 마찬가지로 공인중개사의 거래당사자와의 계약도 마찬가지로 이루어지고 있다.

결국 여기서 공인중개사의 중개행위는 다른 전문자격사가 거래고객과 맺는 서비스공급계약과 구조가 다름을 전제해야 한다. 다른 전문자격사의 경우와 달리 중개계약은 거래당사자 사이의 매매 등의 계약이 성사되는 것을 조건으로 공인중개사와 의뢰인 사이에 체결되는 계약이고, 그 중개계약은 매도인과 매수인의 거래성사를 조건으로 완성되는 계약이다. 그리고 중개계약은 다른 전문자격사 사이에서 나타나는 서비스공급계약과 다른 차이점을 가지고 있고, 그 차이점 가운데서 가장 본질적인 부분인 매매 등의 계약내용을 실거래가로 표현하면서 신고대상으로 하고 있는 것이다. 따라서 공인중개사의 중개행위에 특유한 구조를 바탕으로 특별한 신고의무를 부과하고 있는 것으로 보는 한 평등권을 침해한 것이라고 보기 어렵다.

3. 자기책임의 원칙 위배여부

자기책임의 원칙과 관련하여 헌법재판소는 신고내용 자체는 거래당사자의 책임임을 인정하고 있다. 다만 그 거래내용이 공인중개사 자신의 주도로 거래가격이 형성되고 결정에 큰 영향을 미친 것이라는 점에서, 그리고 부동산거래의 전문자격사인 공인중개사의 지위와 역할 및 책임에 상응하여 부담하는 의무라고 하고 있다.

그러나 아무리 공인중개사에 의하여 부동산가격이 형성된다 하더라도 그 가격을 결정하고 계약을 체결하는 것은 계약당사자이다. 공인중개사는 중개계약을 성립시켰을 때 계약서를 작성하여 교부하며 그 사본을 보관하는 의무를 당연히 제3자로서 부담할 뿐이다. 즉 공인중개사는 거래당사자의 거래행위에 대한 제3자인 중개자로서의 역할과 책임을 부담하는 법적 지위에 있어야 하는 것이지, 신고의무의 책임자인 거래당사자를 대신할 수 없는 것이다. 따라서 부동산거래에 있어서 부동산중개업자는 자기책임이 아니라 거래행위에 대한 증인으로서의 책임 이외에 책임을 질 수 없는 법적 지위에 있다. 그렇다면 과태료 역시 자기행위와 무관한 타인의 행위에 대하여 증인으로서의 책임을 지는 것임은 전제하지 않는다면 잘못된 것일 뿐만 아니라 과도한 것이라고 할 수 있다.

V. 결　　론

2010년 현재 우리나라의 부동산정책은 다른 어떤 경제정책에 우선하여 주목받고 있다. 우리 경제정책에서 차지하는 비중이 클 뿐만 아니라 국민생활 전반에 큰 영향을 미치는 것으로 보기 때문이다. 그리고 부동산정책은 불가불 부동산거래와 가격정책으로 나타난다. 기업에게 토지를 값싸게 공급하는 것이야말로 경제활동의 출발점이 되기 때문이며, 그와 반대로 적정한 토지공급은 국민의 재산권보호에 기여하기도 하기 때문이다. 정부가 부동산거래관리시스템(RTMS)을 확립하고 대법원의 등기시스템, 시·군·구의 지방세시스템, 국세청의 각종 과세시스템과 연계하여 부동산정책을 입안하는 것은 이와 무관하지 않다.

아무튼 부동산실거래가제도의 정착은 국가의 부동산정책은 물론이고 나아가 경제정책을 입안하는데 매우 중요한 것이기 때문에 시급히 정착시켜야 할 것이고, 그것을 위하여 부동산 거래당사자에게 실거래가 신고의무를 부과하는 것은 너무나 당연한 것이다. 그리고 부동산실거래가제도가 국가의 부동산거래관리시스템(RTMS)과 연계되어 곧바로 정착되며 작동되는 경우, 주변 부동산의 가격을 쉽게 산정할 수 있게 되어 전국가적으로 부동산관련 세제를 합리적으로 운용하게 될 뿐만 아니라,[33] 이중계약서를 작성하는 등으로 탈세를 하는 것이 원천적으로 차단되어 국가나 지방자치단체의 재정수입에도 많은 기여를 할 것이다.

그러나 정당한 신고의무자인 거래당사자의 허위신고 여부를 밝히기 위하여 공인중개사에게 별도의 신고의무를 부과하는 것은 중개업자

33) 2010년 현재 모든 부동산의 경우 공시가격을 토대로 각종 세금이 부과되고 있고, 공시가격은 실거래가의 80% 전후의 가격으로 산정되고 있다. 과거 부동산거래가 활발하지 않던 시대에는 과세의 기준이 되는 공시가격이 실거래가격의 20-40% 정도에 그쳐 이중계약서의 유혹을 많이 받게 되었었다.

의 직업행사의 자유를 과잉금지하는 것으로 보지 않을 수 없다. 부동산 거래에 있어서 공인중개사는 거래당사자가 아니라 제3자인 까닭에 거래행위의 직접적 책임자가 아니고, 또한 중개업자는 중개계약서의 사본을 보관하여 거래행위의 사실관계를 입증하는 증인의 입장에 있기 때문이다. 따라서 부동산실거래가제도의 정착과 더불어 공인중개사의 실거래가신고의무는 곧바로 폐지되어야 한다고 본다.

[참고문헌]

이승우, 직업선택의 자유와 면허제도, 세창출판사, 2002.
이원준, 주동산경영관리론, 법론사, 1992.

김대명 · 이대운, "공인중개사법상 부동산중개계약에 관한 연구," 법학연구 제34집(한국법학회), 2009.
김상명, "부동산중개계약에 관한 연구(1)," 법학연구 제25집(한국법학회), 2007.
이동진, 부동산중개업자의 직무만족에 관한 연구, 단국대 박사학위논문, 2006.
황영두, 부동산중개계약의 계약책임에 관한 연구, 박사학위논문, 장원대학교 대학원, 2006.

조선일보, 2010. 1. 7.
통계청, 가계자산조사, 2006.

[국문요약]

공인중개사의 실거래가신고의무제도의 문제점

2008년의 전세계를 휩쓴 금융위기는 부동산정책과 관련된 것이었다. 지나친 모기지제도가 부동산가격의 폭락과 함께 금융위기를 몰고 온 것이다. 부동산정책과 금융정책 및 경제정책을 입안하고 시행함에 있어서 부동산중개제도의 중요성과 독자성을 다시 살펴보는 계기가 되었음은 물론이다.

우리나라는 2006년부터 부동산정책의 하나로 부동산실거래가제도를 채택하여 시행하고 있다. 또한 부동산실거래가제도를 정착시키기 위한 방법의 하나로 거래당사자는 물론이고 중개업자에게 각각 실거래가신고의무를 부과하였다. 그 이유는 이중계약서를 통하여 탈세하는 것을 방지하고, 실거래가격을 파악함으로써 합리적인 부동산정책을 입안할 수 있기 때문이다.

그런데 부동산거래의 당사자가 실거래가신고의무를 부담하는 것은 당연한 것이지만, 공인중개사에게도 실거래가신고의무를 부담시키는 것은 문제가 있다. 공인중개사는 부동산거래에 있어서 당사자가 아니라 제3자인 까닭에 그러한 의무를 부담할 이유가 없다고 보기 때문이다. 따라서 부동산실거래가제도를 도입한 목적은 정당하나, 그 목적달성에 적합한 수단방법이 아니라는 점에서 문제점 내지 위헌성이 있다. 이것은 부동산실거래가제도가 정착되는 시점에서 공인중개사의 실거래가신고의무를 폐지해야 한다는 것을 의미한다.

[핵 심 어]
공인중개사, 부동산중개제도, 실거래가신고의무, 부동산정책

[Abstract]

Mark-to-market-value System and the Duty of a Public Realtor

Seung Woo Lee · Hee Dong Shin

The financial crisis that swept the world in 2008 was in deep corre－lation with real estate policies. Overheated mortgage system brought about a crash in real estate prices and resulted in a credit crisis. It has been an experience for us to reconsider the identity and significance of the real estate brokerage system when promulgating and implementing regulations regarding the economy, finance, and real estate.

Since 2006, we have adopted and enforced the "mark-to-market-value" system as part of our policy on real estate. A primary effect of this has been to demand that not only the deal makers but also the public realtor(공인중개사) report market value of properties. The reason for that has been to prevent all parties from devising double-contracts used for tax evasion, along with the idea that real estate policies can be drawn more reasonably if market value is well recognized.

Although it is out of the question that dealing parties of real estate should be required to report the market value, forcing the public realtor to act likewise seems to pose a problem. In the sale of real estate, a public realtor takes a role of merely of a third party and is not directly involved in the deal making process. In other words, the mark-to-market-value system and its stated purpose of introduction may be just, but it is questionable in terms of constitutionality whether it serves as an appropriate means to achieve such goals. This denotes that the legal responsibility for public realtor to report market value should be abolished in the current status where the system is taking root.

[Keywords]

public realtor, real estate brokerage system, mark-to-market-value system, real estate policy

장애인고용부담금의 헌법적 정당성 및 제도적 타당성

전 광 석*

Ⅰ. 머 리 말

스스로의 능력으로 생계를 유지할 수 없는 주변 집단을 국가 및 사회적 보호의 대상으로 하는 것은 종교적 자비, 사회공동체의 도덕적 의무, 그리고 공동체의 질서를 유지하는 국가의 과제 등의 이념에 기초하여 처음부터 인정되었다. 장애인이 이러한 범주에 속하는 대표적인 집단이다. 장애인에 대한 보호는 격리보호, 의료적 및 직업적 재활보호, 그리고 사회통합과 평등실현의 방법이 차례로 채택되면서 시행되어 왔다. 우리나라에서 장애인정책의 입법은 1981년 「심신장애자복지법」이 제정되면서 시작되었다. 1990년 「장애인고용촉진 등에 관한 법

* 연세대학교 법학전문대학원 교수

률」의 제정은 장애인정책에 있어서 획기적인 변화를 가져왔다. 즉 장애인을 적극적으로 직업생활에 편입하여 사회에 참여시키고, 이로써 사회통합을 도모하는 이념으로 전환되었고, 또 이를 정착시키려는 노력이 이루어져 왔다. 이 법률은 2000년 「장애인고용촉진 및 직업재활에 관한 법률」(이하 「장애인고용촉진법」으로 줄임)로 개정되었다. 「장애인고용촉진법」은 이러한 입법목적을 달성하기 위하여 장애인의무고용과 고용부담금, 그리고 고용장려금의 세 가지 정책수단을 채택하여 지금까지 운영하여 왔다. 이들 제도들이 지난 20년간 장애인의 고용에 어느 정도 기여하여 온 것은 사실이다. 그러나 여전히 장애인고용률은 정체되어 있고, 또 대기업의 장애인고용의 의지가 약하여 안정적인 고용이 이루어지지 못하고 있으며, 무엇보다도 특별한 보호를 필요로 하는 중증장애인이 오히려 소홀히 되는 등의 문제점을 노출하고 있다.

이 글은 위와 같은 문제상황에 대한 인식에서 출발하여 세 가지 정책수단 중 장애인고용부담금의 헌법적 정당성과 제도적 타당성을 점검하는 목적을 갖는다. 장애인고용부담금의 헌법적 정당성에 대한 논의는 제도적으로 타당한 개선방안을 제시하는 데 있어서 이에 대한 규범적 윤곽을 이해하는 데 도움이 될 것이다. 구체적으로 보면 고용부담금이 제도의 실효성을 확보하기 위한 적합한 형태인가, 고용부담금을 형성하는 기준은 무엇인가, 그리고 고용부담금이 국가 및 지방자치단체와는 달리 민간 기업에 한하여 부과되는 정당성이 있는가에 대해서 헌법적 평가를 필요하다.

Ⅱ. 고용부담금의 제도내용

1. 고용부담금

(1) 고용부담금의 기능

현재 100인 이상 근로자를 고용하는 의무고용대상 기업이 법률에 정한 의무고용률에 해당하는 장애인을 고용하지 않은 경우 고용부담금이 부과된다(법 제33조). 고용부담금은 기본적으로는 사업주에게 장애인 고용을 유도하는 기능을 수행한다(유도·조정적 목적의 부담금). 이는 구체적으로 다음과 같이 기능한다. 고용부담금은 고용의무를 이행하지 않는 사업자에게 장애인을 고용하였더라면 추가적으로 발생하는 특별비용을 보상하는 기능을 수행한다(보상기능). 이로써 고용부담금은 장애인을 고용하는 사업장과 그렇지 않은 사업장 간에 형평을 회복하는 기능을 수행한다(형평회복기능). 이는 동시에 장애인을 고용하는 사업주와 그렇지 않은 사업주 간에 공정경쟁을 보장하는 기능을 갖기도 한다. 마지막으로 고용부담금의 수입은 고용장려금 및 장애인의 고용을 증진하기 위한 사업의 재원이 된다(재정목적의 부담금).[1]

(2) 고용부담금의 산정 및 감면제도

고용부담금의 산정요소는 의무고용률에 따른 고용의무인원과 실제 고용된 장애인 근로자 수, 그리고 부담기초액이다. 고용부담금 산정의 실질적인 기준은 부담기초액이다. 부담기초액은 장애인을 고용하는 경우에 추가로 소요되는 비용을 기초로 산정된다. 장애인을 고용하는 경

1) 헌법재판소는 주로 재정목적보다는 유도 및 조정적 목적에서, 그리고 이를 위하여 부담의 불균형을 사회연대책임에 의하여 조정하는 데에서 고용부담금의 목적 및 기능을 이해하고 있다. 헌재결 2003. 7. 24, 2001헌바96, 15-2(상), 82면 참조.

우 필요한 시설·장비의 설치, 수리에 드는 비용, 적정한 고용관리를 위한 조치에 필요한 비용, 그 밖에 장애인을 고용하기 위하여 특별히 드는 비용 등이 여기에 해당한다. 「장애인고용촉진법」은 부담기초액의 하한과 결정절차를 규율하고 있다. 즉 부담기초액은 해당 연도 최저임금액의 60% 이상이어야 한다(법 제33조 제3항). 부담기초액의 결정에 있어서는 장애인고용에 따르는 부담을 조정하는 취지가 반영되어 있으나 그 하한은 최저임금액을 기준으로 하는 셈이다. 부담기초액은 고용정책심의회의 심의를 거쳐 고용노동부장관이 정한다. 이때 실제 장애인고용률(매월 상시 고용하고 있는 근로자의 총수에 대한 고용하고 있는 장애인 총수의 비율)에 따라 부담기초액의 2분의 1 범위 내에서 가산할 수 있다. 2009년 현재 부담기초액은 51만원이다.[2] 의무고용인원 2분의 1에 미달하는 인원에 대해서는 부담기초액의 50%를 가산하여 징수한다.

의무고용대상기업이 의무고용 이외의 방법으로 장애인고용에 기여하는 경우 부담금은 감면될 수 있다. 「장애인복지법」 및 「산재보험법」에 따른 직업재활시설 또는 장애인표준사업장, 그 밖에 고용노동부장관이 정하는 장애인자립작업장에 생산설비와 원료·기술 등을 제공하고 생산관리 및 생산품의 판매를 전담하는 사업주 또는 직업재활시설 및 장애인자립작업장에 도급을 주어 그 생산품을 납품받는 사업주가 부담금 감면대상이다(법 제33조 제4항).[3]

---

2) 2000년 이후 부담기초액은 21만 6천원(2000년), 27만 3천원(2001년), 39만 2천원(2002년), 43만 7천원(2003년), 48만 2천원(2004년), 50만원(2005~2008년), 51만원(2009년), 53만원(2010년)이었다. 그러나 2000년과 2001년에는 12월 고용률이 1% 미만 시에는 25만 3천원(2000년), 31만 6천원(2001년)을 징수하였고, 2005년부터 2009년까지는 매월 1% 미만 미고용 인원에 대해 부담기초액의 50%를 가중하고, 중증장애인을 고용한 경우 1인당 50%를 감면하였다.

3) 이에 대해서는 「직업재활시설 등 연계고용부담금 감면기준」 고시에서 자세히 규율하고 있다. 이에 따르면 장애인을 고용할 의무가 있는 사업주에 대한 부담금 감면기준액은 연계고용계약 직업재활시설 등의 총매출액 대비 고용의무사업

Ⅲ. 고용부담금의 헌법적 정당성

1. 고용부담금의 법적 성격 및 정당성

고용부담금 자체는 헌법적 정당성을 갖기 위한 요건을 충족시킨다. 일반적으로 고용부담금과 같은 특별부담금이 정당화되기 위해서는 다음과 같은 네 가지 요건을 충족하여야 한다.[4] 이 요건을 중심으로 고용부담금의 정당성에 대해서 검토한다.

첫째, 특별부담금은 동질성을 갖는 특정 집단에 부과된다. 이때 부과대상인 집단은 조세의 납부의무자인 일반 국민들과는 구별되어야 한다(집단의 동질성). 사업주는 고용의 주체라는 점에서 일반 국민과는 구분된다. 보다 적극적으로 보면 장애인고용이라는 공공복리를 실현하기 위하여 국가는 우리 헌법 상의 경제질서에서 고용능력을 갖는 집단인 사용자를 유도·조정하는 방법을 사용할 수밖에 없다는 점에서 사업주는 일반 국민과 구별되는 집단적 동질성을 갖는다.[5]

둘째, 부과대상자는 특별부담금을 부과하여 수행하고자 하는 특정한 경제적·사회적 과제와 특별히 객관적으로 밀접한 관련성이 있어야 한다(객관적 근접성). 이미 언급했듯이 우리 헌법 상의 경제질서에 있어

주의 도급 등에 의한 도급액의 비율에 해당 년도 부담기초액과 최저임금 이상 생산에 직접 종사한 장애인근로자 수를 곱하여 산정하며, 사업주가 납부하여야 할 고용부담금 총액의 100분의 50 이내로 한다.

4) 이에 대해서는 예컨대 헌재결 1998. 12. 24, 10-2, 98헌가1, 830면 이하; 1999. 10. 21, 97헌바84, 11-2, 453면 이하; 2003. 1. 30, 2002헌바5, 15-1, 101면 이하; 2003. 12. 18, 2002헌가2, 15-2(하), 380면; 2005. 3. 31, 2003헌가20, 17-1, 304면 이하; 2008. 9. 25, 2007헌가1, 20-2(상), 401면 이하 등 참조.

5) 예컨대 의무교육을 충실히 실현하기 위하여 학교용지를 확보하는 과제는 국가의 고유한 과제이고, 학부모들이 이러한 과제의 부담자가 되는 경우 의무무상교육의 의미가 상실되기 때문에 학교용지확보에 있어서 학부모들이 집단적 동질성을 갖는 것은 아니다. 이에 대해서는 예컨대 헌재결 2005. 3. 31, 2003헌가20, 17-1, 305면 이하 등 참조.

서 민간기업이 고용능력을 보유하고 있기 때문에 민간기업의 사용자들은 장애인고용이라는 공공과제에 밀접한 관련성을 갖는다. 따라서 객관적 근접성의 요건을 충족시킨다.

셋째, 그러한 과제의 수행에 관하여 부과대상자들이 조세 이외의 특별한 부담을 져야 할 책임이 인정되는 집단이어야 한다(집단적 책임성). 민간기업의 사업주는 장애인고용에 밀접한 관련성을 가질 뿐 아니라 이들이 적극적으로 장애인을 고용하지 않는다면 다른 방법을 통하여 장애인고용이 증진될 수 없다는 점에서 특별히 책임이 인정된다. 물론 장애인보호는 일반적으로 국가의 과제이며, 그 결과 모든 국민이 장애인정책에 있어서 추상적인 책임을 부담한다. 그러나 장애인고용에 있어서는 이러한 국가적 및 사회적 책임이 사용자의 집단적 책임으로 전환된다. 이에 비해서 장애인고용에 간접적인 관련성을 갖는 일반적인 고용정책의 경우 국가 및 일반 사회적 책임과 사용자의 집단적 책임을 명확하게 구별하기는 쉽지 않다. 집단적 책임은 산재보험과 국가유공자보상에 있어서 또 다른 차원에서의 논의를 필요로 한다. 업무상의 원인에 의하여 발생한 장애는 사용자연대에 기초하여 기능하는 산재보험에 의하여 우선적으로 보호되어야 한다.[6] 산재보험은 비교적 강한 사용자책임에 기초하여 기능하는 반면 장애인고용은 국가의 책임과 사용자의 책임이 혼재하고 있는 영역이기 때문이다. 이에 비해서 국가유공행위 중 발생한 장애는 국가적 연대에 기초하여 보호되어야 한다. 따라서 이를 사용자의 집단적 책임에 귀속시키고 장애인고용촉진제도가 우선적으로 관할하게 하는 것은 체계에 반한다.

넷째, 특별부담금은 지출목적에 있어서도 다음과 같은 특징이 있다. 즉 특별부담금의 수입은 특별부담금 납부의무자의 집단적 이익을

6) 산재보험에서 사용자연대는 보험료의 부담자가 사용자이며, 또 산재보험급여의 결과 기본적으로는 사용자책임이 면제되는 형태로 나타난다. 이에 대해서는 예컨대 전광석, "산재보험의 법적 성격과 역할," 연세법학연구 제11집 제1권 (2005), 176면 이하 참조.

위하여 사용되어야 한다(집단적 효용성).

고용부담금과 같은 특별부담금이 정당성을 갖기 위하여 위 네 가지 요건을 모두 충족하여야 하는 것은 아니다. 특히 중요한 요건은 객관적 근접성과 집단적 책임성이다. 이에 비해서 집단적 동질성과 집단적 효용성은 엄격히 요구되지는 않는다.[7] 특히 고용부담금과 같은 유도·조정적 목적의 특별부담금은 수입이 부담금 납부자의 집단적 이익을 위하여 사용되어야 한다는 필연성은 없다.[8] 따라서 고용부담금이 일반적으로 장애인고용을 위하여 필요한 사업의 재원으로 사용되며, 이를 납부하는 사업주만의 이익을 위하여 사용되는 것은 아니라는 이유로 정당성이 부인되지는 않는다. 실제 고용부담금은 집단적 효용성의 요건을 충족시키지는 못한다. 고용부담금의 수입을 재원으로 지급되는 고용장려금이 고용부담금 납부의무가 있는 사업장만을 대상으로 하는 것은 아니기 때문이다.[9] 그밖에 고용부담금의 수입은 공단의 사업수행, 직업지도, 직업적응훈련, 직업능력개발훈련, 취업알선 등 장애인의 고용을 위한 일반적인 사업비용에 사용된다(법 제71조).

---

7) 이는 이미 「부담금관리기본법」이 부담금의 개념 정의에 있어서 표현하고 있다. 즉 "부담금"이란 중앙행정기관의 장, 지방자치단체의 장, 행정권한을 위탁받은 공공단체 또는 법인의 장 등 법률에 따라 금전적 부담의 부과권한을 부여받은 자(이하 "부과권자"라 한다)가 분담금, 부과금, 기여금, 그 밖의 명칭에도 불구하고 재화 또는 용역의 제공과 관계없이 특정 공익사업과 관련하여 법률에서 정하는 바에 따라 부과하는 조세 외의 금전지급의무(특정한 의무이행을 담보하기 위한 예치금 또는 보증금의 성격을 가진 것은 제외한다)를 말한다. 즉 부담금은 그 반대급부로서 특정한 재화 혹은 용역을 예정하는 것은 아니다.

8) 위 각주 6 참조

9) 헌법적인 이유가 아니라 정책적인 이유에서 고용장려금이 고용부담금 납부의무자에 한하여 지급되어야 한다는 견해가 있다. 박자경 외, 장애인고용촉진 및 직업재활기금의 합리적 운영방안(한국장애인고용촉진공단 고용개발원, 2006), 121면 이하 참조.

2. 과잉금지의 원칙

고용부담금 자체가 헌법적 정당성이 있더라도 예컨대 고용부담금이 사업주에게 지나치게 부담이 되어 실질적으로 사업의 수행이 불가능해지는 경우 헌법적 한계에 부딪친다. 장애인고용의 정책수단 중 의무고용이 주로 사업자의 계약의 자유와 관련성을 갖는 데 비해 고용부담금은 사업주의 영업의 자유에 영향을 미친다. 고용부담금이 사업주의 부담능력을 넘는 경우 이익을 취득하기 위하여 영업을 수행하는 자유가 침해될 수 있기 때문이다.

(1) 고용부담금의 산정기준

고용부담금의 산정기준은 부담기초액이다. 부담기초액의 결정기준은 장애인을 고용하는 경우 추가적으로 소요되는 특별비용이다. 위에서 살펴본 바와 같이 법률은 이러한 특별비용을 예시하여 규율하고 있다. 부담기초액의 최저수준은 최저임금의 60%이다(법 제33조 제3항). 현재 최저임금의 61.7%가 부담기초액으로 적용되고 있으며, 2009년 이는 51만원이다. 부담기초액은 장애인고용률에 따라 차등 산정할 수 있다. 현재 매월 고용의무인원의 2분의 1 미만에 해당하는 장애인을 고용하는 경우 부담기초액의 50%를 가산하여 징수한다.[10)]

고용부담금의 산출기준은 법률에 정해져 있지만 실질적으로는 정책적으로 결정될 수밖에 없다. 이러한 비용을 정확하게 산출하는 것은 불가능하기 때문이다. 그런데 「장애인고용촉진법」은 한편으로는 장애인 고용에 따르는 특별비용을 부담기초액의 결정기준으로서 제시하면서 다른 한편 부담기초액의 하한을 최저임금액을 기준으로, 즉 최저임금의 60% 이상이 되도록 규정하고 있다. 그리고 실제 부담기초액의

10) 고용장려금의 경우에도 장애인고용률을 기준으로 30%를 초과하는 기업을 우대하는 규정을 두었다.

결정도 최저임금을 기준으로 하고 있다.[11] 장애인고용에 따르는 특별비용과 최저임금의 수준 중 어떤 기준이 장애인고용에 보다 유인적 효과를 갖는가를 판단하기는 힘들다. 다만 현재 부담기초액은 입법의도와는 다른 기준에 따라 결정되고 있다. 행정적 차원에서 특별비용을 객관적으로 산출하기 힘들다는 전제 하에 최저임금을 기준으로 고용부담금을 산정하는 것으로 보인다. 이러한 결정이 합리적이라고 보여 지지는 않는다. 그러나 다른 한편 부담기초액이 결국 정책적으로 결정될 수밖에 없으며, 이에 대한 명확한 (헌법적) 기준이 없는 한 최저임금을 부담기초액의 산정기준으로 하였다고 하여 명백히 비합리적이라고 할 수도 없다. 다만 여전히 다음과 같은 의문은 남는다. 즉 고용부담금은 장애인을 고용하여 발생하는 생산성의 손실 및 장애인고용 및 고용유지를 위하여 추가적으로 소요되는 비용을 기준으로 부과될 때 고용유인효과가 있는데, 이러한 기준이 최저임금과 어떠한 상관관계에 있는지 명확하지 않다.

(2) 고용부담금의 장애인고용률에 따른 차등부과

고용의무인원의 2분의 1 미만에 해당하는 장애인을 고용하는 경우 부담기초액의 50%를 가산하는 제도 역시 불합리한 차별이라고 할 수 없다. 장애인 고용의무의 이행 정도, 그리고 법률이 특별히 보호하고자 하는 목표 집단에 속하는 자, 예컨대 중증장애인을 고용한 경우 각각 불이익하게, 또는 유리하게 취급하는 것은 유도·조정적 특별부과금으로서 고용부담금에 포섭될 수 있는 내용이기 때문이다. 나아가서 고용부담금의 유도·조정적 기능을 강화하기 위해서는 더욱 적극적으로 장애인고용률을 세분화하여 차등화하는 것 역시 필요하고, 또 정당하다. 현재 의무고용률을 이행하지 않는 기업들은 장애인고용률 1%, 혹은 0.5% 미만인 기업에 집중해 있다.[12] 특히 이 점을 염두에 두면 이들

11) 이에 대해서는 유완식 외, 장애인의무고용률 조정방안(한국장애인고용공단 고용개발원, 2009), 8면 참조. 고용부담금의 변화 추이에 대해서는 위 각주 4 참조.

12) 특히 300인 이상 기업의 경우 장애인을 1% 미만 고용하는 기업체는 약 33%

기업에게 장애인고용을 강하게 유인하는 조치를 취하는 것은 고용부담금의 기능에 비추어 정당하다.[13)]

3. 고용부담금과 평등권

민간기업과 달리 국가 및 지방자치단체의 경우 고용의무를 이행하지 않더라도 고용부담금이 부과되지 않는다. 이러한 차별이 불합리하며, 따라서 평등의 원칙에 위반되는가의 문제가 제기된다.[14)] 이와 같은 차별이 헌법에 위반되는 것은 아니다. 국가 및 지방자치단체와 민간기업은 다음과 같이 다른 상황에 있기 때문이다.

첫째, 재정법적 특성 상 특별부담금은 국가가 국민에게 부담시키는 공과금이다. 따라서 국가 및 지방자치단체로 하여금 장애인고용을 유도하는 방법으로 특별부담금이 채택될 수 없다. 둘째, 「장애인고용촉진법」은 국가 및 지방자치단체에게 장애인의 고용을 유도하는 독자적인 방법에 대해서 규율하고 있다. 민간기업과는 달리 국가 및 지방자치단체에 있어서는 신규채용에 있어서 고용할당제를 두고 있다(법 제27조 제2항). 공무원은 일반 근로자와는 달리 신분보장이 된다는 점을 고려하면 신규채용에 있어서 할당제는 장애인고용을 위한 강력한 방법이다. 이 밖에 중앙인사관장기관의 장과 지방자치단체의 장은 소속 각급 기관의 공무원 채용계획을 포함하여 장애인공무원채용계획과 실시 상황을 고용노동부장관에게 제출하여야 한다. 이러한 채용계획이 적절하지 않다고 판단되는 경우 계획의 변경을 요구할 수 있고, 고용의무의 이행실적이 부진한 경우 그 내용을 공표할 수 있다(법 제27조 제6, 7항). 민간기업 역시 장애인의 고용에 관한 계획과 실시 상황기록을 작성하여

에 이른다. 한국장애인고용공단, 장애인고용현황 분석자료(2009) 참조.

13) 이에 관한 독일의 예에 대해서는 아래 각주 26 참조.

14) 이 쟁점들은 역시 헌법재판소에 청구이유로 제시된 문제들이었다. 헌재결 2003. 7. 24, 2001헌바96, 15-2(상), 91면 이하 참조.

제출하고 장애인 고용계획의 수립과 장애인 고용의무를 현저히 이행하지 않은 경우 그 내용을 공표할 수 있다(법 제29조 제3항). 국가 및 지방자치단체의 경우 이러한 조치들은 행정의 투명성이 진척되어 있는 현재의 상황에서는 장애인고용의무를 통제하는 강력한 수단이 될 것이다. 셋째, 국가 및 지방자치단체는 의무고용 이외에 장애인에 대한 직업교육과 직업알선, 그리고 직업의 안정성을 보장하기 위한 각종 조치를 취하고 있다. 이 점에서 국가 및 지방자치단체는 고용부담금과는 다른 방법으로 장애인고용에 기여하고 있다. 이러한 차이점들을 고려하면 국가 및 지방자치단체에 고용부담금이 부과되지 않는다고 해서 이것이 불합리한 차별로서 헌법에 위반된다고 할 수는 없다.[15] 넷째, 국가 및 지방자치단체는 공무원이 아닌 근로자를 고용하는 경우에는 민간 기업과 동일하게 고용의무와 부담금부과 의무를 부담하고 있다(법 제79조). 공무원이 아닌 일반 근로자를 고용한 경우에는 민간 기업과 동일하게 사업주로서의 지위를 갖는다는 것이다.

Ⅳ. 고용부담금의 실효성 및 제도적 개선방안

1. 실효성 검토

(1) 검토의 기준 및 변수들

고용부담금은 의무고용의 실효성을 확보하기 위한 수단이며, 따라서 의무고용의 성공 여부는 고용부담금의 형성과 어느 정도 관련되어 있다. 물론 대기업 등 기존에 장애인고용에 소극적이었던 기업들은 고

15) 헌법재판소가 자세한 논리를 제시하지는 않았지만 결론적으로는 해당 규정을 합헌으로 결정하였다. 헌재결 2003. 7. 24, 2001헌바96, 15-2(상), 86면 이하 참조.

용부담금으로 인한 부담에 예민하지 않다는 유보가 있다.[16] 일반적으로는 만약 비용효과분석에 있어서 장애인의 생산성 손실, 그리고 장애인고용에 수반되는 추가비용을 한편으로 하고 고용부담금의 부담을 다른 한편으로 하였을 때 전자의 부담이 크다면 이 제도는 실효성을 가질 수 없다.[17] 현행법은 고용의무를 이행하지 않은 경우 고용부담금을 부과할 뿐 의무위반에 대한 독자적인 제재를 가하지 않는다. 제도 개선에 있어서는 이 점에 대한 검토도 필요하다.

(2) 고용부담금의 변화와 장애인고용

「장애인고용촉진법」은 고용의무를 이행하지 않은 사업주에게 고용부담금을 부과한다. 고용의무만을 부과하는 정책이 실효성이 없다고 판단한 결과이다. 다만 100인 미만 근로자를 고용하는 사업장의 경우 중소기업보호라는 또 다른 공익을 위하여 고용의무를 부과하되 고용부담금은 부과되지 않는다.[18] 1995년 사업주가 직업재활시설과 연계고용을 실시하는 경우 고용부담금을 감면하도록 하는 개정이 있었다.[19] 이러한 변화가 장애인고용률에 어떠한 변화를 주었는지는 확인할 수 없다.

2001년 고용부담금의 부과체계가 변화하였다. 즉 장애인고용률 1% 미만인 기업과 1% 이상인 기업에 대해서 고용부담금을 차등 부과하도록 하였다. 이 규정은 장애인고용률이 변동될 것에 대비하여 2005년부터는 차등부과의 기준을 정률에서 의무고용인원의 2분의 1로 바꾸어 적용하도록 하였다. 이 시기는 1999년 장애범주의 확대를 계기로 장애

16) 이에 대해서는 박자경 외, 위 각주 11의 책, 32면 이하 참조.

17) 현행 제도에 대한 이러한 평가에 대해서는 황수경·이인재·안주엽, 장애인의무고용제의 합리적 운영방안(한국노동연구원, 2003), 49면 이하 참조.

18) 이는 15인 이상 혹은 20인 이상 근로자를 고용하는 중소기업의 경우에 고용의무를 부과하는 일부 국가와 차이가 있다. 이에 대해서는 조용만, 장애인의무고용제 시행국가에서의 장애인차별금지제도 연구(노동부, 2005), 23면 참조.

19) 위 각주 5 참조.

인고용률이 개선된 시기와 겹친다. 따라서 고용부담금의 차등 부과가 장애인고용률에 미친 영향 역시 확인하기 어렵다. 이 기간 장애인고용률은 연평균 상승률보다 높았다. 2004년 고용의무 대상기업은 기존에 300인 이상인 사업장에서 100인 이상 사업장으로 확대되었다. 2003년에서 2004년 장애인고용률은 평균 상승률을 약간 상회하였다. 2003년은 장애범주가 추가되어 장애인구가 약 12만 명 증가하여 장애인 고용률에는 부정적으로 작용하였다는 점을 고려하면 의무고용대상기업의 확대가 장애인고용에 긍정적인 영향을 주었다고 할 수 있다. 이는 중증장애인 고용효과와 관련해서도 마찬가지이다. 2004년 법률 개정을 통하여 2005년부터 중증장애인을 고용하는 사업주는 고용부담금을 2분의 1 감면받을 수 있게 되었다. 그러나 이 규정이 중증장애인의 고용증대에 기여하였다는 효과가 가시적으로 나타나지는 않았다. 중증장애인 고용률은 2000년 33.5%에서 2005년에는 27.5%로 감소하였다.[20] 이 제도는 2009년 법률 개정을 통하여 폐지되었다.

지난 20년 동안 고용부담금의 변화와 장애인고용률의 상관관계를 확인하는 것은 거의 불가능하다. 아래에서는 고용부담금의 기능을 중심으로 이를 장애인고용에 기여하도록 형성하는 제도적 개선방안을 살펴보기로 한다.

2. 제도적 개선방안

(1) 고용부담금의 유도 · 조정적 기능 강화

1) 고용부담금의 기능과 산정기준 및 수준

고용부담금 산정의 기준은 부담기초액이다. 부담기초액은 장애인을 고용하는 경우에 추가로 소요되는 비용의 평균액을 기초로 산정된

20) 중증장애인 고용률의 전반적인 변화에 대해서는 김종진 외, 의무고용제도 재설계방안(한국장애인고용촉진공단 고용개발원, 2008), 28면 이하 참조.

다. 이러한 산정기준에는 고용부담금의 유도·조정적 및 형평회복의 기능이 반영되어야 한다. 다만 이때 유도·조정적 기능과 형평회복의 기능 중 어느 측면을 우선할 것인가에 따라서 차이가 있다. 형평회복의 기능을 우선할 경우 고용부담금의 수준은 장애인을 고용하였더라면 추가로 소요되는 특별비용을 기준으로 결정되어야 한다.[21] 이에 비해서 유도·조정적 기능을 우선할 경우에는 고용부담금은 장애인을 고용하였을 때 추가로 소요되는 특별비용을 어느 정도 상회하는 수준에서 결정되어야 한다.[22] 이때 비로소 사업주가 고용부담금으로 도피하는 행태를 방지할 수 있다. 이에 비해서 고용부담금의 재정적 기능을 우선할 경우에는 고용부담금의 산정은 정책적으로 결정될 수밖에 없다. 재정수요에 따라서 고용부담금의 수입, 그리고 그 수준이 결정되기 때문이다.

「장애인고용촉진법」은 위에서 지적한 바와 같이 장애인고용에 따르는 특별비용과 연계하여 부담기초액을 결정하기 때문에 고용부담금이 기본적으로 유도·조정적 기능 및 형평회복의 기능을 수행하여야 하며 재정기능에 중점이 있어서는 안 된다.

2) 부담기초액의 산정기초

법률상 부담기초액 산정의 기초는 장애인고용에 따르는 특별비용이지만 실제 부담기초액은 최저임금액을 기준으로 산정되고 있다. 이는 다음과 같은 이유에서 비체계적이다.

첫째, 장애인고용촉진법 제33조 제3항에 열거된 요소들을 기준으로 부담기초액을 정확히 산정하는 것은 불가능하다. 따라서 이들 산정기초는 결국 정책적으로 결정될 수밖에 없다. 예컨대 독일의 경우 부담금단가가 노동시장에서 장애인 고용상황에 따라 임의로 결정되고, 프랑스의 경우 최저임금과 연계하여 결정된다고 소개되고 있

21) 이러한 제안으로는 예컨대 남성일, 장애인고용장려금과 부담금의 적정 수준과 양자 간의 상관관계에 관한 연구(2003, 노동부) 참조.

22) 이러한 견해로는 예컨대 황수경·이인재·안주엽, 위 각주 19의 책, 49면 이하, 84면 이하 참조.

다.[23] 그러나 적어도 독일의 경우 이러한 소개는 정확한 것은 아니다. 독일의 경우 의무고용률의 결정이 고용상황을 기준으로 결정되기는 한다. 그러나 부담금산정의 기준이 법률에 명확히 규율되어 있지는 않으며, 다만 장애인고용률에 따라 부담금이 차등 산정된다는 기준이 제시되어 있을 뿐이다.[24] 오히려 독일에서는 고용부담금의 성격을 유도·조정적 특별부담금으로 이해하기 때문에 장애인을 고용하였더라면 추가로 소요되는 특별비용을 조금 상회하는 수준으로 고용부담금을 결정하였을 가능성이 크다. 실제 독일에서 부담금은 법률에 정액으로 결정되며 매년 임금상승률에 연동된다. 우리의 경우에도 고용부담금의 성격과 기능에 충실하게 장애인을 고용하였을 경우 소요되는 특별비용을 산정하는 기준을 세부적으로 마련하고 이를 기초로 고용부담금이 정책적으로 결정되어야 할 것이다. 이것이 「장애인고용촉진법」상의 부담기초액 산정 기준에 관한 규정과 더 조화되는 방법이다.

둘째, 현재 고용부담금은 최저임금과 연계하여 산정되고 있다. 2009년 현재 부담기초액은 정액으로 51만원이다. 그러나 부담기초액의 산정기준으로 제시되어 있는 요소들과 실제 적용되는 최저임금이 어떠한 상관관계에 있는지 불투명하다. 최저임금을 기준으로 하는 의미는 기본적으로 장애인고용에 따른 생산성의 손실을 보상하는 데 있다. 그런데 고용부담금은 생산성의 손실 뿐 아니라 그밖에 장애인고용에 따르는 특별비용을 동시에 주목하여야 하기 때문이다. 그 결과 고용부담금과 장애인 고용효과의 상관성을 희석시키는 문제를 발생시킨다. 또 실제 최저임금에 미치지 못하는 수준에서 부담기초액이 결정되고 있다. 이러한 상황에서 장애인의 고용을 유인하는 효과 및 그 정도를 파악하

23) 이에 대해서는 심진예 외 5, 장애인 고용정책 국제 비교 연구(한국장애인 고용촉진공단 고용개발원, 2006), 275면 이하 참조.

24) 이에 따르면 중증장애인의 고용률이 3% 이상인 경우, 2% 이상 3% 미만인 경우, 그리고 2% 미만인 경우 각각 고용인원에 미치지 못하는 중증장애인 1인에 대해서 105유로, 180유로, 그리고 260유로가 차등 부과되고 있다. 사회법전 제9권 제77조 제2항 참조.

기 어렵다. 이에 대한 제도적 개선이 필요하다.

3) 장애인고용률에 따른 고용부담금 차등부과

고용부담금의 유도적 기능을 세분화하여 실현하기 위하여 의무고용인원의 2분의 1에 미달하는 기업에 대해서는 50%를 가산하고 있다. 이 규정은 의무고용률이 2%였던 시기에 도입되었다. 그런데 현재 의무고용률이 2.3%이고 앞으로 2.7%로 상향 조정될 것이며, 또 위에서 제안한 대로 의무고용률이 인상될 경우 보다 세분화하는 방법이 구상되어야 한다. 더구나 2009년말 현재 장애인고용률이 1% 미만인 기업이 전체 의무고용대상 기업 중 41.3%에 이른다.[25] 따라서 이들 기업에게 고용부담금이 고용유인효과를 가져야 한다는 점을 고려하면 현재에 비해서 장애인고용률을 세분화하여 고용부담금을 부과하는 것이 유도·조정적 기능에 비추어 타당하다.[26]

다만 위와 같은 정책개선에 있어서 다음과 같은 점을 고려하여야 한다. 장애인고용이 저조한 기업, 특히 예컨대 1,000명 이상 근로자를 고용하는 대기업의 경우에는 고용부담금에 의한 부담과, 고용장려금에 의한 지원이 고용에 미치는 영향이 크지 않다.[27] 따라서 특히 대기업의 경우 의무고용률의 구간을 세분화하는 정책은 장애인에게 기업의 수요에 적합한 직업능력을 갖추게 하는 조치가 수반되지 않고는 의도한 효과를 실현할 수 없다.

(2) 고용부담금의 중증장애인 고용유인 기능과 한계

2009년까지 「장애인고용촉진법」은 의무고용이 중증장애인의 고용효과에 취약하다는 문제점을 인식하고 중증장애인을 고용하는 사업주에게 고용부담금 총액의 2분의 1의 범위 내에서 중증장애인 1인당 부담기초

---

25) 이에 대해서는 박자경 외, 위 각주 11의 책, 28면 참조.
26) 독일의 예에 대해서는 위 각주 26 참조.
27) 이에 대해서는 박자경 외, 위 각주 11의 책, 32면 이하 참조.

액의 2분의 1에 해당하는 액을 감면할 수 있도록 하였다. 이 규정은 2009년 중증장애인에 대한 2배 산정제도가 도입되면서 폐지되었다.

고용부담금의 일부를 감면하는 제도는 실질적으로 중증장애인의 고용에 기여하기 힘들다. 다음과 같은 두 가지 이유에서 그렇다. 첫째, 고용부담금의 실질적인 산정기준이 최저임금이기 때문에 중증장애인을 고용하는 경우 발생하는 부담을 조정하는 데 한계가 있다. 둘째, 중증장애인의 고용을 위해서는 중증장애인의 상황과 고용환경 및 고용형태 등을 구체적으로 파악하고 이를 보상하는 기본적인 가정 하에 이에 기초하여 부담금이 산정되어야 한다. 그런데 중증장애인을 고용하는 경우 일률적으로 부담기초액의 2분의 1에 해당하는 금액을 감면하는 것은 중증장애인 고용의 다양한 특성 및 이에 따르는 부담을 반영할 수 없다. 이에 2009년 법률 개정을 통하여 중증장애인의 고용은 고용부담금 대신 고용장려금의 과제가 되었다. 이러한 개정에는 2009년 법률 개정 전까지 중증장애인에 대해서 고용부담금 감면이, 그리고 고용장려금에 있어서의 우대가 중복하여 적용되었다는 사실도 작용하였다. 중증장애인의 고용을 위해서는 최근 도입된 의무고용에 있어서 더블카운트제도를 개선하여 예컨대 트리플카운트제도를 도입하는 등의 방법으로 유인효과를 보다 더 갖게 하고, 장애인의 고용을 실질적으로 지원하기 위한 장려금제도를 충실히 보충하여야 한다. 또 1차 노동시장에 실질적으로 접근할 수 없는 중증장애인을 위한 직업훈련과 고용보호를 강화하여야 한다.

(3) 고용부담금과 법령위반에 대한 제재

위에서 지적했듯이 민간기업, 특히 대기업이 장애인고용에 아직 소극적이다.[28] 이는 독일과 일본의 경우에는 대기업이 오히려 장애인고용

28) 예컨대 50인 이상 근로자를 고용하는 사업장의 경우 장애인고용률은 49.7%인데 비해서, 300인 이상 근로자를 고용하는 사업장의 장애인고용률은 33.6%에

의 비율이 높다는 사실과 비교된다.[29] 대기업이 적극적으로 장애인고용 의지를 가질 경우 고용이 안정적이고, 높은 수준의 임금이 지급될 수 있다. 또 이는 장애인고용에 대한 일반 국민 및 민간기업의 의식을 제고하는 효과가 있기 때문에 이 문제에 대한 적극적인 대응이 필요하다.

고용부담금은 엄격하게 보면 법률상의 의무위반에 대한 제재가 아니며, 장애인의 고용을 유도하기 위한 특별부담금이다. 따라서 장애인을 고용하지 않은 데에 사업주의 고의 및 과실 등 책임요건은 고용부담금의 부과에 영향을 미치지 않는다.[30] 그런데 의무고용이 실효성을 갖기 위해서는 이와 같은 유도적 및 조정적 특별부과금 외에 법률 위반에 따르는 제재가 동시에 가해져야 한다. 예컨대 독일의 경우 사회법전은 고용부담금의 납부로 인하여 고용의무가 면제되는 것은 아니라는 점을 명확히 밝히고 있다. 또 고의 혹은 과실에 의하여 고용의무를 위반한 경우 제재는 별도로 가해진다(독일 사회법전 제9권 제77조 제1항).[31]

이와 같이 벌금은 법질서 위반에 대한 제재이기 때문에 부담금과 벌금을 동시에 부과하는 것이 이중처벌금지의 원칙에 위반되지는 않는다.[32] 「장애인고용촉진법」은 의무위반에 대한 제재를 하고 있지 않다. 그 결과 사업주는 실질적으로 부담금납부와 장애인을 고용하지 않을

불과하다. 최종철 외, 중증장애인 고용정책 연구(한국장애인고용촉진공단 고용개발원, 2006), 31면 이하 참조.

29) 이에 대해서는 최종철 외, 위 각주 30의 책, 105면 참조. 예컨대 독일의 경우 20인 이상 40인 미만, 250인 이상 500인 미만, 500인 이상 1000명 미만근로자를 고용하는 사업장의 장애인고용률은 각각 2.8%, 4.0%, 4.4%, 5.0% 이상으로 보고되고 있다.

30) 이에 대해서는 BVerfGE 57, 139(168)면 참조.

31) 이 경우 질서위반의 제재로서 최고 10,000유로의 벌금이 부과된다(사회법전 제9권 제156조 제1항 제1호, 제2항). 프랑스에서도 의무고용을 이행하지 않은 경우 부담금 보다 25% 높은 과태료를 부과하고 있다. 이에 대해서는 조용만, 위 각주 20의 문헌, 4면 및 21면 참조.

32) 이에 대해서는 헌재결 1994. 6. 30, 92헌바38, 6-1, 628면 이하; 2001. 5. 31, 98헌가18등, 13-1, 1100면 이하; 2003. 6. 26, 2002헌가14, 15-1, 640면 이하; 대판 1996. 4. 12, 96도158 등 참조.

가능성 중 선택할 수 있게 되어, 장애인고용의 입법목적은 희석된다. 이미 언급했듯이 이러한 방법도 대기업의 경우 효과가 제한적이다. 다만 고용의무 위반에 대해서 제재를 도입하는 것은 일반적인 장애인고용의 수단을 강화하며, 장애인고용에 대한 사회적 비난을 제공하는 효과는 있을 것이다.

Ⅴ. 맺는 말

지난 20년간 장애인고용부담금은 의무고용제 및 장려금제도와 함께 장애인고용을 위한 정책수단으로 기능하였다. 고용부담금은 사용자에게 장애인고용의무를 부과하고 의무고용률에 미달하는 경우 이를 간접적으로 강제하는 수단이다. 장애인고용부담금은 사용자의 영업의 자유를 제한하는 효과가 있기 때문에 이에 대한 헌법적 정당성을 구명할 필요가 있다. 이 연구에서는 특별부담금의 정당성 요건을 중심으로 이 문제에 접근하였다. 고용부담금 자체가 정당성이 있다 하더라도 그 구체적인 내용에 따라서는 사용자의 영업의 자유를 과잉 제한하는가에 대한 헌법적 검토가 필요하다. 고용부담금의 산정기준을 중심으로 이 문제를 검토하였다.

고용부담금의 실효성을 높이기 위해서는 고용부담금의 유도 및 조정적 기능을 보다 강화할 필요가 있다. 이를 위하여 장애인을 고용하는 경우 소요되는 특별비용을 산정하여 이를 기초로 고용부담금이 책정되어야 한다. 따라서 현재와 같이 최저임금을 기준으로 고용부담금을 산정하는 것은 재검토되어야 한다. 또 장애인 의무고용률이 점차 상승하고 있기 때문에 장애인고용률에 따라서 고용부담금을 차등 산정하는 방법이 개발되어야 한다. 기존에 중증장애인을 고용하는 경우 고용부담금을 일부 감면하는 방법을 중증장애인의 고용하는 유인효과가 크지 않다. 중증장애인의 고용은 오히려 최근 도입된 의무고용에 있어서 더블카운트제도, 장애인의 고용을 실질적으로 지원하기 위한 장려금제도, 그리고 1차 노동시장에 실질적으로 접근할 수 없는 중증장애인을 위한 직업훈련과 고용보호를 강화하여 실현하여야 할 것이다.

[참고문헌]

김종진 외, 의무고용제도 재설계 방안, 한국장애인고용촉진공단 고용개발원(2008).

남성일, 장애인고용장려금과 부담금의 적정 수준과 양자 간의 상관관계에 관한 연구(2003, 노동부).

박자경 외, 장애인고용촉진 및 직업재활기금의 합리적 운영방안, 한국장애인고용공단 고용개발원(2006).

유완식 외, 장애인의무고용율 조정방안, 장애인고용촉진공단 고용개발원(2009).

전광석, "헌법과 장애인정책 — 복지와 평등의 이념적 상관관계를 중심으로," 헌법논총 제20집(헌법재판소, 2009).

_____, "산재보험의 법적 성격과 역할," 연세법학연구 제11집 제 1 권(2005).

조용만, 장애인의무고용제 시행국가에서의 장애인차별금지제도 연구(노동부, 2005).

최종철 외, 중증장애인고용정책연구(한국장애인고용공단 고용개발원, 2006).

안주엽/황수경/이인재, 장애인 의무고용제의 합리적 운영방안(한국노동연구원, 2003).

[국문요약]

장애인고용부담금의 헌법적 정당성 및 제도적 타당성

지난 20년간 장애인고용부담금은 의무고용제 및 장려금제도와 함께 장애인고용을 위한 정책수단으로 기능하였다. 고용부담금은 사용자에게 장애인 고용의무를 부과하고 의무고용률에 미달하는 경우 이를 간접적으로 강제하는 수단이다. 장애인고용부담금은 사용자의 영업의 자유를 제한하는 효과가 있기 때문에 이에 대한 헌법적 정당성을 구명할 필요가 있다. 이 연구에서는 특별부담금의 정당성 요건을 중심으로 이 문제에 접근하였다. 고용부담금 자체가 정당성이 있다 하더라도 그 구체적인 내용에 따라서는 사용자의 영업의 자유를 과잉 제한하는가에 대한 헌법적 검토가 필요하다. 고용부담금의 산정기준을 중심으로 이 문제를 검토하였다.

고용부담금의 실효성을 높이기 위해서는 고용부담금의 유도 및 조정적 기능을 보다 강화할 필요가 있다. 이를 위하여 장애인을 고용하는 경우 소요되는 특별비용을 산정하여 이를 기초로 고용부담금이 책정되어야 한다. 따라서 현재와 같이 최저임금을 기준으로 고용부담금을 산정하는 것을 재검토되어야 한나. 또 장애인 의무고용률이 섬차 상승하고 있기 때문에 장애인고용률에 따라서 고용부담금을 차등 산정하는 방법이 개발되어야 한다. 기존에 중증장애인을 고용하는 경우 고용부담금을 일부 감면하는 방법을 중증장애인의 고용하는 유인효과가 크지 않다. 중증장애인의 고용은 오히려 최근 도입된 의무고용에 있어서 더블카운트제도, 장애인의 고용을 실질적으로 지원하기 위한 장려금제도, 그리고 1차 노동시장에 실질적으로 접근할 수 없는 중증장애인을 위한 직업훈련과 고용보호를 강화하여 실현하여야 할 것이다.

[핵 심 어]
장애인, 고용, 고용부담금, 평등권, 중증장애인

[Abstract]

A Constitutional Legitimacy of Special Levy for the Disabled Employment

Kwang Seok Cheon

In the last 20 years the quota levy system according to the act for the employmental promotion for the disabled has been practised with another instruments such as quota system and promotional measures for the disabled. The constitutional legitimacy should scrutinized, since this instrument is supposed to restrict the freedom of the employers. In this article this problem is, firstly, structured in regard to the legitimacy of the special levy. And then the criteria of the proportionality is applied to scrutizie the constitutionality of the special levy.

To enhance the effect of the special levy for the employmental promotion for the disabled the inducive and steering function should be strengthened. It is argued that the special costs required in case of the employment of the disabled should be calculated, based upon it the special levy should be appropriated. The appropriation of the special levy based upon the minimum wage needs to be reformed. Additionally the differentiated burden of the special levy should be introduced as the quota for the employment has been increased in last years and coming years. For the severely disabled the vocational education and training for them should be more activated either to be incorporated in the first labor market, or protected in the sheltered market for the disabled.

[Keywords]

the disabled, employment, special levy for employment, equality, the severely disabled

헌법정책적 측면에서 헌법재판소와 법원의 관계

황 치 연*

Ⅰ. 독립형 헌법재판기관의 존치 문제

헌법재판소 제도의 도입에 관한 역사적 배경, 기본권보호와 헌법수호에 관한 헌법재판소 20년의 성과, 독립형 헌법재판기관의 장점, 독립

* 헌법재판소 헌법연구관, 헌법재판연구원 교육팀장

된 헌법재판기관으로서 헌법위원회 보다 헌법재판소 제도가 가지는 현실 적합성에 기초해 볼 때, 헌정사적 관점에서 헌법재판소 제도의 착근과 발전이 시대적 과제이다.

우리 헌법재판소는 헌법재판의 4대 강국이라는 세계적 위상을 가지고, 세계각국에 모범적이고 선도적인 역할을 하고 있으며, 국가기관 중 영향력 및 신뢰성에 관한 국민지지 1위의 헌법기관이다. 대법원의 헌법부 창설과 같은 법원 기관중심의 비현실적 주장은 먼저 헌법 및 헌법재판의 특성과 그 체계적 이해를 결여하고 있다. 헌법재판소의 존치문제는 헌법제정 및 개정권자인 국민의 의지, 헌법개정의 추진세력인 입법자의 자율적 판단, 그리고 헌법학자들의 논의에 맡겨둘 문제이다. 헌법개정과 관련하여서는 헌법재판에 관한 헌법상의 흠결 및 굴절내용을 발견하고 헌법재판소의 정상적 활동을 저해하고 헌법적 정합성(헌법체계적 통일성)을 해치는 장애요인들을 제거하며 더욱더 국민의 기본권 보장의 철저에 이바지하기 위한 헌법재판의 발전을 지향하는 관점에서 건설적 논의가 이루어져야 한다.

Ⅱ. 헌법개정시 헌법재판소의 장별 위치

헌법재판소와 법원의 관계에 관련한 현행의 편제방식은 헌법제정권력자의 정치적 결단이라고 보아야 하며, 양자를 분리하여 규정하고 있는 외국의 사례도 있기 때문에 현행의 편제 그대로 두어도 무방하지만, 헌법재판의 기능을 고려할 때, 헌법재판소를 법원의 장 앞에 두는 것이 바람직할 것이다. 헌법재판에 관한 진화론적 관점에서 살펴볼 때, 헌법재판의 실정헌법적 정당화 지반에서 우리 헌법이 취하고 있는 태도가 미국 및 독일에 비하여 가장 진보된 형태라고 볼 수 있다. 미국은 독립된 헌법재판소의 형태가 아닌 연방대법원이 헌법에 명시적 규정 없이 판례법의 전통에 따라 헌법재판을 행하고 있으며, 독일은 헌법에 명문의 근거를 두고 있지만 독립된 헌법재판기관으로서 연방헌법재판소를 사법의 장(제 9 장 제92조 내지 제94조)에 규정하고 있는 반면에, 우리 헌법은 일반사법과는 다른 헌법재판의 본질적 특성을 고려하여 법원(제 5 장)과는 독립된 장(제 6 장)에서 헌법재판소를 규율하고 있기 때문이다. 어쨌든 헌법정책적인 차원에서 헌법재판기관에 대한 독일의 실정헌법적 편제가 우리보다 선진적이라는 편견을 불식해야 한다.

Ⅲ. 재판소원의 도입 문제

1. 현행 헌법재판제도의 구조와 문제점

(1) 재판소원금지의 문제점

한 국가의 법체계는 헌법을 정점으로 하여 일련의 위계질서로 구성되어 있으며, 헌법의 통일성의 보장은 국가법질서의 통일성을 확보하기 위하여 무엇보다 중요한 과제가 아닐 수 없다. 최종적으로 헌법을 유권적으로 해석할 수 있는 기관은 하나로 통일되지 않으면 안 된다. 이를 위해 집중형은 최종적 헌법재판기관을 헌법재판소로 일원화함으로써 헌법해석의 통일성을 확보하며, 비집중형은 법원의 심급구조와 선례구속성의 원칙을 통해 헌법해석의 통일성을 확보한다.

비록 헌법재판소법 제68조 제 2 항에 의해 헌법소원을 제기할 수 있는 길이 열려 있으나 법원의 헌법해석에 대하여 헌법재판소가 판단할 가능성은 배제되어 있다. 그 결과 법률의 위헌 여부가 문제되는 경우를 제외한 나머지의 경우에는 법원의 헌법해석이 헌법재판소의 그것과 상이하다 하더라도 이에 관해 헌법재판소에서 다툴 수 있는 길이 없다.

또한 대법원은 헌법재판소의 변형결정들 중 헌법불합치결정에 대해서만 기속력을 인정하고 있고, 한정위헌결정이나 한정합헌결정의 경우 그 기속력을 부인하고 있어 헌법재판소와 법원이 헌법해석을 달리할 가능성을 배제할 수 없다.

(2) 규범통제권한 이원화의 문제점

우리 헌법상 명령·규칙에 대한 헌법소원이 인정될 수 있는지 여부에 대해 대법원은 이를 부정하고 있다. 그러나 헌법재판소는 '법무사법 시행규칙에 대한 헌법소원사건'[1]에서 이를 긍정한 바 있고, 법규헌법소원이 일반적으로 인정되고 있다.

그 근거는 다음과 같다.

① 헌법 제107조 제 2 항의 명령·규칙에 대한 대법원의 최종심사권이란 구체적인 소송사건에서 명령·규칙의 위헌여부가 재판의 전제가 되었을 경우 법률의 경우와는 달리 헌법재판소에 제청할 것 없이 대법원이 최종적으로 심사할 수 있다는 의미일 뿐이다. 따라서 헌법 제111조 제1항 제1호에서 법률의 위헌여부심사권을 헌법재판소에 부여한 이상 통일적인 헌법해석과 규범통제를 위하여 공권력에 의한 기본권침해를 이유로 하는 헌법소원심판의 경우에는 법률의 하위법규인 명령·규칙의 위헌여부심사권이 헌법재판소의 관할에 속함은 당연한 것이므로 헌법 제107조 제 2 항의 규정이 이를 배제한 것이라 볼 수 없다.

② 명령·규칙 그 자체에 의하여 직접 기본권이 침해되었을 때에는 그 명령·규칙의 효력을 직접 다투는 것을 소송물로 하여 일반법원에 구제를 구할 수 있는 절차가 없으므로 이러한 경우는 직접 헌법재판소에 헌법소원심판을 청구할 수 있다고 보아야 한다.

③ 헌법 제101조가 사법권은 법원에 속하고 대법원은 최고법원이

1) 헌재 1990. 10. 15, 89헌마178, 판례집 2, 365, 369－370.

라 규정하고 있고, 헌법 제107조 제2항이 명령과 규칙이 헌법에 위반되는 여부가 재판의 전제가 된 경우에는 대법원이 최종적으로 이를 심사할 권한을 가진다고 한 것은 사법부 내에서의 대법원의 위상을 명확히 한 것이지 헌법재판을 포함하는 모든 사법작용에 있어서의 대법원의 지위를 규정한 것이라 볼 수 없다.

④ 명령·규칙에 대한 대법원 판결의 효력은 개별적 효력으로 당해 사건에서만 적용을 거부하는 것에 그치지만, 명령·규칙에 대한 헌법소원심판의 경우 헌법재판소의 결정은 일반적 효력을 가진다는 점에서 양자를 구별할 실익이 있다. 명령과 규칙을 헌법소원의 대상에서 배제하는 것은 재판만을 헌법소원의 대상에서 제외한 헌법재판소법 제68조 제1항의 취지에도 반한다.

이상과 같은 견해의 대립은 근본적으로는 우리 헌법이 헌법재판기관으로서 헌법재판소를 도입하면서도 제107조 제2항과 같은 규정을 면밀한 검토없이 방치하고 있는 것에서 초래되는 것인바, 해석론으로 그 부조화를 극복하기에는 한계가 있으므로 차제에 헌법개정을 통하여 통일적 헌법재판권을 확립하는 것이 근본적 해결책이다.

(3) 원행정처분에 대한 헌법소원금지의 문제점

원행정처분에 대한 헌법소원의 허용 여부에 대해서도 학설은 대립된다.

1) 부 정 설

① 행정처분에 대한 헌법소원을 인정하는 것은 헌법 제107조 제2항에 위배되며,

② 헌법재판소법 제68조 제1항이 헌법소원의 대상에서 법원의 재판을 제외하고 있음에도 만약 원행정처분에 대해 헌법소원을 인정하게 되면 간접적으로 또는 우회적으로 법원의 재판에 대한 헌법판단을 허

용하는 결과가 되어 입법자의 의사에 반한다.

2) 긍 정 설

① 재판 자체에 대해서는 헌법소원이 금지되지만 원래의 행정처분은 공권력행사로서 헌법소원의 대상이 될 수 있으며, 헌법재판소법 제68조 제 1 항은 행정처분을 법원의 재판처럼 헌법소원의 대상에서 제외시키고 있지 않으므로 행정처분에 의해 기본권이 침해된 경우 그 구제절차로서 법원의 재판을 거쳤으나 권리구제가 이루어지지 않았다면 원행정처분에 대한 헌법소원심판은 청구할 수 있다고 보아야 한다.

② 헌법 제107조 제 2 항은 대법원에 처분의 위헌 여부에 대한 전속적 권한을 인정한 것이라기보다 처분이 헌법에 위반되는지 여부가 재판의 전제가 되는 때에는 헌법재판소에 제청할 필요 없이 대법원이 최종적으로 심판한다는 의미로 해석해야 하고, 위 조항에 따른 대법원의 최종적 심판권은 사법부 내부에서의 최종적 심사를 의미하지 헌법재판소와의 관계에서까지 최종적으로 심리하는 것을 의미한다고 볼 수 없다.

③ 행정처분의 전제가 된 법률이 헌법에 위반되는 데도 법원이 이를 간과하여 위헌제청을 하지 않은 경우 비록 대법원 판결이 있었다 하여도 행정처분 그 자체를 소송물로 한 헌법소원은 허용된다고 보아야 하며, 또 행정처분의 근거가 된 법률이 위헌인 경우 구태여 행정소송을 제기함이 없이 바로 헌법소원을 제기할 수 있다고 보아야 한다.

④ 만약 행정처분을 헌법소원의 대상에서 제외한다면 헌법재판소법 제75조 제 3 항 · 제 4 항은 무의미하게 되므로, 제68조 제 1 항과 제75조 제 3 항 · 제 4 항을 규범조화적으로 해석한다면 행정처분에 대한 헌법소원이 인정된다고 보아야 한다. 특히 행정처분에 대한 헌법소원을 인정하지 않을 경우 헌법재판소법 제75조 제 5 항은 전혀 의미 없는 규정이라 할 것이므로[2] 이 조항은 행정처분이 헌법소원의 대상이 됨을

2) 제75조(인용결정).

전제로 한 규정이다.

⑤ 재판소원의 배제를 보충성의 원칙과 결합하여 행정처분에 대한 헌법소원까지 배제하는 것으로 해석하는 것은 헌법소원의 실질을 공동화(空洞化)하는 것으로 헌법 제111조 제 1 항 제 5 호의 취지에 반한다. 원행정처분에 대한 헌법소원을 인정한다 해서 그것이 사실관계의 확정이나 법률의 해석·적용에 관한 법원의 재판에 대한 재심을 의미하는 것이라 볼 수 없다.

⑥ 원행정처분에 의한 기본권침해를 인용하는 헌법재판소의 결정이 있는 경우 법원 판결의 기판력을 파기하는 결과를 초래하지만, 헌법재판소법 제75조 제 1 항에 의해 헌법재판소의 헌법소원의 인용결정은 모든 국가기관과 지방자치단체를 구속하는 만큼 법원도 헌법재판소의 인용결정에 구속되므로 별 문제는 없다.

한편, 헌법재판소는 법원의 재판을 거친 원행정처분에 대한 헌법소원은 원칙적으로 허용되지 아니하지만, 법원의 재판이 예외적으로 헌법소원의 대상이 되어 그 재판 자체가 취소되는 경우에 한하여 원행정처분에 대한 헌법소원이 인정된다고 하였다.[3)]

(4) 소　결

이상과 같은 논쟁은 헌법 제111조 제 1 항 제 5 호에 헌법소원심판

---

② 제68조 제 1 항에 따른 헌법소원을 인용할 때에는 인용결정서의 주문에 침해된 기본권과 침해의 원인이 된 공권력의 행사 또는 불행사를 특정하여야 한다.
③ 제 2 항의 경우에 헌법재판소는 기본권 침해의 원인이 된 공권력의 행사를 취소하거나 그 불행사가 위헌임을 확인할 수 있다.
④ 헌법재판소가 공권력의 불행사에 대한 헌법소원을 인용하는 결정을 한 때에는 피청구인은 결정 취지에 따라 새로운 처분을 하여야 한다.
⑤ 제 2 항의 경우에 헌법재판소는 공권력의 행사 또는 불행사가 위헌인 법률 또는 법률의 조항에 기인한 것이라고 인정될 때에는 인용결정에서 해당 법률 또는 법률의 조항이 위헌임을 선고할 수 있다.

3) 헌재 1998. 5. 28, 91헌마98 등, 판례집 10-1, 660; 헌재 1998. 7. 16, 95헌마77, 판례집 10-2, 267.

을 규정하면서 헌법 제107조 제2항을 존치하여 양 규정 간에 충돌이 생김으로써 야기되는 문제이다.

현행헌법은 헌정사상 처음으로 헌법소원제도(헌법 제111조 제1항 제5호)를 도입하면서도 '법률이 정하는 헌법소원에 관한 심판'이라 규정하였고, 헌법재판소법 제68조 제1항은 법원의 재판을 헌법소원의 대상에서 제외하고 있다. 그로 인해 법원의 재판만이 아니라, 법원 재판의 대상이 되는 공권력의 행사나 불행사까지도 헌법소원의 대상에서 제외된다고 하거나, 헌법 제107조 제2항과 관련하여 명령·규칙·처분은 헌법소원의 대상이 되지 않는다는 식의 주장이 제기되고 있다.

이러한 해석은 보충성의 원칙의 예외를 인정하지 않는 주장으로서, 사법적 구제절차에 의해 헌법상 기본권보장을 달성할 수 없는 경우까지 헌법소원에서 배제하는 결과를 가져와 헌법소원제도의 취지를 사실상 상실케 하는 결과를 초래한다. 국가권력의 기본권 기속성을 보장하고 헌법상 보장된 국민의 기본권의 침해를 구제하며 이를 통해 객관적 헌법질서의 유지·보장기능을 가진 헌법소원제도의 취지가 심각하게 왜곡되고 있다.

2. 헌법재판소법 제68조 제1항의 위헌 여부

(1) 합 헌 론

① 헌법 제111조 제1항 제5호는 '법률이 정하는 헌법소원에 관한 심판'이라 하여 헌법소원의 구체적 내용의 형성을 입법에 위임하고 있으므로 법원의 재판을 헌법소원의 대상에서 제외시킨다 하여 위헌이라 할 수 없다.

② 헌법 제107조 제2항은 명령·규칙·처분의 위헌, 위법 여부에 대해서는 대법원이 최종적으로 심판토록 규정하고 있는바, 이에 관한 법원의 재판에 대한 헌법소원을 허용한다면 헌법 제107조 제2항에 위

배된다.

③ 우리나라 헌법체계상 사법권은 대법원을 최고법원으로 하는 법원에 맡겨져 있고 헌법재판소는 법원과는 전혀 별개의 헌법기관이며 순수한 사법기관도 아닌바, 일반법원의 판결이 헌법소원의 대상이 된다면 그것은 헌법재판소에 의한 사법권의 행사를 의미하는 것이 되며 최고법원인 대법원 위에 제 4 심 재판기관을 신설하는 결과가 되어 헌법정신과 실정헌법에 반한다. 나아가 남소의 폐해가 클 뿐 아니라 법원의 독립성을 침해할 위험이 크다.

④ 헌법 제27조 제 1 항에서 규정하는 재판청구권 속에 반드시 법원의 재판에 대한 헌법소원을 청구할 수 있는 권리가 포함되어 있다고는 할 수 없다.

(2) 위 헌 론

① 법원의 재판 일체를 헌법소원의 대상에서 제외하는 것은 헌법소원제도를 형해화시키고 헌법소원제도의 본질을 침해하는 것으로 헌법 제111조 제 1 항 제 5 호에 반한다.

② 모든 재판을 헌법소원의 대상에서 배제하는 것은 재판에 의한 기본권침해에 대한 기본권보장을 외면한 것으로 기본권을 최대한 보장하여야 하는 입법의무를 위반한 것이며 법치국가원리에도 위반된다.

③ 법원의 재판을 헌법소원의 대상에서 제외시킨 것은 헌법소원심판청구권을 부당하게 제한하여 그 본질적 내용을 침해한 것으로 헌법 제27조 제 1 항에 의해 보장된 재판청구권을 과도하게 침해한다.

④ 입법권, 행정권, 사법권 모두를 통제대상으로 하여야 할 헌법소원제도가 민주적 정당성이 강한 입법권은 통제하면서 상대적으로 민주적 정당성이 약한 사법권과 행정권을 통제하지 못한다고 하는 것은 기능적 권력분립에 반한다.

⑤ 법원의 재판을 헌법소원의 대상에서 제외시킨 것은 사법권의

잠재적 기본권침해자로서의 기능을 소홀히 한 것으로 이를 입법작용이나 행정작용과는 달리 헌법소원의 대상에서 제외해야 할 이유가 없음에 비추어 볼 때 평등원칙에 위반된다.

(3) 헌법재판소 판례

헌법재판소는 한정위헌설을 취하고 있다.[4)]

① 헌법 제111조 제1항 제5호가 '법률이 정하는 헌법소원에 관한 심판'이라고 규정한 뜻은 헌법이 입법자에게 헌법소원제도를 헌법의 이념과 현실에 맞게 구체적 입법을 통하여 구현하게끔 위임한 것으로 보아야 할 것이므로 헌법소원은 언제나 법원의 재판에 대한 소원을 그 심판의 대상에 포함하여야만 비로소 헌법소원제도의 본질에 부합한다고 할 수 없다.

② 입법작용과 행정작용의 잠재적인 기본권침해자로서의 기능과 사법작용의 기본권의 보호자로서의 기능이 법원의 재판을 헌법소원심판의 대상에서 제외한 것을 정당화하는 본질적 요소이므로 헌법재판소법 제68조 제1항이 평등의 원칙에 위반되는 것이라 할 수 없다.

③ 재판청구권은 사실관계와 법률관계에 관하여 최소한 한 번의 재판을 받을 기회가 제공될 것을 요구할 수 있는 절차적 기본권으로 기본권의 침해에 대한 구제절차가 반드시 헌법소원의 형태로 독립한 헌법재판기관에 의하여 이루어질 것만을 요구하지는 않으므로 헌법재판소법 제68조 제1항이 재판청구권을 침해하는 것이라 볼 수 없다.

④ 다만, 헌법재판소법 제68조 제1항이 원칙적으로 헌법에 위반되지 않는다 하더라도 법원이 헌법재판소가 위헌으로 결정하여 그 효력을 전부 또는 일부 상실하거나 위헌으로 확인된 법률을 적용함으로써 기본권을 침해한 경우에도 법원의 재판에 대한 헌법소원이 허용되지 않는 것으로 해석한다면 이러한 재판은 헌법재판소의 결정의 기속

4) 헌재 1997. 12. 24, 96헌마172 등, 판례집 9-2, 842.

력에 반하고 법률에 대한 위헌심사권을 헌법재판소에 부여한 헌법의 결단에 반하여 헌법재판소의 존재 의의, 헌법재판제도의 본질과 기능, 헌법의 가치를 구현함을 목적으로 하는 법치주의와 권력분립주의 등을 부인하는 것이 되므로, 그러한 재판에 대하여 헌법소원을 인정하지 않는 것은 헌법에 위반된다.

(4) 소 결

이상과 같은 견해의 대립에서 보듯이 현행 헌법재판소 하에서 법원의 재판을 헌법소원의 대상에서 전적으로 배제하는 것은 위헌의 소지를 포함하고 있을 뿐 아니라, 헌법소원제도의 왜곡을 초래하므로 제도의 개정이 필요하다.

3. 현실적 문제

(1) 헌법정책적인 측면에서 볼 때 재판을 헌법소원의 대상에 포함시켜야 하는 근거

① 법원은 헌법 제107조 제 2 항에 따른 헌법재판은 물론 민·형사재판 등에서 헌법을 해석·적용하며, 특히 기본권의 대사인적 효력에 관한 문제라든가, 사법절차적 기본권에 관한 문제에 대해서 판단하고 그에 기초하여 재판한다. 그런데 개별법원마다 서로 다른 해석을 하거나 헌법재판소의 해석과 다른 해석을 하더라도 이러한 불일치를 해결할 통로가 없게 된다. 헌법해석의 통일성을 위해 재판소원이 필요하다.

② 헌법소원제도의 취지는 입법·행정·사법을 포함하는 모든 국가권력의 기본권에의 기속성을 확보하고자 함에 있으며, 국가권력의 위헌적 행사에 의해 국민의 기본권이 침해된 경우에는 이에 대한 헌법소원을 인정하는 것이 헌법소원제도의 취지에 부합하는 것이다. 그런 점에서 원칙적으로 기본권에 기속되는 국가권력은 모두 헌법소원의 대상

이 되어야 하는 것이 원칙이다. 법원의 판결이 국민의 기본권을 침해하는 경우에도 그 구제방법을 열어두어야 한다.

③ 재판소원 배제는 보충성의 원칙과 결합하여 법원의 재판의 대상이 되는 모든 행위를 헌법소원의 대상에서 배제하는 결과를 가져옴으로써 헌법소원제도를 형해화시키고 있어 이를 시정할 필요가 있다.

④ 헌법재판소법 제68조 제 2 항의 위헌소원과 같은 기형적 제도나 한정위헌결정을 둘러싼 헌법재판소와 대법원간의 분쟁을 재판소원제도를 도입함으로써 종식시킬 필요가 있다.

⑤ 법률에 대한 위헌심사, 행정작용에 대한 위헌심사를 실효성 있게 하고, 기본권이념의 중요성과 국민들의 헌법의식 고양에 대한 놀라운 교육적 효과를 감안하면, 비록 인용률이 낮다 하더라도 재판소원을 도입할 필요가 있다. 헌법재판소의 헌법수호자로서의 역할과 법원 등 국가최고기관에 대한 기본권기속성의 실현을 위해서도 재판에 대한 헌법소원은 인정되어야 한다.

(2) 법원의 재판을 헌법소원대상에 포함시킬 경우의 문제점

① 남소의 폐해와 그로 인한 사건폭주가 우려된다. 독일의 경우 헌법소원의 대부분은 법원의 재판에 대한 헌법소원인데 그 인용률이 현저히 낮다.

② 재판소원의 인정은 자칫 헌법재판소를 제4심 또는 초상고심으로 만들 위험이 있다.

원칙적으로 재판소원은 기판력 있는 법원의 재판에 대한 추가적 불복방법을 보장하는 것은 아니며, 일반법원의 고유한 권한이라 할 수 있는 사실의 확정이나 법률의 해석·적용에 대한 소원을 인정하고자 하는 것이 아니다. 그러나 법원의 그와 같은 판단에 대해 기본권침해를 주장하면서 헌법소원을 제기할 경우에 헌법소원이 제 4 심이 될 위험성도 있다. 그런 점에서 법원의 재판에 대한 헌법소원이 인정되는 경우와 인정되지 않는 경우를 구별하려는 노력이 있었으나, 그 구별이 용이하지 않다. 독일의 경우에도 Heck의 공식을 비롯한 많은 논의들이 있어왔으나, 명확한 기준은 찾기 어렵다. 이러한 사실은 헌법재판소의 관할과 일반법원의 관할구분을 매우 어렵게 만든다.

③ 이러한 사실과 관련하여 독일에서도 연방헌법재판소가 관할을 지나치게 확장하고 일반법원의 권한을 충분히 존중하지 않았다는 비판이 있고, 이러한 맥락에서 우리나라에서도 재판에 대한 헌법소원을 인정하면 법원의 판결에 대한 지나친 개입과 재판의 권위 및 사법권의 독립에 대한 침해가 우려된다는 주장도 있다.

4. 입 법 례

헌법소원제도를 두고 있는 나라 중 독일, 러시아, 스페인에서는 법원의 재판에 대한 헌법소원을 인정한다. 독일의 경우 실제 헌법소원의 대부분이 법원의 재판에 대한 소원이다. 오스트리아헌법이나 1818년과 1919년의 독일 바이에른州헌법, 체코헌법처럼 재판을 헌법소원의 대상에서 제외하고 있는 예도 있다.

5. 개선방안

사법작용에 의한 기본권침해의 가능성이 있는 이상, 사법작용도 헌법소원의 대상이 된다고 보는 것이 타당하다. 특히 현행법상 헌법소원제도의 왜곡이나 헌법재판소와 법원의 헌법해석의 불일치문제는 법원의 재판을 헌법소원의 대상에서 제외함으로써 야기된다는 점을 생각하면 법원의 재판도 헌법소원의 대상으로 하여야 한다.

문제되는 점들은 다음과 같다.

(1) 독일의 재판소원 폐지론[5)]

이 주장은 전문법원이 헌법소원청구인의 기본권보호와 실현에 가장 적임이라고 보며, 극히 희박한 인용률을 고려할 때 법원재판에 대한 헌법소원은 완벽한 개인의 헌법적 권리보장체계를 위하여 전체적 제도의 붕괴를 가져오는 법치국가적 낭비를 초래한다고 비판한다.[6)]

그러나 이 견해도 법원의 재판에 대한 헌법소원을 전면적으로 폐지하자는 것은 아니고 최종심 법원의 판결에 의해 처음으로 기본권이 침해된 경우 예외적으로 재판에 대한 헌법소원을 인정하여야 한다고 한다.[7)] 말하자면 최종심판결이 헌법적으로 논쟁의 소지가 있는 새로운 법적 근거에 기초한 경우에는 헌법소원청구인이 이에 대하여 그 전에 다툴 기회가 없었으므로, 이에 대해서는 헌법소원을 인정하여야 한다는 것이다. 또한 법원의 재판에 대한 헌법소원의 한계설정 문제도 여러 학자들에 의해 제기된 바 있다.

(2) 낮은 인용률

독일연방헌법재판소의 사건통계를 보면, 헌법소원이 전체사건수의 대부분을 차지하고 있고, 인용률도 매우 낮으며, 재판소원의 경우 더욱 그러하다. 이것은 법원의 경우 독립성과 정치적 중립성이 보장되고, 재판은 절차적 공정성이나 신중성이 보장되며, 그 기본권침해 위험성이 상대적으로 적다는 점에 기인한다.

그러나 법원의 재판을 헌법소원대상에서 배제하여 보충성의 원칙 및 헌법 제107조 제 2 항과 관련하여 법원의 재판뿐 아니라, 법원의 재판의 대상이 되는 행정작용도 헌법소원의 대상에서 제외되는 결과를

---

5) Rüdiger Zuck, Das Recht der Verfassungsbeschwerde, 1988, S. 96f.

6) Ebenda.

7) Ebenda.

초래하는 것은 헌법소원제도 자체를 폐지하지 않는 이상 타당하다고 보기 어렵다.

재판에 대한 헌법소원을 인정하지 않는 오스트리아의 경우 행정처분이나 명령에 대한 헌법소원을 인정하고 있으므로, 우리의 경우와는 상황이 다르다. 그리고 오스트리아는 재판소원이 인정되지 않음에 따라 연방행정재판소의 판결에 대하여 유럽인권재판소에 기본권 침해를 이유로 소원을 제기하는 상황이 발생하고, 이에 의하여 행정재판소의 판결이 자주 파기되는 사태가 야기되었다. 즉, 행정재판소가 헌법재판소로부터 독자성을 유지하려고 노력하다가 오히려 유럽인권재판소에 의하여 판결이 파기되는 상황이 초래된 것이다.

(3) 재판소원 인정범위에 관한 두 방안

① 법원의 재판에 대한 헌법소원을 인정하되 그 범위를 입법적으로 정하도록 하는 방안

일반법원도 하나의 헌법해석기관이라는 점을 인정하고, 주요한 헌법재판사항에 대해서는 헌법재판소가 최종적으로 판단하게 함으로써 그러한 범위에서 법원의 재판에 대한 헌법소원을 인정하는 방안이다. 가령 위헌법률심판 제청신청에 대한 재판, 명령·규칙의 위헌 여부에 대한 재판, 법원의 재판이 헌법재판소가 위헌으로 결정하여 그 효력을 전부 또는 일부 상실하거나 위헌으로 확인된 법률을 적용하여 기본권을 침해한 경우, 그리고 중대한 헌법위반을 한 재판 등에 한해서 헌법소원을 인정하는 방식이다.

② 법원의 재판을 헌법소원의 대상으로 하되 독일처럼 입법이 아니라 헌법재판소의 판례를 통하여 구체적 사안에 맞추어 탄력적으로 대응할 수 있도록 하는 방안이다.

6. 결 론

(1) 헌법재판소 20년의 운영결과 헌법재판소와 법원의 관계에 나타난 문제점의 해결을 위한 가장 근원적인 방법은 재판소원 도입이다.

재판소원 도입은 반드시 헌법개정을 전제로 하지 않으며, 헌법재판소법 제68조 제 1 항 중 '법원의 재판을 제외하고는'의 11글자를 삭제하는 것으로 충분하다. 다만, 헌법정책적인 차원에서는 헌법소원의 개념을 헌법상에 명확하게 설정하기 위하여 헌법 제111조 제 1 항 제 5 호의 '법률이 정하는 헌법소원에 관한 심판'이란 문구를 '공권력의 행사 또는 불행사에 의하여 기본권을 침해받은 국민이 제기하는 헌법소원심판'으로 개정할 필요가 있다.

헌법상 '법률이 정하는'을 삭제하고 '공권력의 행사 또는 불행사에 의하여 기본권을 침해받은 국민이 제기하는 헌법소원심판'으로 개정할 실질적인 이익은 '모든 국가권력'에 대한 기본권의 기속성과 직접적 효력성을 확인하고, 공권력의 개념을 헌법상 설정함으로써 기본권침해로부터 자유로운 사법권('법원의 재판')을 법률차원에서 배제할 가능성을 원천적으로 봉쇄하기 위함이다.

(2) 현실을 규율하는 법은 제정법뿐만 아니라 판례법(법관법)의 형태로도 존재한다.[8] 전자의 제정법은 규범통제의 형태로 위헌심사를 받는 것에 비하여, 후자는 전혀 심사를 받지 않고 방치되어 있다. 기본권이 모든 생활영역에 적용되고, 현실적인 효력을 지니는지의 여부는 통상적으로 일반법원에 의해서 결정되므로 일반법원만이 헌법기속[9] 내

8) 법관이 형성한 법은 입법권자가 형성한 것과 동일하게 헌법재판에 의한 통제를 받아야 한다. 법관이 형성한 법의 내용도 입법권자가 형성한 법의 내용처럼 기본권을 존중해야 하는데, 만일 법관법이 입법권자가 제정한 법의 내용으로는 인정하기 어려운 법적 결과를 내포하고 있다면 당연히 재판소원을 통해 통제할 수밖에 없다.

9) 우리 헌법 제103조는 "법관은 '헌법'과 법률에 의하여 그 양심에 따라 재판한다"고 규정하고 있다.

지 기본권기속으로부터 면제될 수는 없다.

일반법원이 기본권의 의미 및 보호영역을 잘못 해석하거나 기본권의 상충에 관한 형량을 그르친 경우, 기본권의 방사(파급)효과를 전혀 도외시하고 재판하거나 위헌결정(변형결정 포함)된 또는 위헌적인 법률을 적용하여 기본권을 침해하는 경우, 나아가 합헌적 법률해석과정에서 헌법해석을 잘못하거나 위헌적인 법률해석을 하여 기본권을 침해하는 경우에 헌법재판소는 헌법의 수호자 및 감시자로서 또한 기본권효력의 통일성에 관한 보장자로서 기능하여야 한다. 그렇지 아니한 경우에는 입헌주의 및 법치주의의 근간을 훼손하게 된다.

(3) 재판소원금지의 위헌성에 대해서는 상당수의 논문이 이미 집적되어 있다.[10] 더 이상 소모적인 위헌논쟁이 계속되어서는 아니된다.

법원의 재판에 의한 기본권침해가 심급제도에 의해서 시정 내지 교정될 수 있다는 주장에 대해서는 심급제도에 의해서 사실오인이나 채증법칙 위반은 용이하게 여과될 수 있지만, 상급법원 판례의 위헌성 등은 검토되기 어렵다는 점, 법원에 의한 기본권보호가 헌법재판에 대한 인식부족, 전문성의 결여, 과도한 업무의 부담 등으로 인하여 제대로 이루어지기가 쉽지 않다는 점에서 재판소원 전면금지는 정책적으로

10) 재판소원금지의 위헌성을 다루는 대표적인 문헌으로는 허영, 『헌법소송법론』(박영사, 2006), 38면 이하; 허영, "헌법재판소와 법원의 권한갈등을 어떻게 풀 것인가?," 「공법연구」 제24집 제 1 호(1996. 6.), 39면 이하; 박경철, "우리 헌법질서에서 재판소원금지의 위헌성," 「공법연구」 제30집 제 3 호(2002. 2), 155-182면; 황치연, "재판소원금지의 위헌성," 『한국헌법학의 현황과 과제』[금랑 김철수 교수 정년 기념논문집](박영사, 1998), 990-1017면; 황도수, "헌법소원제도의 본질과 헌법재판소법 제68조 제 1 항 중 재판소원 제외부분의 위헌성, 판례연구 — 헌재 1997. 12. 24, 96헌마172 등," 『재판의 한 길』[김용준 헌법재판소장 화갑기념] (박영사, 1998), 261-282면; 홍성방, "헌법재판소법 제68조 제 1 항 본문은 위헌이다," 판례월보(1998. 7.), 17면; 김학성, 법원의 재판에 대한 헌법소원, 법정고시, 1997. 4, 18면 이하; 정연주, 헌법재판소법 제68조 제 1 항에 대한 한정위헌결정의 문제점, 고시계, 1998. 2, 113면 이하; 김문현, "법원의 재판을 헌법소원대상에서 제외한 헌법재판소법 제68조 제 1 항의 위헌성," 법률신문(1998. 2. 16.), 15면 참조.

도 타당하지 않다.

(4) 인용률이 3% 이하라는 독일의 예를 들어 재판소원의 반대를 주장하는 견해가 있으나,[11] 독일은 1996년 법률가대회,[12] 2001년의 국법학자대회[13]에서 이를 심층적으로 검토한 연방헌법재판소의 과중한 업무부담이라는 현실적 논거에도 불구하고 이를 압도하는 재판소원의 헌법적 기능을 고려하여 계속 존치를 선택하였다.

(5) 50년 이상 재판소원을 운영한 독일의 사정과는 달리, 오히려 재판소원 도입의 초기과정에 있는 우리나라에서는 헌법적 여과과정 없이 형성된 사법 60년 과정의 판례가 헌법기속 및 기본권기속을 바탕으로 점검되어야 한다는 재판소원에 관한 역사적·현실적 필요성이 더 크다고 할 수 있다.

(6) 재판소원을 도입하면 헌법재판소가 제 4 심이 될 것이라는 주

11) 이에 대해 헌법상의 기본권적 가치와 경제상의 효율이라는 관점에서 자세한 논박에 대해서는, 황치연, 헌법학도의 길 — 제 1 편 헌법이란 무엇인가(2005), 404면 참조. 헌법재판소 20년 활동 과정 중에 탄핵심판은 1건밖에 계류되지 않았고, 정당해산심판 사건은 1건도 계류되지 않았다고 해서 탄핵심판 내지 정당해산심판에 대해 그 필요성을 묵과하고 폐지하자는 주장은 전개하지 아니한다.
미국 연방대법원의 매 개정기에 약 7500건의 사건이 접수되지만, 소송비용과 인지료가 면제되는 극빈자 구제소송이 70%를 차지하고, 30%의 청구만이 당사자에 의해 소송비용이 지불되는 사건이다. 극빈자 구제소송이란 극빈자의 본질적인 사법구제권을 보장하기 위해 소송에 수반되는 경비의 면제를 인정하는 소송(in forma pauperis [in the character or manner of a pauper)을 말한다.
2001년 개정기의 경우를 보면 당사자부담 소송 1886건 중 82(4.3%)건 만이 심리가 허용되었고, 극빈자구제소송 6037건 중 6건(0.1%)만이 심리가 허용되었다. 이상의 자세한 것에 대하여는 Richard H. Fallon, JR, Daniel J. Meltzer, David L. Shapiro, Hart and Wechsler's The Federal Courts and Federal System, 5th. Ed.(2003), pp. 1590-1596 참조.

12) 61. Deutscher Juristentag 17. – 20. September 1996 Karlsruhe.

13) 61: Verfassungsrecht und einfaches Recht – Verfassungsgerichtsbarkeit und Fachgerichtsbarkeit. Primär– und Sekundärrechtsschutz im Öffentlichen Recht
Berichte und Diskussionen auf der Tagung der Vereinigung der Deutschen Staatsrechtslehrer in Würzburg vom 3. bis 6. Oktober 2001. Mit Beiträgen von Alexy, Robert/Kunig, Philip/Heun, Werner/Hermes, Georg/Erbguth, Wilfried/Höfling, Wolfram/Streinz, Rudolf/Epiney, Astrid, 2002.

장에 대하여 법리적 오해에 기인한 것으로서 타당하지 않다는 논리가 이미 개진되어 있지만,[14] 4심이라는 것이 현실적인 단계과정을 굳이 일컫는다면, 독일도 주헌법재판소 내지 5종의 연방대법원을 거쳐 연방헌법재판소에 이르는 과정, 미국도 주대법원을 거쳐 연방대법원에 이르는 과정이 이미 4심으로 되고 있음이 비교법적 사실이다.

(7) 재판소원금지로 야기되는 기본권보호의 사각지대에 대해 국민의 이익을 실질적으로 돌볼 의무를 가진 국민대표자인 입법권자가 그 책무를 이행하지 않아 헌법재판소법 제68조 제1항 상의 11글자의 삭제가 20년간 지체되어 왔고, 입법권자 스스로 이 문제를 해결할 역사적 사명을 지고 있다.

Ⅳ. 명령·규칙의 위헌심사권과 관련된 규범통제의 통일성 문제

1. 구조적 문제점

(1) 헌법 제107조 제2항은 헌법재판소제도를 두고 있는 나라의 입법례에 비추어 보면 매우 특이한 규정이다. 1948년 제헌헌법이래 제2공화국헌법과 제3공화국헌법, 제4공화국헌법, 제5공화국헌법, 그리고 현행헌법에 이르기까지 위헌법률심판기관은 바뀌었으나 이 조항은 바뀌지 않고 계속 규정되어 왔다.

(2) 헌법 제107조 제2항은 법원으로 하여금 명령·규칙·처분에 대한 위헌·위법심사권을 행사토록 하여 헌법이나 법률에 위반되는 명령이나 규칙의 적용을 거부하여 국가의 법질서의 통일성을 유지하고

14) 이에 대한 자세한 논박에 대해서는, 황치연, 헌법학도의 길 — 제1편 헌법이란 무엇인가(2005), 400-403면 참조.

행정의 합헌·합법을 확보하고 국민의 기본권을 보장토록 하는 의미가 있다고 할 수 있다.

(3) 하지만 이 규정은 규범통제를 이원화함으로써 헌법재판소와 대법원의 헌법해석의 불일치의 가능성을 초래하고 있고, 명령·규칙이 헌법소원대상이 되는지 여부, 원행정처분이 헌법소원의 대상이 되는지 여부, 헌법소원에 있어 보충성의 원칙의 예외 인정 여부 등 양 기관간의 관할을 둘러싼 분쟁을 초래하고 있다.

(4) 법률의 위헌 여부와 그 법률을 시행하는 명령이나 규칙의 위헌 여부는 별개의 문제가 아니라 상호 긴밀히 연관된 문제인바, 예컨대 법원이 재판의 전제가 된 명령이나 규칙을 합헌이라 하더라도 헌법재판소가 그 모법인 법률을 위헌이라 결정하는 경우도 예상할 수 있다. 그런 점에서 법률의 위헌심사기관과 명령·규칙의 위헌심사기관을 이원화하는 것은 문제가 있다. 뿐만 아니라 법규명령의 규범통제는 위임입법의 한계를 규정하는 헌법 제75조나 제95조, 평등에 관한 헌법 제11조 위반에 귀착하는 경우가 많으므로 헌법재판기관으로서 헌법재판소를 두면서 이를 대법원의 최종적으로 심판토록 하는 것은 문제가 있다고 할 것이다.

2. 판　　례

(1) 헌법재판소의 판례

① 명령·규칙·조례[15]가 집행행위의 매개 없이 직접 기본권을 제약할 때에는 헌법소원의 대상이 된다.

② 행정규칙은 상위법령과 결합하여 대외적인 구속력을 갖는 명령·

15) 두밀분교 조례의 처분성을 인정한 대법원 결정 이후에도 헌법재판소는 조례의 헌법소원 대상성 자체를 부인하거나, 행정소송에 의한 구제절차 경유(보충성)를 요구하고 있지 않다.

규칙의 성격을 가지면 헌법소원의 대상이 된다.[16)]

③ 명령 · 규칙의 부작위는 작위의무가 인정되는 때에는 헌법소원의 대상이 된다.

(2) 법원의 판례

① 부수적 규범통제 이외의 명령·규칙 자체의 합헌성, 합법성을 심사하는 독립한 제소나 신청을 인정하고 있지 않다(대법원 1966. 3. 14. 65초6 결정; 1966. 7. 28. 66카11 결정; 1994. 4. 26. 93부32 결정).

② 조례가 집행행위의 매개 없이 법률상 효과를 발할 때에는 행정처분에 해당한다(대법원 1996. 9. 20. 선고 95누8003 판결).

③ 보건복지부장관의 고시가 다른 집행행위의 매개 없이 그 자체로서 직접 국민의 구체적인 권리의무나 법률관계를 규율하는 성격을 가질 때에는 행정처분에 해당한다.[17)]

3. 입 법 례

(1) 독 일

① 독일기본법에는 우리 헌법 제107조 제 2 항과 같은 규정은 없다.

② 추상적 규범통제는 법률뿐만 아니라 법규명령 및 규칙도 심사대상이 되며, 구체적 규범통제는 법률만이 심사대상이 되고 법규명령에 대한 법관의 부수적 위헌심사가 인정되나, 재판소원을 통하여 최종적으로 연방헌법재판소가 법규명령의 위헌 여부를 결정한다. 법규명령

16) 또한 행정규칙이 재량권 행사의 준칙으로서 되풀이 시행됨으로써 상대방에 대한 관계에서 자기구속을 당하게 되어 대외적 구속력을 가지게 되면 헌법소원의 대상이 된다는 판례도 있다.

17) 어떠한 고시가 일반적·추상적 성격을 가질 때에는 법규명령 또는 행정규칙에 해당할 것이지만, 다른 집행행위의 매개 없이 그 자체로서 직접 국민의 구체적인 권리의무나 법률관계를 규율하는 성격을 가질 때에는 행정처분에 해당한다(대법원 2004. 5. 12. 2003무41 결정; 2003. 10. 9. 2003무23 결정).

(BVerfGE 62, 117; 65, 248; 68, 319), 규칙, 조례(BVerfGE 65, 325)에 대한 직접적인 헌법소원도 허용된다.

③ 다만, 행정법원법(VwGO) 제47조에 따라, 고등행정법원은 건축법에 따라 제정된 도시계획 조례, 건축법 제246조 제 2 항에 의한 법규명령, 주법의 하위에 있는 것으로서 주법이 정하고 있는 법규명령을 직접 다투는 규범통제심사권을 가지는데, 이는 매우 예외적·부분적인 현상일 뿐만 아니라, 그 경우에도 법규명령이 주법에 위반되는 여부가 주헌법재판소에 의하여 전속적으로 심사되는 경우에는 그 심사권이 배제된다.

행정법원법 제47조에 해당하지 않는 규범통제는 첫째, 행정처분이 매개될 경우에는 부수적 규범통제절차로, 둘째, 명령·규칙이 직접 권리관계에 영향을 미칠 때는 행정법원법 제43조의 규정에 의한, 해당 명령·규칙의 결과로 야기된 특정의 구체적 법적 문제에 대한 확인의 소를 제기할 수 있다(연방행정법원 판례, BVerwGE 111, 276, 278f.). 이는 연방헌법재판소의 압박에 의한 것인데, 연방헌법재판소가 명령·규칙에 대하여 시심(始審)으로 심사하는 것을 회피하기 위하여 보충성을 강하게 요구하기 때문이다.

요컨대 명령·규칙에 대한 독일 행정법원의 본원적 사법심사는 대단히 제약되어 있는 반면, 연방헌법재판소는 법령소원의 형태로 직접적으로 하든, 재판소원의 형태로 간접적으로 하든(어느 쪽을 우선할 것인지를 보충성원칙으로 조정해 가면서) 법규명령에 대한 규범통제권을 확보하고 있다. 따라서 명령과 규칙, 처분의 위헌 여부에 대하여 헌법재판소의 심판이 배제되지 않는다. 이러한 법원의 재판에 대해서는 헌법소원이 인정된다. 또한 당연히 명령이나 규칙이나 처분도 헌법소원의 대상이 된다.[18)]

---

18) Dieter C. Umbach/Thomas Clemens, Bundesverfassungsgerichtsgesetz – Mitarbeiterkommentar und Handbuch –, 1992, S. 1170.

(2) 오스트리아

오스트리아 헌법상 명령과 규칙의 위헌·위법 여부에 대한 심사는 법원이나 행정재판소의 관할이 아니라 헌법재판소의 관할이다. 또한 위헌적 행정처분의 관할도 행정재판소가 아니라 헌법재판소이다.

(3) 러 시 아

연방헌법재판소는 법률뿐 아니라 연방대통령의 명령, 연방상원과 하원의 규칙, 연방정부의 명령 등의 합헌성 여부에 대하여 연방대통령, 하원, 1/5이상의 상원의원이나 하원 부의장, 연방최고법원, 연방최고중재법원, 연방소속지방의 입법부 및 행정부의 제청에 의해 심사한다(제125조 제 2 항 a).

(4) 헝 가 리

헝가리헌법 제32조 A 제 1 항은 헌법재판소가 법률과 명령의 헌법적합성을 심사한다고 규정하고 이에 따라 헌법재판소법 제 1 조 d)는 헌법재판소가 법률, 명령, 규칙 등 모든 법규범의 헌법적합성을 심사한다고 규정하는 한편, 제38조 제 1 항은 법관은 구체적 사건에 적용될 법규범(법률, 명령, 규칙)이 헌법에 위반된다고 판단되는 경우 헌법재판소에 그 위헌 여부의 심판을 제청토록 하고 있다.

(5) 스 페 인

스페인헌법 제161조 제 1 항 a는 헌법재판소가 법률 및 법규적 효력을 가지는 규범에 대한 위헌심판제청에 대하여 심판함을 규정하고 있다. 헌법재판소법 제31조, 제32조 제 1 항에 의하면 법규적 효력을 가지는 규범은 법규명령, 조례, 조약, 의회규칙, 법원규칙 등을 뜻한다. 그리고 동법 제35조는 소송이 계속된 법원이 적용할 법령이 위헌이라고 판단되는 경우 헌법재판소에 그 위헌 여부를 제청하도록 하고 있다. 또한 동법 제43조 제1항에서 명령, 규칙, 처분이 헌법상 구제대상이 되는 권리와 의무를 침해하는 경우 사법절차를 모두 거친 후 헌법소원을 제기할 수 있음을 규정하고 있다.

4. 개선방안

현행 헌법상 헌법재판제도의 구조적 문제는 주로 헌법 제107조 제2항에서 유래하므로 헌법 제107조 제2항은 삭제하고 명령·규칙·처분의 위헌여부에 대한 최종적 심사권은 헌법재판소에 부여하는 것이 타당하다.

(1) 제1안: 명령·규칙·처분의 위헌 여부가 재판의 전제가 된 경우 법원에서 심판토록 하되 그 재판에 대하여 헌법소원을 인정하는 방안이다.

(2) 제2안: 대법원을 비롯한 각급법원이 명령·규칙 또는 처분의 위헌 여부가 재판의 전제가 된 경우 그 위헌 여부를 헌법재판소에게 제청하고 법원은 헌법재판소의 결정에 따라 재판토록 하고, 헌법재판소가 행한 헌법에 관한 최종적 해석에 법원을 비롯한 모든 국가기관을 기속하는 효력을 인정하는 방안[19]이다.

5. 결 론

(1) 법률에 대한 규범통제는 헌법재판소가 담당하고 있으나, 명령·규칙에 대한 규범통제는 재판의 전제가 된 경우에는 법원, 재판의 전제가 되지 않고 직접적으로 기본권을 침해하는 경우에는 헌법재판소가

19) 이상에 대해서는 헌법재판소, 현행 헌법상 헌법재판제도의 문제점과 개선방안, 헌법재판연구 제16권(2005. 11.), 63면-67면 참조.

담당함으로써, 규범통제 체계의 불통일성이 야기되고 있다. 법률의 내용은 명령·규칙과 불가분의 관계로 연결되어 있는데도 불구하고 명령·규칙에 관한 규범통제의 이원화로 인하여 법률과 명령·규칙을 아우르는 통일적 규범판단이 불가능하다.

(2) 입법체계상 법률과 하위법령은 통일적으로 하나의 규범체계를 형성하므로(이러한 현상은 행정법규에서 더욱 두드러진다) 양자를 아우르는 총체적 규범상태의 위헌여부를 통일적으로 심사하는 것이 필요하다. 법률은 헌법재판소로, 명령·규칙은 법원으로 이원화된 규범통제제도는 통일적인 법체계의 유지에 장애를 주며, 규범통제가 분산되어 비효율적이 된다. 한편, 법률은 규범의 대강이나 제도 자체를, 하위법령은 그 구체적 내용을 정하는 관계에 있다. 그런데 하위법령에서 구체적으로 형성된 내용으로부터 고립되어 규범의 대강이나 제도 자체만을 판단한다는 것은 공허한 판단에 그치게 된다.

(3) 따라서 법률뿐만 아니라 명령·규칙에 대한 규범통제권을 헌법재판소로 일원화하여야 한다. 법규(법률·명령·규칙)의 효력을 일반적으로 상실시키는 규범통제기능은 법규를 해석·적용하는 법인식작용으로서의 사법기능과는 본래적으로 친하지 않다. 법규에 대한 규범통제기능을 법원에 맡기는 경우 원칙적으로 개별사건적 적용거부의 효력만을 가지기 때문에 효과적이지 않다.

헌법재판소는 규범통제에 특화된, 헌법정책적 고려가 가능한 헌법재판 전문기관이다. 그렇다면 법규범 자체의 합헌성 통제는 헌법재판소가 단심으로, 법규범의 개별적 적용이 합헌적, 합법적으로 이루어진 것인가에 대한 통제는 법원이 심급제로 재판하는 것에 각각 1차적 우선권을 부여하는 것이 국가기능의 효율적 분배가 된다 할 것이다. 국민의 입장에서도 법률과 하위법령을 헌법재판을 통하여 일거에 해결하는 것이 편리하므로, 법률에 대한 심사와 명령·규칙에 대한 심사를 따로 청구하는 것은 번거로운 일이다.

(4) 결론적으로 헌법 제107조 제2항을 삭제하고 명령·규칙의 위헌심사에 대한 관할권을 헌법재판소에 부여하여 대법원을 비롯한 각급 법원이 명령·규칙의 위헌 여부가 재판의 전제가 된 경우 위헌 여부를 헌법재판소에게 제청하고 법원은 헌법재판소의 결정에 따라 재판하도록 하여야 한다.

V. 권한쟁의와 기관소송의 통합적 관할권 문제

1. 개 관

헌법 제111조 제1항 제4호의 권한쟁의는 헌법재판소의 배타적 관할에 속한다. 위 권한쟁의에 관하여는 법원의 관할권이 배제되므로 어떤 형태로든, 즉 행정소송법상의 행정소송의 형태로건, 특별한 법률에 의한 특별한 형태의 소송으로건 법원의 관할로 하는 것은 위헌이 된다.

헌법재판소의 권한쟁의심판권은 헌법상의 권한쟁의뿐만 아니라 법률상의 권한쟁의에도 미친다. 이 점 독일의 권한쟁송법제가 헌법적 권한분쟁은 연방헌법재판소에, 비헌법적 공법상의 권한분쟁은 연방행정법원의 관할로 양분하고 있는 점과 다르다.

권한쟁의는 중앙과 지방간의 권력분립을 보장하고, 중앙권력에 의한 자치권의 침해로부터 지방자치단체를 보호함으로써 지방자치의 제도적 보장에 기여한다. 지방자치의 보장은 지방자치단체에 대한 주관적·독립적인 법적 지위의 보장을 포함한다고 할 때, 그러한 법적 지위의 보장을 위해 헌법재판을 통한 실현수단이 불가결하게 요청된다. 국가기관과 지방자치단체간의 권한쟁의의 핵심적 기능은 바로 여기에 있다.

2. 관할권의 귀속이 문제되는 영역의 구체적 검토

(1) 기관소송

행정소송법 제3조 제4호는 기관소송에 관하여 “국가 또는 공공단체의 기관 상호간에 있어서의 권한의 존부 또는 그 행사에 관한 다툼이 있을 때에 이에 대하여 제기하는 소송. 다만, 헌법재판소법 제2조의 규정에 의하여 헌법재판소의 관장사항으로 되는 소송은 제외한다”고 규정하고 있다.

먼저, 국가기관 상호간의 권한의 존부 또는 행사에 관한 다툼이 기관소송 사항이 될 수 있는 것처럼 보이므로, 마치 권한쟁의심판 사항과의 중첩이 발생할 수 있을 것처럼 보인다. 그러나 위에서 본 바와 같이 헌법상으로, 국가기관 상호간의 권한분쟁 중 헌법재판소의 관장사항에 속하는 것은 법원의 관할에 속할 수 없으므로 기관소송의 대상이 될 수 없다. 현행 행정소송법은 제3조 제4호에 단서를 두어 헌법재판소의 관장사항으로 되는 사항을 기관소송의 대상에서 제외하고 있다. 기관소송의 활성화를 위하여 행정소송법 제45조를 삭제하여 기관소송법정주의를 폐지한다 하더라도 제3조 제4호 단서와 같은 보충성 조항을 두어야만 위헌의 문제를 야기시키지 않게 된다.

다음으로, “공공단체”라 함은 단체의 목적과 설립근거 및 활동형식 등에 따라서 판단하여야 할 것인바, 공공조합, 공법상의 영조물법인이나 공법상의 재단 등이 이에 포함된다고 할 수 있겠으나, 가장 중요한 것은 지방자치단체임은 물론이다. 따라서 지방자치단체의 기관 상호간의 권한분쟁은 기관소송의 관할에 속한다. 현행법상 지방자치단체의 기관 상호간의 기관소송으로는 지방자치법 제107조 제3항, 제169조 제2항에 의한 지방자치단체의 장과 지방의회 사이의 기관소송과 지방교육자치에관한법률 제28조 제3항에 의한 교육감과 시도의회 또는 교육위원회간의 기관소송을 들 수 있다.

마지막으로, 국가기관과 공공단체의 기관 상호간, 각기 상이한 공공단체에 속하는 기관 간에도 권한분쟁이 발생할 수 있는데, 이러한 권한분쟁이 기관소송의 관할에 속하는지가 문제될 수 있다. 현재 학계의 다수설은 기관소송을 동일한 행정주체에 속하는 기관 상호간의 소송으로 보고, 상이한 행정주체에 속하는 기관 간의 소송은 여기에 해당하지 않는다는 것이어서 기관소송의 대상에 포함되지 않는다. 그렇다고 하여 권한쟁의 심판사항에 해당하지도 않는다. 국회와 지방의회 간에 지방자치권의 범위를 둘러싸고 분쟁이 발생할 수 있을 것이며, 이는 지방자치권의 제도보장과 직결되는 문제라고 볼 때 권한쟁의심판의 관장사항으로 하는 것이 필요할 수도 있겠으나, 헌법 제111조 제1항 제4호에 규정된 권한쟁의심판의 당사자 규정의 법문의 한계상 공공단체의 기관을 한 쪽 당사자로 하는 권한쟁의심판은 허용되지 않는다. 이와 같이 '국가기관과 공공단체의 기관 상호간' 또는 '상이한 공공단체에 속하는 기관간'의 권한분쟁에 관한 한 현재로서는 관할의 흠결이 발생한다고 볼 수밖에 없다.

(2) 항고소송

행정소송법은 제3조에서 행정소송을 네 가지로 구분하면서 그 중 항고소송을 "행정청의 처분이나 부작위에 대하여 제기하는 소송"이라고 규정하고, 제4조에서 항고소송을 다시 취소소송, 무효 등 확인소송, 부작위 위법확인 소송으로 구분하고 있다. 항고소송은 행정청의 적극적 또는 소극적인 공권력행사에 의하여 생긴 행정법상의 위법한 법상태를 제거하여 권리나 이익을 보호하는 것을 목적으로 하는 소송으로서, 그 기본구조에 있어서 행정청의 우월적인 지위의 존재를 전제로 하고 있는 소송유형이다. 따라서 보통 항고소송은 국민이 행정권의 행사에 불복하여 제기하는 것이 가장 전형적이다. 그런데 지방자치단체가 국가기관인 행정청의 처분에 대하여, 혹은 하급지방자치단체가 상급지방자치단체의 처분에 대하여 자치권의 침해를 주장하면서 항고소송을 제기할 수 있다고 한다면 권한쟁의심판권과 관련하여 문제가 발생한다.

독일의 경우 지방자치단체가 항고소송을 제기할 수 있음이 일반적으로 승인되어 있으며, 우리나라의 경우 소송실무상으로는 아직 별반 거론되지 않고 있는 듯하나, 이를 긍정하는 견해가 많다. 지방자치단체의 주관적·독립적 지위는 헌법이 보장하는 바로서 자치권을 사법절차적으로 보호하는 수단을 마련할 필요가 있다는 점은 당연하다. 그러나 어떻게 보호할 것이냐에 관하여는 역시 헌법이 획정하고 있는 헌법재판소와 법원간의 관할 배분을 준수하지 않으면 아니된다. 지방자치단체가 국가기관이나 상급 지방자치단체의 공권력작용에 대하여 헌법과 법률에 의하여 부여된 자신의 자치권한이 침해되었다고 주장함으로써 상호간에 분쟁이 발생한다면 이는 헌법 제111조 제 1 항 제 4 호가 예정하고 있는 권한쟁의 심판사항에 완벽하게 들어맞는다. 따라서 이는 헌법에 의하여 헌법재판소에 배타적으로 부여된 관할사항이라고 보아야 할 것이다.[20)]

20) 이에 대하여는, 그러한 항고소송은 우월한 지위에서 내려지는 고권적 처분으로부터 '권리'를 보호하기 위한 것으로서, 국가기관 내지 지방자치단체 간의 대등한 지위를 전제로 '권한'법적 질서를 보호하기 위한 권한쟁의심판과는 성격이 다르므로, 헌법 제101조 제 1 항에 근거하여 법원의 관할사항에 속한다는 견해도 있을 수 있다. 그러나 국가기관 상호간의 권한쟁의심판이 일차적으로 대등한 최고 국가기관 간의 분쟁을 사법적으로 해결함으로써 정치적 평화보장, 소수자 보호의 기능을 가짐에 비해, 국가기관과 지방자치단체 간, 또는 상급 지방자치단체와 하급 지방자치단체간의 권한쟁의는 중앙권력 또는 상급 지방자치단체에 의한 자치권의 침해로부터 지방자치단체를 보호한다는, 수직적 관계의 측면을 고려한 기능이 보다 부각되며, 또한 실제로도 중앙의 국가기관이나 상급 지방자치단체의 우월적 지위에서 행사하는 감독작용과 관련하여 주로 권한분쟁이 발생하게 될 것이다. 따라서 당사자간의 관계의 측면에서 보더라도 권한쟁의 심판사항의 속성에 부합하지 않는다고 할 수 없다. 또한 지방자치단체의 항고소송이 '권한'이 아니라 '권리'를 보호한다 하더라도, 여기서의 '권리'란 결국 권한을 주관적인 '권리'로 의제한 것에 불과하다.

한편, 국가기관의 처분에 대하여 그 상대방인 일반국민이 항고소송을 제기한 경우에 그 처분권한이 국가기관에게 있는 것인지, 오히려 지방자치단체에 있는 것이 아닌지가 선결문제로 되는 경우, 항고소송과는 별도로 지방자치단체가 자신의 권한을 국가기관이 권한 없이 행사하였음을 다투면서 권한쟁의심판을 청구한다면 헌법재판소와 법원 간에 관할이 중첩된다는 점은 앞에서 본 바와 같다.

(3) 당사자소송(민사소송)

권한문제는 행정소송법 상의 당사자소송에서도 선결문제로 될 수 있고, 이 경우에도 권한쟁의심판—특히 소극적 권한쟁의심판을 인정할 경우—과 경합 및 상충의 문제가 발생할 수 있다. 예컨대 지방자치단체가 하천에서 발생한 오염물질을 급박하게 제거하면서 지출한 비용의 상환을 국가에게 요청하였으나 국가가 이 하천의 관리권한이 자신에게 없다고 주장하며 이를 지급하지 않을 경우에 지방자치단체는 공법상의 비용상환을 당사자소송으로 청구할 수 있을 것이다. 이 경우 법원은 선결문제로서 하천 관리권한의 존부와 범위를 판단하게 된다. 한편으로 지방자치단체는 당사자소송과는 별도로 하천의 관리권한이 국가에게 귀속되며 자신에게는 관리권한이 없다고 주장하며 권한쟁의심판을 청구하는 것도 예상할 수 있다. 이러한 소극적 권한쟁의를 인정한다면 당사자소송과의 관할경합 및 판단상충이 발생할 수 있다. 그런데 법원은 현재 공법상의 비용분쟁을 당사자소송이 아니라 민사소송으로

또한 권한분쟁의 양상, 즉 처분권한의 소재 또는 범위를 다투는 것이 아니라 처분(권한행사)의 적법성을 다투는 것이라면 권한쟁의심판의 대상이 아니므로 항고소송에만 해당한다는 견해도 있지만, 위에서 본 바와 같이 여기에는 동의할 수 없다.

요컨대, 지방자치단체가 국가기관 또는 상급 지방자치단체의 처분을 다투며 제기하는 항고소송은 그 이름 여하에 불구하고 '국가기관과 지방자치단체 간의 권한쟁의' 또는 '지방자치단체 상호간의 권한쟁의'의 실질을 가지게 되므로 이는 헌법재판소의 배타적 관할에 속한다고 보아야 한다.

보아 처리하고 있으므로 이러한 문제는 민사소송의 경우에도 마찬가지로 발생할 수 있다.

(4) 지방자치법 상의 소송

지방자치법 제 9 장은 지방자치단체에 대한 국가나 상급 지방자치단체의 감독·통제의 근거를 마련함과 동시에 지방자치단체에게는 그에 대응하여 자치권에 대한 사법적 구제수단을 마련하고 있다. 동법 제107조, 제169조, 제170조, 제172조, 지방교육자치에관한법률 제28조 제 3 항 등이 그것으로서 모두 대법원의 전속관할로 규정하고 있다.

1) 지방자치법 제169조

지방자치단체의 사무에 관한 그 장의 명령이나 처분이 법령에 위반되거나 현저히 부당하여 공익을 해한다고 인정될 때에는 광역지방자치단체에 대하여는 주무부장관이, 기초지방자치단체에 대하여는 광역지방자치단체의 장이 취소 또는 정지처분을 내릴 수 있고, 이에 대하여 지방자치단체의 장은 대법원에 소를 제기할 수 있다. 이 소송의 법적 성격에 관하여는 항고소송설과 기관소송설로 나뉘어 있는데, 전자가 통설이다.

이 조항에 규정된 바와 같은 권한분쟁 또한 당사자의 측면이나 분쟁의 실체의 측면에서나 '국가기관과 지방자치단체 간' 또는 '(상급) 지방자치단체와 (하급) 지방자치단체 간'의 권한쟁의심판의 관장사항에 꼭 들어맞기 때문에 헌법상 헌법재판소의 전속관할에 속한다. 지방자치단체가 주무부장관이나 상급 지방자치단체의 취소·정지처분이 위법하게 행사된 것이어서 자신의 자치권한을 침해한다고 다투는 것이므로, 권한의 존부 또는 범위에 관한 다툼 내지 권한행사의 적법성에 관한 다툼으로서 "권한쟁의"에 해당한다. 다만, 지방자치단체장의 처분이 '현저히 부당하여 공익을 해한다'고 인정하여 주무부장관 등이 행한 취소·

정지처분에 대하여는 그것이 어떠한 이론적 경로를 거쳐 위법성과 관련되지 않는 한 권한쟁의심판 사항이 될 수 없다. 권한쟁의심판은 권한에 관한 합헌성·합법성을 통제하는 제도이지, 합목적성을 통제하는 제도는 아니기 때문이다.

한편, 지방자치법 제169조는 "지방자치단체"가 아니라 "지방자치단체의 장"의 처분에 대한 다툼과 "지방자치단체의 장"의 제소라는 규정형식을 취하고 있지만, 여기서 지방자치단체의 장은 지방자치단체의 대표로서 지방자치단체의 이익을 위하여 다투는 것이지, 지방자치단체의 기관으로서의 자치단체장의 고유한 지위에서 다투는 것이 아니므로 이 다툼을 국가기관과 지방자치단체의 분쟁 내지 지방자치단체 상호간의 분쟁으로 보아야지, 국가기관과 지방자치단체의 기관간의 분쟁으로 보거나 지방자치단체의 기관 상호간의 분쟁으로 보는 것은 적당치 않다. 따라서 당사자측면에서도 권한쟁의의 요건을 충족한다.

그렇다면 헌법재판소의 전속적 관할에 해당하는 사항에 관하여 대법원의 전속관할로 규정한 이 조항은 위헌의 의심이 있다고 본다. 생각건대 이 조항은 현행 헌법의 개정시에 행정소송법 제3조 제4호 단서를 신설하여 기관소송의 보충성을 설정함으로써 신 헌법과 기존 법률의 불일치를 정비한 것과 마찬가지로 정비되었어야 한다.

이에 대하여, 헌법재판소의 권한쟁의심판권의 관할을 부인하는 견해가 있는바, 그 논거는 ① 헌법소원에 해당하는 보충성원칙을 권한분쟁의 경우에도 유추적용하여야 한다는 것 ② 권한쟁의심판의 대상은 권한의 존부 또는 범위에 관한 다툼인데, 지방자치법 제169조의 소송은 권한"행사"에 관한 소송이므로 권한쟁의심판의 대상이 되지 않는다는 것 ③ 법원과 헌법재판소의 관할이 중첩되는 것을 방지하는 것이 바람직하다는 것을 전제로, 법률에서 명백히 대법원의 권한으로 정하고 있는 사항에 대해서까지 다시 헌법재판소의 관할로도 인정하는 해석은 타당하지 않다는 것이다.

그러나 권한분쟁에 관하여 헌법소원제도를 유추하여, 또는 헌법재판의 일반적 성격을 토대로 보충성원칙을 인정한다는 것은 위에서 본 바와 같은 권한분쟁의 관할배분에 관한 헌법규정의 해석상 불가능하다. 위 ②는 앞에서 본 바와 같은 이유로 타당하지 않으며, 위 ③의 견해는 헌법상 관할배분이 행해지지 않아 관할의 중첩이 인정될 경우에는 타당할 것이나, 지방자치법 제169조의 경우는 헌법의 해석상 헌법재판소의 배타적 관할에 속하는 영역에 해당한다고 보이므로 찬동하기 어렵다.

지방자치법 제169조 제 2 항에 관한 위의 논의는 지방교육자치에 관한 법률 제28조 제 3 항에 따라 교육감이 교육과학기술부장관의 취소·정지처분에 대한 불복을 하는 경우에도 그대로 타당하다.

2) 지방자치법 제170조

지방자치단체의 장이 그 의무에 속하는 국가위임사무 또는 시·도 위임사무를 해태하고 있다고 인정될 때에는 광역지방자치단체에 대하여는 주무부장관이, 기초지방자치단체에 대하여는 광역지방자치단체의 장이 각 이행명령을 내릴 수 있고, 이에 대하여 지방자치단체의 장은 대법원에 제소할 수 있다.

이 조항에서 문제되는 위임사무가 단체위임사무를 뜻하는 것인지, 기관위임사무를 뜻하는 것인지 견해가 나뉠 수 있으나 일응 기관위임사무로 본다면, 이 분쟁은 지방자치단체가 하위 국가기관의 지위에서 상위 국가기관인 주무부장관이나 상급 지방자치단체장의 명령에 불복하여 일어나는 국가기관 내부의 분쟁이다. 따라서 여기서의 지방자치단체의 장은 하위 국가기관의 지위를 가질 뿐 지방자치단체 고유의 권한법적 지위를 대표하는 것이 아니다. 따라서 '국가기관과 지방자치단체 간'의 권한쟁의나 '지방자치단체 상호간'의 권한쟁의로서의 성격을 띠지 않는다. 실질적 관점에서 보자면 하위 국가기관과 상위 국가기관 간의 권한쟁의의 성격을 지닌 것으로 볼 수도 있겠으나, 이 경우에도 상하 국가기관 간에는 명령·지휘감독의 위계체계가 형성되어 있어 적절한 감독권행사로 권한분쟁을 해결할 수 있다는 점에 비추어 볼 때, '국가기관 상호간의 권한쟁의'의 대상으로는 될 수 없다고 할 것이다.

3) 지방자치법 제107조, 제172조 제3항의 소송

지방자치법 제107조 제3항은 지방자치단체의 장과 지방의회간의 소송으로서 기관소송임에 분명하고, 동법 제172조 제3항, 지방교육자치에 관한 법률 제28조 제3항 본문의 소송은 비록 행정안전부장관 또는 상급 지방자치단체장 혹은 교육과학기술부장관이라는 감독청의 재의요구가 매개되는 것이긴 하나 여전히 지방자치단체장과 지방의회 간, 혹은 교육감과 시·도의회 또는 교육위원회 간의 기관소송이라는데 대체로 견해가 일치하고 있다.

이 소송유형은 모두 행정소송법의 기관소송에 해당하는 반면, 지방자치단체의 기관 간의 소송이므로 권한쟁의심판의 관할에는 해당하지 않는다.

4) 지방자치법 제172조 제7항의 소송

이 조항에 따른 소송은 두 종류이다. 그 하나는 행정안전부장관 또는 상급 지방자치단체장의 제소지시에 따라 지방자치단체의 장이 제소하는 것이고, 다른 하나는 제소지시를 받았음에도 7일 내에 제소를 하지 않는 경우에 행정안전부장관 또는 상급 지방자치단체장이 직접 지방의회를 상대로 제소하는 것이다.

제소지시에 의한 소송은 지방자치단체의 장과 지방의회 간의 기관소송이라 할 것이고, 이와 같이 지방자치단체의 기관 간의 소송인 한 권한쟁의 심판사항이 될 수 없다. 또 직접 제소에 의한 소송은 그 성격을 어떻게 파악하든 감독청과 지방의회 간의 소송으로서 여기서 지방의회는 지방자치단체와는 별개인 지방자치단체의 기관에 불과하고 지방자치단체의 기관을 한 쪽 당사자로 하는 권한쟁의심판은 허용되지 않으므로 이 역시 권한쟁의 심판사항이 될 수 없다. 이러한 논리는 지방교육자치에관한법률 제28조 제3항에 의한 소송에도 그대로 타당하다.

3. 결 론

(1) 동일 지방자치단체에 속하는 기관 간의 권한분쟁, 상이한 지방자치단체에 속하는 기관 간의 권한분쟁, 지방자치단체의 기관과 국가기관 간의 권한분쟁도 헌법재판소의 권한쟁의심판권의 대상이 되어야 한다. 이는 '국가기관과 공공단체의 기관 상호간' 또는 '상이한 공공단체에 속하는 기관 간'의 권한분쟁에 관한 관할의 흠결을 방지하는 차원에서도 필요하다.

(2) 권한분쟁의 해결 그 자체가 소송의 직접적 목적인 경우, 즉 소송물 자체가 권한의 존부, 범위의 판단 또는 권한행사의 적법성 여부인 경우가 아니라 다른 목적을 위한 법원의 관할에 속하는 소송에서 권한에 관한 문제가 선결문제인 경우에는 헌법상 권한질서의 확립과 안정을 위하여 법원은 헌법재판소에 제청하여 그 결정에 따라 판단하여야 한다.

(3) 예컨대, 어떤 국가기관의 처분에 대하여 국민이 그 국가기관의 무권한 또는 권한유월을 이유로 취소소송을 제기한 경우에 이해관계를 가진 제3의 국가기관이 행정소송법 제17조에 따라 그 소송에 참가하여 문제의 권한이 자신에게 귀속함을 주장한다면 실질적으로는 두 국가기관 상호간의 권한분쟁의 측면도 가지게 된다.

그렇다 하더라도 이런 경우까지 헌법에서 규정하고 있는 "국가기관 상호간의 권한쟁의"라고 하기는 어려우며, 이 경우의 권한문제는 본질적으로 법원의 관할에 속하는 항고소송 사건을 해결하기 위한 쟁점 또는 청구이유로서 이러한 문제해결을 위하여 헌법재판소에 제청하도록 하여 관할귀속의 객관적 헌법질서에 대한 종국적 판단권은 헌법재판소가 가져야 한다.

위와 같은 사례에서는 항고소송과는 별도로 어느 한 국가기관이 상대방을 상대로 권한쟁의심판을 청구할 때에 비로소 헌법재판소의 관할권이 발생한다 하겠으며, 그 경우 법원과 헌법재판소의 판단 간에 상충이 있을 수 있으므로 그러한 상충의 해결을 위해서도 그렇다.

(4) 헌법재판소는 공법상의 권한분쟁에 관한 포괄적·종국적인 재판기관의 위상을 가져야 한다. 헌법개정권력자는 공법상의 권한분쟁에 관한 한 헌법재판소에 심판사항을 집중하여 헌법과 법률상의 권한질서를 수호하는 책임과 권한을 부여할 필요가 있다. 헌법이 별도로 헌법재판소를 만들고, 거기에 권한쟁의심판권을 부여한 이상, 더 이상 동일한 관할권을 법원에도 2중으로 인정한다는 것은 국가권력의 구성원리상 타당할 수 없다.

(5) 국가기능의 중요부분을 차지하는 국가최고기관 간의 권한다툼을 해결하여 정치적 평화를 보장하는 일, 중앙권력으로부터 지방자치단체의 기능을 지킴으로써 이른바 수직적 권력분립을 유지하는 일, 지방자치단체 간의 분쟁해결을 통하여 지방자치의 원활한 실현을 도와주는 일, 지방자치단체의 기관을 당사자로 하는 분쟁을 해결하는 이런 일들은 법원보다 헌법재판소가 맡는 것이 보다 바람직하다.

(6) 결론적으로 행정소송법 상의 기관소송도 권한쟁의심판으로 포섭하여 헌법개정 시에 헌법 제111조 제1항 제4호를 "국가 또는 공공단체의 기관 상호간에 있어서의 권한의 존부 또는 그 행사에 관한 다툼이 있을 때에 이에 대하여 제기하는 소송"으로 하고, 지방자치법 제169조와 지방교육자치에관한법률 제28조 제3항은 물론 기관소송에 해당하는 지방자치법 제107조·제170조·제172조 등 지방자치단체 관련 기관소송의 관할권을 대법원에서 헌법재판소로 환원시켜야 한다.

Ⅵ. 선거소송의 관할권 문제

1. 개　　관

현행법상 공직선거법에 의한 대통령·국회의원 선거소송사건과 시·도지사 선거소송사건, 비례대표 시·도의원 선거소송사건(법 제222조), 지방교육자치법에 의한 교육감선거소송(법 제3조와 제22조 제3항), 국민투표법(제92조)에 의한 국민투표 무효소송사건, 주민투표법(제25조 제2항)에 의한 광역자치단체 주민투표 소송사건, 주민소환법(제24조)에 의한 광역자치단체장 대상 주민소환투표 소송사건, 대통령선거 및 국회의원선거에서 선거의 효력을 다투는 선거소송 및 당선의 효력을 다투는 당선소송의 재판권은 대법원이 갖는 것으로 규정되어 있다. 공직선거법(222조 제2항과 제223조 제2항)에 의한 지방의회의원 및 기초자치단체장 선거소송사건, 지방교육자치법(제3조와 제22조 제3항)에 의한 교육의원 선거소송사건, 주민투표법(제25조 제2항)에 의한 기초자치단체 주민투표 소송, 주민소환법(제24조)에 의한 지방의회의원과 기초자치단체장 대상 주민소환투표소송의 시심관할권은 고등법원이 가지고 있다.

이들 사건의 소송은 그 기능에 있어서 민주주의 원리에 기초한 중요한 정치적 국가기관 및 지방자치단체의 구성에 관한 것인데, 이를 통상적인 소송과 그 성격을 같은 것으로 보아 법원의 관할로 하는 것은 적절하지 아니하고, 이를 헌법재판소의 관할로 하는 것이 바람직하다.

우리 헌법재판제도의 역사를 볼 때, 1960년 헌법이 제83조의3 제6호에서 선거소송(대통령, 대법원장과 대법관의 선거에 관한 소송)을 헌법재판소의 관할로 한 바 있다.

2. 입 법 례

비교법적으로 볼 때, 유럽의 다수 국가가 입법기관과 대통령의 선거 및 국민투표의 심사에 관한 기능을 헌법재판소의 관할로 하고 있다. 국가기관을 구성하는 선거과정, 의원직의 취득이나 자격의 상실, 헌법적으로 규정된 국민의 권한에 대한 심사권을 헌법재판소에 부여함으로써, 헌법재판소는 민주국가에서 중요한 국가기관의 민주적 정당성에 대한 통제를 한다. 한편, 헌법재판을 채택한 국가 중에서도 일부 국가는 선거소송을 헌법재판소의 관할로 하고 있지 않다(예컨대 스위스, 이탈리아, 스페인).

(1) 의회선거에 대한 심사

헌법재판기관이 선거소송에 관한 관할을 가지고 있는 국가에서는(예컨대 독일, 오스트리아, 프랑스, 포르투갈, 그리스 등) 연방의 입법기관 또는 주의 입법기관의 선거의 유효여부에 관하여 판단한다. 독일의 경우, 연방헌법재판소는 단지 연방의회선거의 유효 여부와 선거에서의 당선 여부에 관한 연방의회의 의결에 대하여 판단한다(독일기본법 제41조 제 2 항). 또한 프랑스의 경우에도, 헌법위원회의 선거심사권은 전국적 차원의 입법기관(상원과 하원)의 선거에 제한된다(프랑스헌법 제59조).

이에 대하여 오스트리아와 포르투갈의 경우, 헌법재판소의 선거소송 관할은 국가적, 지역적 또는 지방자치적 차원의 입법기관의 선거와 관련된 모든 선거사건에서의 심사를 포함함으로써 선거소송의 관할이 헌법재판소에 집중되어 있다(오스트리아헌법 제141조 제 1 항, 포르투갈헌법 제213조 제 2 항).

(2) 대통령의 선거에 대한 심사

대통령이 국민에 의하여 직접 선출되는 경우, 대통령의 선거도 오스트리아, 프랑스, 포르투갈에서는 헌법재판소의 심사대상이 된다(오스트리아헌법 제141조 제1항의 a, 프랑스헌법 제58조, 포르투갈헌법 제213조 제2항). 오스트리아에서는 선거의 심사가 사법적인 선거유효 여부에 제한되나, 프랑스와 포르투갈에서는 헌법재판기관은 후보자추천의 허용여부 및 선거과정에 대한 행정적 감독기능과 선거유효여부와 관련하여 사법적 기능을 함께 행사한다.

(3) 국민투표의 합헌성에 대한 심사

헌법이 국민에게 국민투표권을 부여하는 한, 다수 국가의 헌법재판소는 국민투표의 합헌성에 대한 심사권을 가지고 있다(예컨대 프랑스헌법 제60조,[21] 오스트리아헌법 제141조 제3항, 포르투갈헌법 제213조 제2항, 제241조 제2항). 헌법재판소에 의한 심사는 일반적으로 사전적으로 이루어지며, 이를 통하여 헌법이 규정하고 있는 대상과 관련하여 국민의 직접민주적 참여가 이루어지는 것을 보장한다.

(4) 구체적인 입법례

1) 독 일

독일의 경우, 연방의회선거의 적법성에 관하여 일차적으로 의회 스스로가 판단해야 한다는 것은 오랜 전통에 속한다. 따라서 독일 기본법은 이러한 전통을 이어받아 연방의회에 의한 일차적인 선거심사와 연방의회의 의결에 대한 연방헌법재판소의 선거소원절차의 2단계 절차를 채택하고 있다는 특수함을 보이고 있다. 독일 기본법은 제41조 제1항에서 "선거의 심사는 연방의회의 과제이다. 또한 연방의회는 연방의회의원의 자격 상실에 관하여 결정한다"고 하면서, 같은 조 제2항에서 "연방의회의 의결에 대하여 연방헌법재판소에 소원을 제기하는 것이

21) 프랑스헌법 제60조: 헌법위원회는 국민투표의 경우 절차의 합법적인 진행을 감독하며 그 결과를 공표한다.

허용된다"고 명시적으로 규정하고 있다. 따라서 연방헌법재판소의 선거심사권은 헌법재판소의 관할에 관한 규정이 아니라 연방의회에 관한 장(제 3 장 연방의회)에서 규정하고 있다. "구체적인 것은 연방법이 규율한다"는 기본법 제41조 제 3 항의 위임에 근거하여, 연방헌법재판소법 제48조는 소원청구권자의 범위를 정하고 있다.22)

연방헌법재판소에서의 소원절차는 선거권의 침해를 주장하는 유권자의 주관적 권리의 보호를 위한 절차가 아니라, 객관적인 절차이다.23) 즉, 선거소원절차의 목적은 오로지 연방의회의 합법적인 구성을 보장하고자 하는 것이다.24) 따라서 설사 유권자의 주권적 권리가 침해되었다 하더라도, 이로 인하여 연방의회의 합법적 구성이 영향을 받지 않는다면 선거소원은 기각된다. 선거소원절차의 심판대상은 문제된 선거가 현행법과 합치하는지의 여부, 즉 선거의 유효 여부 그 자체이다. 연방헌법재판소는 부수적인 규범통제의 형식으로 또한 선거의 기초가 되고 있는 선거법이 헌법과 합치하는지도 심사한다. 문제된 선거가 선거법에 위반하였다는 선거의 하자가 확인되고, 나아가 선거의 하자가 구체적인 선거의 결과, 즉 연방의회에서의 의석배분에 영향을 미쳤거나 또는 미쳤을 수 있어야만, 선거소원의 청구는 인용될 수 있고, 이로써 당해 선거가 무효가 될 수 있다.25)

연방헌법재판소는 선거소송절차에서 여러 차례 선거과정에서의 위법적 하자를 확인하였으나, 결과에 있어서는 '선거의 하자로 인하여 선

22) 연방헌법재판소법 제48조 제 1 항: "선거의 효력 또는 연방의회 의원자격의 상실에 관한 연방의회의 의결에 대한 소원은 의원자격이 다투어지고 있는 의원, 또는 연방의회에 의하여 자신의 이의가 기각된 선거권자로서 100인 이상의 선거권자의 지지를 받고 있는 자, 교섭단체 또는 법정의원수의 1/10 이상을 가진 연방의회의 소수파가 연방의회의 의결로부터 1월 내에 연방헌법재판소에 제기할 수 있으며, 소원의 이유는 이 기한 내에 제출하여야 한다."

23) BVerfGE 22, 277, 281; 34, 81, 96f.

24) Vgl. BVerfGE 1, 430, 432; 4, 370, 372.

25) Vgl. Maunz/Schmidt-Bleibtreu, BVerfGG, 2001, §48 Rn. 8ff.; Maurer, Staatsrecht, 1999, §13 Rn. 47.

거의 결과가 단지 사소하게 변경된다든지 아니면 의석배분이 아무런 영향을 받지 않는다'는 이유로 모든 사건에서 선거소송의 청구를 기각하였다. '선거의 하자는 그로 인하여 다수가 달리 형성될 경우에만 국민의사에 위반될 수 있다'는 민주주의 기본원칙인 다수결원칙에 기초하여 이와 같은 '현저한 하자의 요청'을 정당화하고 있다.[26]

2) 오스트리아[27]

헌법재판소는 국민에 의하여 직접 선출되는 대통령 선거의 합법성에 관하여 심사한다(오스트리아헌법 제141조 제1항의 a). 또한 연방, 주, 지방자치단체의 대표기관의 선거에 관한 심사도 헌법재판소의 관할이다(오스트리아헌법 제141조 제1항). 즉, 헌법재판소는 국민이나 주민에 의하여 직접 선출되는 연방, 주, 지방자치단체의 의회(Nationalrat, Landtage, Gemeinderäte)의 선거에 대한 심사권뿐 아니라 주의회에 의하여 간접적으로 선출되는 연방의 제2 입법기관인 연방참사원(Bundesrat)의 선거에 대한 심사권도 가진다. 나아가 헌법재판소의 선거심사권한은 또한 최고집행기관의 선거를 포함한다. 연방정부의 구성원이 의회에서 선출되는 것이 아니라 연방대통령에 의하여 임명되기 때문에 이 경우 선거심사의 여지가 없으나, 주와 지방자치단체의 최고집행기관인 주정부와 지방자치단체의 장은 주와 지방자치단체의 대표기관인 주의회와 지방의회에서 선출되므로, 헌법재판소는 주와 지방자치단체의 최고집행기관의 선거에 관한 심사권을 가진다.

---

26) Vgl. Benda/Klein, Verfassungsprozeßrecht, 2001, Rn. 1171; Umbach/ Klemens/ Dollinger, Bundesverfassungsgerichtsgesetz, 2005, §48 Rn. 8.

27) Vgl. Korinek, Die Verfassungsgerichtsbarkeit in Österreich, in: Starck/Weber, Verfassungsgerichtsbarkeit in Westeuropa, 1986, S. 167f.

3) 프 랑 스[28]

프랑스 헌법위원회는 대통령선거, 상원과 하원의 선거 및 국민투표에 대하여 다툼이 있는 경우 이에 관한 재판권을 가지고 있다. 지방의회의원선거에 대한 소송은 행정재판소가 1심관할권을 가지며 국사원이 최종적인 심판을 하므로, 헌법위원회의 선거소송재판권은 전국적 차원의 입법기관과 대통령의 선거에 제한된다. 대통령선거와 입법기관의 선거에 관한 관할은 프랑스 헌법 제58조 및 제59조에 규정되어 있다.[29]

3. 결 론

민주국가에서의 선거의 중요성, 즉 국가기관을 구성하고 국가권력에 민주적 정당성을 부여하는 선거의 의미에 비추어, 선거소송은 다른 사법적 절차와는 완연하게 구분되는 특수한 법적 심사에 해당한다. 외국의 입법례를 보더라도, 대부분의 국가가 전국적인 차원의 입법기관의 선거에 대한 심사와 국가원수의 선거에 대한 심사를 헌법재판소의 관할로 함으로써, 선거심사의 관할은 헌법재판의 핵심적인 구성부분이라 할 수 있다.

따라서 헌법재판소와 같은 독립된 전문적인 헌법재판기관이 설립된 이상, 대통령과 국회의원의 선거를 비롯하여 각종 선거관련 심사권을 법원이 아니라 헌법재판소의 관할로 하는 것이 바람직하다.

헌법개정안으로는, 헌법재판소의 관할을 규정하고 있는 헌법 제111조 제1항에 별도의 호를 신설하여 다음과 같이 규정하는 것을 생

28) Vgl. Fromont, Der französische Verfassungsrat, in: Starck/Weber, Verfassungsgerichtsbarkeit in Westeuropa, 1986, S. 324ff.

29) 프랑스헌법 제58조: 헌법위원회는 공화국대통령선거의 합법성에 관하여 감독한다. 헌법위원회는 소송을 심사하고 선거결과를 공표한다.
프랑스헌법 제59조: 헌법위원회는 하원의원과 상원의원의 선거의 적법성에 관하여 다툼이 있는 경우 이에 관하여 재판한다.

각해 볼 수 있다.

헌법 제111조 ① 헌법재판소는 다음 사항을 관장한다.

“6. 선거, 투표 및 의원자격심사에 관한 심판30)”

[참고문헌]

김문현, “법원의 재판을 헌법소원대상에서 제외한 헌법재판소법 제68조 제1항의 위헌성,” 법률신문, 1998. 2. 16.

김학성, 법원의 재판에 대한 헌법소원, 「법정고시」, 1997. 4.

박경철, “우리 헌법질서에서 재판소원금지의 위헌성,” 「공법연구」 제30집 제3호, 2002. 2.

정연주, 헌법재판소법 제68조 제1항에 대한 한정위헌결정의 문제점, 「고시계」, 1998. 2.

허영, 「헌법소송법론」, 박영사, 2006.

허영, “헌법재판소와 법원의 권한갈등을 어떻게 풀 것인가?,” 「공법연구」 제24집 제1호, 1996. 6.

홍성방, “헌법재판소법 제68조 제1항 본문은 위헌이다,” 「판례월보」, 1998. 7.

황도수, “헌법소원제도의 본질과 헌법재판소법 제68조 제1항 중 재판소원 제외부분의 위헌성, 판례연구－헌재결 1997. 12. 24, 96헌마172등,” 「재판의 한 길」[김용준 헌법재판소장 화갑기념], 박영사, 1998.

황치연, “재판소원금지의 위헌성,” 「한국헌법학의 현황과 과제」[금랑금철수교수정년기념논문집], 박영사, 1998.

30) 선거소송과 선거사범소송은 성질이 다른 것이나, 현행 선거사범소송에서 100만원 이상의 벌금형이 확정되는 경우 당연퇴직되는 현행제도를 개선할 필요가 있다. 검사가 선거에 선출된 자의 대표자격상실과 관련한 선거사범소송을 처음부터 헌법재판소에 제기하는 방안과, 현행방식대로 일반법원에 기소를 하되 100만원 이상의 벌금형을 확정받은 자의 자격상실 여부에 대해서 헌법재판소가 심사하도록 하는 방안을 상정해 볼 수 있다.

황치연, 「헌법학도의 길 – 제1편 헌법이란 무엇인가」, 2005.

Richard H. Fallon, JR, Daniel J. Meltzer, David L. Shapiro, Hart and Wechsler's The Federal Courts and Federal System, 5th. Ed.(2003)

Benda/Klein, Verfassungsprozeßrecht, 2001

61. Deutscher Juristentag 17. – 20. September 1996 Karlsruhe

Dieter C. Umbach/Thomas Clemens, Bundesverfassungsgerichtsgesetz – Mitarbeiterkommentar und Handbuch –, 1992

헌법재판소, 현행 헌법상 헌법재판제도의 문제점과 개선방안, 헌법재판연구 제16권(2005. 11.)

Fromont, Der französische Verfassungsrat, in: Starck/Weber, Verfassungsger–ichtsbarkeit in Westeuropa, 1986

Korinek, Die Verfassungsgerichtsbarkeit in Österreich, in: Starck/ Weber, Verfassungsgerichtsbarkeit in Westeuropa, 1986

Maunz/Schmidt–Bleibtreu, BVerfGG, 2001

Maurer, Staatsrecht, 1999

Rüdiger Zuck, Das Recht der Verfassungsbeschwerde, 1988.

Umbach/Klemens/Dollinger, Bundesverfassungsgerichtsgesetz, 2005

Verfassungsrecht und einfaches Recht – Verfassungsgerichtsbarkeit und Fachgerichtsbarkeit. Primär– und Sekundärrechtsschutz im Öffentli–chen Recht Berichte und Diskussionen auf der Tagung der Vereinigung der Deutschen Staatsrechtslehrer in Würzburg vom 3. bis 6. Oktober 2001. Mit Beiträgen von Alexy, Robert/Kunig, Philip/ Heun, Werner/Hermes, Georg/Erbguth, Wilfried/Höfling, Wolfram/ Streinz, Rudolf/Epiney, Astrid, 2002.

[국문요약]

헌법정책적 측면에서 헌법재판소와 법원의 관계

목하 헌법개정이 논의되고 있다. 1987년 제9차 개정된 현행헌법은 그 역사적 기능을 다하였다는 맹목적인 분석이 횡행하고 있다.

현행헌법이 헌법재판소 제도를 도입할 때 미처 숙고하지 못했던 제도적 미비점을 살펴보고 우리의 현실에 맞는 개선된 제도를 안착하기 위해서는 헌법정책적 측면에서 헌법재판소와 일반 법원의 관계를 올바르게 파악하고 헌법재판소의 위상을 재정립할 필요가 있다.

따라서 이 논문은 먼저 선진화된 독립형 헌법재판소를 두고 있는 것에 위해를 가하려는 시대착오적인 논란을 불식시키고, 헌법개정시 헌법재판소의 장별 위치를 재검토하고 있다. 나아가 헌법체계와 헌법재판의 본질에 맞게 헌법재판소의 관할권을 실현하기 위하여 재판소원의 도입, 명령·규칙의 위헌심사권과 관련된 규범통제의 통일성 확보, 권한쟁의와 기관소송의 통합적 관할권 정립, 선거소송의 관할권 확충을 다루고 있다.

[핵 심 어]

헌법개정, 헌법정책, 헌법재판소, 일반 법원, 재판소원, 규범통제, 명령·규칙의 위헌심사권, 권한쟁의, 기관소송, 통합적 관할권, 선거소송

[Abstract]

The Desirable Relationship Between Constitutional and Ordinary Courts in terms of Constitutional Policy

Chee Youn Hwang

The debate about Korean constitutional amendment is now keeping on. The blind analysis is prevalent, which the current Constitution of Republic of Korea undergone as ninth revision in 1987 has exhausted its historical role.

Some loopholes in constitutional institutions that the present Constitution has adopted should be supplemented into desirability and adequacy in terms of constitutional policy which should match the existing constitutional realties. Especially, it is required to rightly grasp the desirable relationship between constitutional and ordinary courts, so as to rebuild the proper status and function of Korean Constitutional Court. So, this article is firstly criticizing an anachron-istic argument regarding the advanced system of an independent spe-cialized constitutional court, and reviewing the just place of chapter about the Constitutional Court in the revised Constitution.

Consequently, this article is also handling the special problems about judiciary arising from constitutional amendment as follow: co-ordinated(integrated) jurisdictions of the Constitutional Court concerning such as constitutional complaint against ordinary courts' judgements, con-stitutional review on decrees, rules and regulations provided under a statute or for subordinate legislation, competence disputes and organ conflicts among agencies of state, local governments and municipalities etc., and election lawsuits.

[Keywords]

constitutional amendment, constitutional politics, constitutional court, or-dinary court, constitutional complaint against ordinary courts' judgements, constitutional review on subordinate legislations, competence disputes, organ conflicts, coordinated(integrated) jurisdiction, election lawsuits

주문선택의 기술[1)]
- 규범의 위헌성을 확인하였을 때에 연방헌법재판소의 변형재판[*]

슈테판 코리오트[**]

허 완 중 옮김[***]

---

* 이 논문은 지은이가 2009년 12월 10일 대만 사법원에서 강연한 원고이다. 이 논문은 대만 중정대학 법률계 오신화(吳信華) 교수가 "재판선고 주문적 예술(裁判宣告主文的藝術)"이라는 제목으로 번역하여 중화민국 헌법학회가 2010년 출판한 헌정시대(憲政時代) 제35권 제3기 272~295쪽에 실렸다.

** Prof. Dr. jur. Stefan Korioth, 독일 뮌헨대학교 법과대학 교수.

지은이는 독일 만하임과 본에서 법학을 공부하였고, 1990년 본대학교(Friedrich－Wilhelms－Universität Bonn)에서 "통합과 연방국가 － 국법학과 헌법학에 대한 루돌프 스멘트의 공헌(Integration und Bundesstaat － Ein Beitrag zur Staats－ und Verfassungslehre Rudolf Smends)"이라는 주제로 박사학위를 받았으며, 1996년 같은 대학교에서 "연방과 주들 사이의 재정조정(Der Finanzausgleich zwischen Bund und Ländern)"이라는 주제로 교수자격을 취득하였다. 1996년부터 2000년까지 그라이프스발트대학교(Ernst－ Moritz－Arndt－Universität Greifswald) 법과대학 교수로 재직하였고, 2000년 9월 1일부터 뮌헨대학교(Ludwig－Maximilians－Universität München) 법과대학 교수로 재직 중이다(공법과 교회법 연구실[Lehrstuhl für Öffentliches Recht und Kirchenrecht] 소유). 지은이는 클라우스 슐라이히(Klaus Schlaich)의 수제자로서 가장 권위 있는 헌법소송법 교과서인 "연방헌법재판소 － 지위, 절차, 재판 (Das

I. 머 리 말

규범비난(규범의 위헌성 확인: Normbeanstandung)은 상위법을 기준으로 이루어지는 사법적 규범통제의 부정적 결과이고, 규범확인(규범의 위헌성 미확인: Normbestätigung)은 긍정적 결과이다. 독일기본법의 규범통제는 헌법 우위를 보장하여야 한다.[2] 독일기본법의 지배 아래에서 심사권은 모든 법관에게 귀속되고, 나아가 모든 법관은 심지어 규범을 심사할 의무를 지지만,[3] 원칙적으로 연방헌법재판소가 폐기권(Verwerfungsrecht)을 독점한다. 오로지 연방헌법재판소만 (절차에 상관없이 언제나) 규범을 심사하고 폐기할 수 있다.

규범의 위헌성을 확인하였을 때에 규범통제절차를 끝맺는 재판유형을 강연의 중심내용으로 삼으려고 한다. 구체적 주문은 주문이 도출되는 심판절차유형이 아니라 재판목적에 따라서 결정된다.[4] 그래서 규범통제재판에서 재판의 기초가 되는 심판절차가 추상적 또는 구체적

Bundesverfassungsgericht. Stellung, Verfahren, Entscheidungen)"을 2001년 5판부터 이어받아 쓰고 있다(2010년 8판 출간). 지은이는 재정헌법, 헌법소송법, 종교의 자유와 교회법, 통합론, 헌법사를 주로 연구하고 있다.

*** 성균관대학교 BK21 글로컬(Glocal) 과학기술전문가 양성사업단 박사후연구원, 법학박사.
옮긴이는 2008년 5월 지은이의 지도를 받아 "헌법재판소결정이 입법자를 구속하는 범위와 한계(Umfang und Grenzen der gesetzgeberischen Bindung durch verfassungsgerichtliche Entscheidung)"라는 주제로 독일 뮌헨대학교 (Ludwig-Maximilians-Universität München) 법과대학에서 박사학위를 취득하였다.

1) *Schmidt*, in: Geschichtliche Rechtswissenschaft - ars tradendo innovandoque aequitatem sectandi, Freundesgabe für Alfred Söllner zum 60. Geburtstag, 1990, S. 505 ff.의 논문제목도 마찬가지.

2) *Papier*, EuGRZ 2006, 530 (530) 참조. 그밖에 연방국가에서는 주법에 대한 연방법의 우위가 문제 된다, BVerfGE 96, 133 (138).

3) *Jarass/Pieroth*, GG, 10. Aufl. 2009, Art. 100 Rn. 3.

4) *Schlaich/Korioth*, Das Bundesverfassungsgericht, 8. Aufl. 2010, Rn. 370을 보라.

규범통제이거나 (직접적이거나 간접적인) 법률에 대한 헌법소원인지는 중요하지 않다. 규범의 합헌성에 대한 모든 심사에서 법적으로 구속하는 명령을 포함한 재판주문에 결론이 드러나야 한다.

여기서 재판유형은 다양하다. 무효선언(Nichtigerklärung), 헌법합치적 해석(verfassungskonforme Auslegung), 불합치선언(Unvereinbarerklärung) 그리고 이른바 촉구재판(Apellentscheidung)이 구별되어야 한다. 여기서는 무효선언, 불합치선언 그리고 이른바 촉구재판에 집중하고, 헌법합치적 해석은 짧게 다룬다.

Ⅱ. 출발점과 (유일한[5]) 법률적 정형: 위헌 규범의 무효선언

1. 무효선언의 법률적 구체화

연방헌법재판소법은 다양한 규정에서 규범통제의 재판유형을 규율한다. 연방헌법재판소법은 제78조 제 1 문(때에 따라서는 제82조 제 1 항과 함께) 및 제95조 제 3 항 제 1 문과 제 2 문에서 법률이 헌법에 어긋나면 그 전부나 일부를 무효로 선언한다고 규정한다. 주문은 “법률은 (때에 따라서는 이러한 이유인 한[6]) 독일기본법 제…조와 합치하지 않고 (그래서[7]/따라서[8]) 무효이다.”[9]로 나타난다.

5) 양적 측면에서 이미 오래 전부터 정형이 더는 문제가 되지 않는 것으로 보인다. *Ipsen*, Rechtsfolgen, 1980, S. 141에서 이미 그렇게 보았다. 최근에는 *Kreutzberger*, Entscheidungsvarianten, 2007, S. 29 Fn. 8; 정확하게는 *Steiner*, NJW 2001, 2919 (2922). 더 자제적인 *Papier*, EuGRZ 2006, 530 (531): “똑같은 정도로 자주.”

6) 예를 들어 BVerfGE 121, 241 (241); 117, 1 (1 f.).

7) BVerfGE 106, 310; BVerfGE 111, 226 (246)의 형식도 보라.

8) BVerfGE 30, 1 (3).

9) BVerfG, NVwZ 2009, 1217; BVerfG, NVwZ 2009, 1030; BVerfGE 120, 378;

2. 무효선언의 의미: 당연무효설 대 폐지무효설

지배적 견해는 헌법재판소가 위헌인 규범을 무효라고 **선언한다는**, 법률이 사용한 표현을 이른바 무효법리(Nichtigkeitsdogma)[10]로 이해한다. 이 견해는 위헌규범이 당연히(ipso jure) 무효이므로 헌법재판소가 무효를 확인한다는 사고에 법률이 기초한다고 한다. 그래서 규범 폐지는 필요하지도 가능하지도 않다고 한다. 무효인 규범은 존재하지 않는데, 존재하지 않는 것은 폐지될 수도 없다고 한다.

그러나 이러한 무효법리는 자명하지도 아니하고 다툼이 없는 것도 아니다. 이미 독일법질서 안에서 잘못이 있는 규범 사안이 아닌 이탈이 발견된다. 즉 상위법에 어긋나는 **행정행위**는 일반적으로 위법하고 취소할 수 있으며, 예외적인 사안에서만 무효인 것이 원칙이다.[11] 오스트리아를 살펴보면, 독일에서 행정행위에 적용되는 것이 오스트리아에서는 실정헌법에 따라 규범에도 적용된다는 것이 확인된다(오스트리아연방헌법 제140조 제5항 제3문을 보라). 따라서 지배적 이론의 무효법리에 대해서 이미 오래전에 반론이 제기되었다는 것은 놀랍지 않다. 이른바 폐지무효설을 주장하는 사람들은 연방헌법재판소가 규범을 폐지하여 무효로 만든다는 것에서 출발한다. 따라서 규범은 규범충돌로 말미암아 이미 처음부터 당연히 무효가 아니라고 한다.[12]

폐지무효설의 모든 논증갈래(Begründungssträngen)에서 "독일 법질

111, 226.

10) 역사적 발전 그리고 위헌법률의 효력에 대한 (우선적) 문제와 사법적 심사권 문제의 얽힘에 대한 자세한 것은 *Ipsen*, Rechtsfolgen, S. 23 ff.을 보라.

11) 그러한 한에서 오류평가에 대한 말이다; 개념은 (인식할 수 있는 한) *Merkel*, Die Lehre von der Rechtskraft, 1923, S. 293으로 소급한다; *Lembke*, Einheit aus Erkenntnis?, 2008, S. 185 ff.도 보라.

12) 무효법리에 대한 자세한 비판은 이미 *Chr. Böckenförde*, Die sogenannte Nichtigkeit verfassungswidriger Gesetze, 1966에서 이루어졌다; *Söhn*, Anwendungspflicht oder Aussetzungspflicht bei festgestellter Verfassungswidrigkeit von Gesetzen, 1974, S. 13 ff.도 보라.

서에서 위법이나 위헌의 법적 효과는 어디에서도 강제적으로 규율되지 않는다"[13]라는 가정이 공통적이다. 규범의 위헌은 추론결과가 아니라 인식행위(Erkenntnisakt)라고 한다. 권한 있는 기관이 정해진 절차에 따라 이러한 인식을 얻을 때까지 '유효추정(Geltungsvermutung)'[14]이 있어야 하고, 결정은 '필연적으로 형성적 성격'[15]이 있어야 한다고 한다. "규범충돌 시점에 법규범의 '자동적' 효력상실"[16]은 규범해석의 법창조적 힘, 상호의존적인 법체계의 복잡성, 법인식의 오류 가능성 등 때문에 "거의 주장될 수 없다"라고 한다.[17] 위헌법률의 '잠정적 유효'[18]는 독일기본법 제100조 제 1 항도 지적한다고 한다.[19] 이 조항은 "법적 흠결이 있는 행위는 이미 처음부터 무효가 아니라 오로지 폐지될 수 있는 것으로서 효력이 있다"[20]라는 결론과 함께 원칙적으로 모두에게 귀속되는, 위헌법률을 준수하지 않을 권한을 연방헌법재판소에 집중시킨다고 한다. 따라서 이러한 행위는 구속력이 있고, 그래서 즉시 무효일 수 없

---

13) *Heckmann*, Geltungskraft und Geltungsverlust von Rechtsnormen, 1997, S. 56; *Hoffmann*, JZ 1961, 193 (196)도 보라.

14) *Heckmann*, Geltungskraft, 1997, S. 60 ff.; 73 ff.을 보라. 이미 *Chr. Böcken-förde*, Die sogenannte Nichtigkeit verfassungswidriger Gesetze, 1966, S. 147도 합헌성 추정에 대해서 말하였다. *Kelsen*, VVDStRL 5 (1929), 30 (46 f.)도 단순한 폐지 효과와 함께 절차의 결과인 무효에 기초한다.

15) *Kelsen*, VVDStRL 5 (1929), 30 (47). *Heckmann*, Geltungskraft, 1997, S. 116도 보라. *Ders.*, JZ 1999, 1143 (1146).

16) *Heckmann*, Geltungskraft, 1997, S. 116. *Ders.*, JZ 1999, 1143 (1146).

17) *Heckmann*, Geltungskraft, 1997, S. 116.

18) *Heckmann*, Geltungskraft, 1997, S. 117.

19) 다르게 자세하게는 *Lembke*, Einheit aus Erkenntnis?, 2008, S. 200. 그러나 그는 그럼에도 결론에서 폐지무효설을 따른다. 독일기본법 제93조 제 1 항, 제94조 제 2 항 제 1 문, 연방헌법재판소법 제31조 제 2 항 제 1 호에서 법률에 대한 오류평가가 도출되었기 때문이라고 하는데, 그것을 따르면 "위헌법률은 연방헌법재판소가 위헌법률을 폐지할 때까지 또는 위헌법률의 폐지가 잘못되어 이루어지지 않았다면 개정법률을 통해서 위헌법률이 폐지될 때까지 효력이 있다." (S. 202)

20) *Kelsen*, VVDStRL 5 (1929), 30 (45). *Chr. Böckenförde*, Nichtigkeit, 1966, S. 61 f.도 보라. 그러나 폐지무효설의 주장자인 Kelsen에 대해서 비판적인 *Ipsen*, Rechtsfolgen, 1980, S. 170.

다고 한다.[21]

이 견해는 설득력이 없다. 이미 연방헌법재판소법 규정의 문구는 무효법리를 지지한다. 먼저 연방헌법재판소법 제31조 제 2 항 제 2 문에서 규정한 합치**선언**(Vereinbar*erklärung*)은 (같은 표현임에도) 형성재판일 수 없다.[22] 나아가 규범의 제정사를 함께 고려하면,[23] 연방헌법재판소법 제78조 제 1 문(때에 따라서는 제82조 제 1 항과 결합하여)과 제95조 제 3 항 제 1 문이 무효법리에 기초한다는 것은 의심의 여지가 없다.[24] 독일기본법 제100조 제 1 항도 무효법리를 전제한다.[25] 독일기본법 제100조 제 1 항은 유효한 규범과 무효인 규범을 구별한다. 그 전제는 위헌법률이 무효이고, 법관은 위헌법률을 적용할 수 없어서, 설사 위헌제청의무가 없더라도 법관은 위헌규범을 적용할 수 없을 것이므로, 독일기본법 제100조 제 1 항은 위헌제청의무를 특별히 규정한다는 것이다.[26] 즉 위헌규범은 존재하지 않고, 위헌규범은 무효이다. 그래서 연방헌법재판소의 재판은 순수하게 선언적이다.

21) *Söhn*, Anwendungspflicht, 1974, S. 14; 16 f. 참조. *Hoffmann*, JZ 1961, 193 (197).

22) 이에 대해서는 *Sachs*, Die Bindung des Bundesverfassungsgericht an seine Entscheidungen, 1977, S. 290을 보라.

23) BT Drs. VI/388, S. 9; 1/788, S. 34 zu § 72 BVerfGG－Entwurf (= § 78 BVerfGG); *Chr. Böckenförde*, Nichtigkeit, 1966, S. 50 ff.에서 더 자세한 논증과 함께 설명; *Ipsen*, Rechtsfolgen, 1980, S. 69 ff. 참조.

24) 예를 들어 *Ipsen*, Rechtsfolgen, 1980, S. 73; *Breuer*, DVBl. 2008, 555 (557; 563); *Schlaich/Korioth*, Das Bundesverfassungsgericht, 8. Aufl. 2010, Rn. 379도 마찬가지. *Gerhard*, Die Rechtsfolgen prinzipaler Normenkontrolle für Verwaltungsakte, 2008, S. 33. 다른 견해로는 *Heckmann*, Geltungskraft, 1997, S. 55; *Pestalozza*, Verfassungsprozeßrecht, 3. Aufl. 1991, § 20 Rn. 15.

25) *Bethge*, in: Maunz/Schmidt－Bleibtreu/ders., BVerfGG, Kommentar, 29. EL 2008, § 31 Rn. 143 참조.

26) *Schlaich/Korioth*, Das Bundesverfassungsgericht, 8. Aufl. 2010, Rn. 379 u. 381을 보라.

Ⅲ. 헌법합치적 해석

헌법합치적 해석은 규범통제에서 연방헌법재판소가 선택할 수 있는 재판범주의 다른 끝에 위치한다. 헌법합치적 해석은 "일부는 위헌결과로, 다른 일부는 합헌결과로 나타나는, 가능한 여러 규범의미 중에서 독일기본법과 조화를 이루는 것을 먼저 선택하라고 요구한다."[27] 헌법합치적 해석은 규범 유지에 이바지한다.[28] 그럼에도, 헌법합치적 해석은 규범을 완전히 폐기하지 않고 규범의 결함을 제거하므로, 규범비난이다.[29] 헌법합치적 해석은 규범문구의 축소가 없는 질적 부분폐기[30]이고, "특별히 문제가 되는 해석을 제외하여 일반적으로 규범의 법적 유효성을 긍정하는"[31] 해석으로 특징지을 수 있다. 합헌해석 우선 명령은 헌법합치적 해석의 본질을 이룬다.[32] 헌법합치적 해석은 예를 들어 "…조는 …하게 해석할 수 없다."[33]나 "그래서 규범의 적용영역은 … 사안에 국한된다."[34] 또는 "법률 …조는 이러한 근거에 따라 독일기본법과 합치할 수 있다."[35]라고 (주문이나 이유에서) 표현된다.

헌법합치적 해석은 보통 문구의 의미, 체계, 목적이나 제정사에 지향된 해석방식을 아우른다. 규범의 의미를 탐구하려는 이러한 해석방

27) BVerfGE 32, 373 (384).

28) 자세하게는 BVerfGE 65, 132 (140): "헌법합치적 해석은 (…) 규범 효력 유지의 결과를 낳는다."

29) *Bethge*, JURA 2009, 18 (20) 참조.

30) *Schlaich/Korioth*, Das Bundesverfassungsgericht, 8. Aufl. 2010, Rn. 446; *Bethge*, JURA 2009, 18 (21) 참조.

31) BVerfGE 65, 132 (139).

32) *Pestalozza*, Verfassungsprozeßrecht, § 20 Rn. 9; *Schumann*, FS Larenz, S. 576; *Hesse*, Grundzüge, Rn. 79 ff.

33) BVerfGE 54, 277 (277).

34) BVerfGE 97, 169 (185).

35) BVerfGE 95, 64 (65).

식은 일반적이다.[36] 헌법합치적 해석은 이것을 전제하고, 상위법 위반을 회피한다. 헌법합치적 해석은 '규범폐기의 변형'[37]이지, 규범의미 탐구의 수단이 아니다. 헌법합치적 해석의 장점은 입법자 보호이다. 규범을 폐기하는 대신에, (헌법적으로 가능한 범위 안에서) 입법자의 의사에 효력을 부여한다. 헌법합치성의 전통적 **확인**이 헌법합치성의 **창조**로 대체된다.[38] 헌법합치적 해석은 물론 그 효력(입법자 보호)에서 도출되는 한계가 있다. 해석은 규정 문구의 범위 안에 머물러야 하고, 입법적 기본결정, 법률적 규율의 평가와 설정된 목적을 침해할 수 없으며,[39] 의미가 명확한 법률에 반대되는 의미를 부여할 수 없고, 입법목적을 본질적인 점에서 소홀히 하거나 왜곡할 수 없다.[40] 연방헌법재판소의 재판을 따르면, (먼저) "규정과 **다른** 규정들 사이의 실질적-논리적 관계가 규범의 의미와 목적"[41]을 드러낸다면, 헌법합치적 해석의 한계를 넘지 않는다. "법률체계와 관련하여 다른 때에 나타나는 모순을 고려한, 규범원문(Normtext)에 명시되지 않은 예외"[42]는 헌법합치적 해석을 방해하지 않는다고 한다.

연방헌법재판소가 언급한 한계를 언제나 준수하는 것은 아니어서,

---

36) BVerfG v. 10. 6. 2009, 1 BvR 825/08; 1 BvR 831/08, juris-Rn. 48 참조: "규범의 의미를 이해하기 위해서 모든 해석기준, 특히 법률에서 개별규범의 지위와 규율목적이 고려되어야 한다." *Rüthers*, Rechtstheorie, 4. Aufl. 2008, Rn. 763도 보라.

37) *Rüthers*, Rechtstheorie, 4. Aufl. 2008, Rn. 763.

38) *Lembke*, Einheit aus Erkenntnis?, 2008, S. 60도 마찬가지.

39) BVerfGE 112, 164 (183); 이전의 BVerfGE 95, 64 (93); 99, 341 (358); 101, 312 (329).

40) BVerfGE 63, 131 (147 f.)도 참조: 더 명확한 문구는 헌법합치적 해석을 배제한다. BVerfGE 64, 229 (241): 문구와 의미. BVerfGE 62, 117 (166) - 제2전공(Zweitstudium): 법률은 헌법합치적 해석을 위한 어떠한 공간도 허용하지 않는다. BVerfGE 69, 1 (55) - 병역대체복무: "오로지 해석이 입법자의 의사에 어긋나지 않는 것이 중요하다." 나아가 BVerfGE 102, 254 (327); 95, 64 (93); 71, 81 (105) 참조.

41) BVerfG v. 10. 6. 2009, 1 BvR 825/08; 1 BvR 831/08, juris-Rn. 48.

42) *Sachs*, JuS 2009, 1037 (1039).

입법자 보호 사고가 뒤집힐 위험이 커진다.[43] 입법자를 법률의 특정 해석에 묶어 두는 것은 무효선언보다 입법형성의 자유에 더 강하게 개입할 수 있다. “입법의사의 가능한 최대의 존중 대신에 (…) **연방헌법재판소가 입법자의 의사를 대체**할 우려가 있다.”[44]

또한 다른 관점에서도 위험이 있다. 즉 헌법합치적 해석을 (너무) 인색하지 않게 사용하면, 입법자는 헌법지침을 존중하려고 덜 노력할 수 있고, 그에 반해서 입법자는 연방헌법재판소가 법률에서 명확하게 반비례적인 것을 제거할 거라고 신뢰할 수 있다. 형사소송법(제112조와 제116조)의 구금사유에 대한 재판에서 그것은 특히 뚜렷하다. 형사소송법 제116조가 이러한 정지사유를 명확하게 언급하지 않더라도, 형사소송법 제112조 제 3 항(범행 중대성에 따른 구금사유)에 따른 구금영장에서도 형사소송법 제116조에 따른 집행정지를 할 수 있다고 하여 구금사유는 헌법합치적으로 해석된다. 헌법재판소판례를 인식하지 않고 형사소송법 제116조는 더는 적용될 수 없다.[45] 연방헌법재판소는 독일기본법에 합치하는 형사소송법을 제정할 입법자의 의무를 면제시킨다.

입법자가 헌법적 근거에 따라 규범을 완전히 포기하거나 다른 규율을 만들 자유가 있다면, 그리고 헌법적 상황을 인식할 때에도 입법자 스스로 헌법합치적 해석이 아직 허용될 가능성을 선택하고 원하리라는 것이 명확하게 확인될 수 없다면, 당연히 헌법합치적 해석이 중단되고 무효선언이 선택되어야 한다.

---

43) *Simon*, in: HVerfR, S. 1669도 참조: “상반된 두 가치를 동시에 함유한”; 특히 일반법원에 의한 헌법합치적 해석이 의심스럽고 ‘민주적 정당성이 있는 입법자의 모든 규율의도를 쉽게 무력히게 할 수 있는,’ ‘너무 강한 권한’의 히니기 될 수 있다는, 더 자세한 논증이 있는 *Voßkuhle*, AöR 125 (2000), 185 ff.

44) *Schenke*, NJW 1979, 325; *Hesse*, Grundzüge, Rn. 83: “법원이 법률에 헌법합치적 해석을 통해서 부여하는 내용은 법률의 최초내용보다 작은 것이 아니고 다른 것을 포함하면 가치가 매우 높다.”; 더 많은 논증이 있는 *Bryde*, S. 392; *Schuppert*, Grenzen, S. 6 f.; *Pestalozza*, Verfassungsprozeßrecht, § 20 Rn. 9; *Starck*, Prozeß, S. 27 f.; *Schlaich*, VVDStRL 39 (1981), S. 117.

45) BVerfGE 19, 342 (352) 참조; 쇤펠더(Schönfelder)라는 독일법전에서 형사소송법 제116조에 대한 각주도 보라.

Ⅳ. 불합치선언(같은 말: 위헌선언[46])

불합치선언은 (연방헌법재판소가 선택할 수 있는 재판범주에서) 무효선언과 헌법합치적 해석 사이에 있다. 이것은 연방헌법재판소가 '창안한' 변형재판(Entscheidungsvariante)이다. 불합치선언은 무효 확인 없이 법률이 위헌이라고 선언한다. 주문은 "법률은 … 독일기본법의 …조와 합치하지 않는다[47]/불합치한다.[48]"로 나타난다. 연방헌법재판소는 법률의 위임 없이 단순한 불합치선언을 창조하였으나, 그 사이에 입법자는 불합치선언을 인정하였다(연방헌법재판소법 제31조 제2항, 제79조 제1항). 하지만 입법자는 불합치선언의 요건은 물론 법적 효과도 더 명확하게 규율하지는 않았다.[49] (입법자가 다르게 규정할 때까지는) 헌법과 합치하지 않는다고 선언된 규범이 더는 적용될 수 없고 집행될 수 없다는 것은 여기서도 원칙이다.[50]

그럼 무효선언과 차이점은 어디에 있는가? 간단히 말해서 '효과관리(Folgenmanagement)'에 있다.[51] 규범은 법질서에서 제거되지 않는다.

---

46) *Bethge*, in: Maunz/Schmidt-Bleibtreu/ders., BVerfGG, Kommentar, 29. EL 2008, § 31 Rn. 206; *Maurer*, Staatsrecht I, § 20 Rn. 92.

47) 예를 들어 BVerfGE 109, 64 (65); 81, 363 (363).

48) BVerfGE 119, 331 (331); 115, 276 (277); 107, 133 (134); 103, 225 (226); 102, 127 (128); 98, 169 (171). 92, 158 (159) 참조. 그러나 BVerfGE 121, 108 (109)도 보라, 여기서 주문에서 불합치성이 도출되지 않고, 오로지 특정 기본권 침해가 존재한다는 것만 확인된다. 이유(S. 131)에서 비로소 불합치성의 표현이 발견된다. 용어적 문제에 대해서는 *Schlaich/Korioth*, Das Bundesverfassungsgericht, 8. Aufl. 2010, Rn. 398 ff.를 보라.

49) 그럼에도 연방헌법재판소법에서 사용된 용어는 모순이 없는 것이 아니다; 연방헌법재판소법 제78조 제1문은 헌법과 합치하지 않는 법률은 무효로 선언되는 것을 예정한다. 연방헌법재판소법 제31조 제2항과 제79조 제1항은 불합치한 법률과 무효인 법률을 구별한다.

50) 그러한 범위에서 명백하게 먼저 BVerfGE 37, 217 (262). BVerfGE 55, 100 (110); 61, 319 (356); 107, 133 (149); *Bethge*, in: Maunz/Schmidt-Bleibtreu/ders., BVerfGG, Kommentar, 29. EL 2008, § 31 Rn. 220도 보라.

51) *Steiner*, NJW 2001, S. 2919, 2922.

무효선언에서 당연히 생각할 수 있는 것처럼[52] 전에 효력이 있던 (옛) 법은 (당연히) 결코 효력이 다시 있을 수 없고,[53] 입법자는 헌법구속(독일기본법 제1조 제2항, 제20조 제3항) 때문에 언제나 정해진 기간 안에[54] 위헌상태를 제거하여야 하며,[55] 심급법원은 (원칙적으로) 소송당사자가 합헌적 규율의 혜택을 누릴 수 있게 하려고 입법자가 불합치선언에 반응할 때까지[56] 절차를 중단하여야 한다.[57] 통상적으로[58] 물론

52) 이에 대해서는 *Schlaich/Korioth*, Rn. 452 ff.; *Kreutzberger*, Entscheidungen, 2007, S. 159. 오스트리아연방헌법 제140조 제6항도 보라.

53) *Kreutzberger*, Entscheidungen, 2007, S. 122, 159 f. 참조.

54) 예를 들어 BVerfGE 103, 225 (226)을 보라. BVerfGE 92, 158 (186 f.)도 보라: '즉시', '늦어도 입법부의 임기가 끝나는 시점까지'; BVerfGE 61, 319 (356): "문제가 되는 사안에서 예외적으로 법적 안정성을 위해서 다투어진 규범의 계속 적용을 법률이 새롭게 규율할 때까지, 늦어도 1984년 12월 31일까지 허용할 것을 명령한다."

55) BVerfGE 115, 276 (319); 87, 114 (137); 55, 100 (110) 참조. 의무의 범위에 대해서는 예를 들어 BVerfGE 87, 153 (178): "헌법에 합치하는 법적 상황을 창출하여야 하는, 입법자의 의무는 원칙적으로 불합치선언과 관련된 전체 시간까지 확장되고 적어도 위헌으로 선언된 규율에 기초한, 아직 확정력이 없는 모든 재판을 포섭한다." *Ipsen*, Rechtsfolge, 1980, S. 212 f.도 보라, 더 자세한 논증이 있는 *Kreutzberger*, Entscheidungen, 2007, S. 161 f.

56) *Maurer*, Staatsrecht I, § 20 Rn. 92. BVerfGE 100, 59 (103) 참조: "불합치선언은 청구권과 기대권 이전법률 제6조 제2항과 제6조 제3항 제7호를 주문에서 도출되는 범위에서 법원과 행정관청이 더는 적용할 수 없도록 한다. 소송이 계속 중인 법원은 입법자가 위헌규범을 헌법과 합치하는 규율로 대체할 때까지 앞날에도 해당 절차를 중단하여야 한다." BVerfGE 37, 217 (261); 52, 369 (379); 82, 126 (155); 92, 158 (186)도 보라. 독일기본법 제100조 제1항에 따른 절차에서 법원은 연방헌법재판소의 규범통제재판에 따라 당연히 새롭게 절차를 중단하여야 한다, BVerfGE 88, 5 (17). *Schlaich/Korioth*, Das Bundes-verfassungsgericht, 8. Aufl. 2010, Rn. 413, 419, 429도 보라. 지난날에 입법자가 기한을 지키지 않고 흘려보냈을 때에, 효과에 대한 부분적인 불명확성이 있었다. 법원의 표현은 완벽하게 구별된다. BVerfGE 93, 121 (122)에서 다음과 같이 말하였다: "입법자는 늦어도 1996년 12월 31일까지 새롭게 규율할 의무를 진다. 늦어도 이 시점까지 현행법은 앞날에도 적용될 수 있다." BVerfGE 117, 1 (2)에서는 이와 반대로 말하였다: "현행법은 새롭게 규율할 때까지 계속 적용될 수 있다. 입법자는 늦어도 2008년 12월 31일까지 새롭게 규율할 의무를 진다." 비슷하게: BVerfGE 97, 228 (229); 102, 68 (99): "확정된 기한 안에 법률로 새롭게 규율하지 못하면, 2002년 4월 1일부터 사회법전 제5권 제5조 제1항 제11호에 따른 연금생활자의 의료보험 축소가 건강개혁법률에서 확정된다."

다양한 입법적 대응 가능성,[59] 법적 안정성,[60] '공공복리의 압도적 이익 보호'[61] 또는 '안정적인 재정계획과 예산안 작성'[62]을 고려하기 위해서나 위헌규범의 잠정적 적용보다 헌법과 더욱더 합치하지 않을 수 있는, 규율 없는 상태가 나타나는 것을 피하고자,[63] 연방헌법재판소는 제한된, 주문에서 더 자세하게 한정한 기간에 법률이 아직 적용되어야 한다는 것[64]을 명시적으로 명령하는 때가 드물지 않다. 이러한 사안에서 이러한 이른바 계속효력명령(Weitergeltungsanordnung)은 '불합치로 선언된 규범을 통해서 추구되는 기대를 실현하기 위한 고유한 법적 토

이 문제에 대해서는 *Feick/Henn*, DStR 2008, 1905 ff.을 보라. 그러나 다양한 표현이 존중되지 않는다. 적절하게 전체적으로 *Papier*, EuGRZ 2006, 530 (532).

57) *Schlaich/Korioth*, Das Bundesverfassungsgericht, 8. Aufl. 2010, Rn. 413을 보라. 법적 상황이 재판주문에 의해서 즉시 '교정'되지 않고 절차 중단을 정당화하는 유동적 상태가 존재하지 않으므로, 무효선언에서 이것은 더는 고려되지 않는다, *Kreutzberger*, Entscheidungen, 2007, S. 162 f. 참조.

58) 예를 들어 BVerfGE 82, 126 ff.에서 잠정 적용이 없었다.

59) BVerfGE 115, 276 (317); 109, 64 (95); 107, 133 (149); 92, 158 (186); 87, 153 (178).

60) BVerfGE 107, 133 (149); 61, 319 (356).

61) BVerfGE 109, 190 (235 f.).

62) BVerfGE 117, 1 (70); 105, 73 (134); 93, 121 (148).

63) BVerfGE 97, 228 (270); 92, 53 (73); 90, 60 (105); 33, 303 (347). 요약적으로 BVerfGE 119, 331 (382 f.): "과도기 동안 지금보다 (…) 합헌질서에서 더욱더 멀어지는 상태가 나타나지 않게 하려고, 위헌규정이 과도기 동안 계속 존속하여야 하는 것이 헌법적 근거에서 필수불가결하면, 기한이 설정된 위헌규율의 계속 적용 명령과 결합한, 단순한 불합치선언은 법률적으로 예정된 법적 효과인 무효 대신에 고려된다. 기본권 이외에 (…) 무엇보다도 법치국가원리가 법적 안정성 원리의 표현 속에서 (…) 법적 안정성을 보호하기 위해서 기한이 설정된, 헌법에 합치되지 않는 규율의 계속효력을 정당화하고 요구할 수 있는 법익으로서 인정된다. 이것은 다투어진 규율의 무효선언으로 법적 공백이 나타나고 행정관청뿐 아니라 수범자에게도 법적 상황의 불안정성이 발생하는 때에 (…) 해당한다. 법적 상황과 독일기본법의 불합치성 확인은 행정이 때때로 헌법적 의무과제 이행을 불가능하게 만들도록 할 수도 없다 (…); 이것은 행정에 위임된 과제의 사실적 인수에도 적용된다."

64) 잠정 적용: BVerfGE 121, 108 (109): "상속세와 증여세 법률의 제13조 제1항 제18호는 늦어도 2009년 6월 30일까지 계속 적용되어야 한다." BVerfGE 109, 64 (65; 95); 107, 133 (134); 33, 303 (305); 37, 217 (218).

대'이다.[65] 무효선언은 계속효력명령을 저지할 것이므로, 불합치선언은 계속적용명령을 위한 (한결같은) 동기이면서 전제이다.

그래서 무효인 위헌법률도 있고, (계속) 존재하나 적용을 별도로 명령하지 않으면 (규범충돌[Normenkollision] 발생시점에 소급하여[66]) 적용될 수 없는[67] 위헌법률도 있다.

불합치주문의 전형적인[68] 적용범위를 명확하게 밝히면, 무효법리에 대한 이러한 (표면적) 모순은 사라진다. 이러한 적용범위는 독일기본법 제3조 제1항에 따른 평등원칙에 대한 규범충돌이다. 중요한 상투적 표현은 이른바 '평등위반적 혜택배제'이다.[69] 이것은 불합치선언에 대한 가장 중요한 논증근거이다. 법률적 규율을 통해서 평등원칙에 어긋나게 A그룹에 유리한 규율을 통해서 B그룹이 배제된다면, 법률의 무효선언은 곤란할 것이다. 즉 A그룹은 그 보장이 **절대적**이 아니라 오로지 **상대적**으로만 위헌인 혜택을 받게 될 것이다. 혜택 보장 그 자체로서는 그리고 B그룹의 혜택 비보장 그 자체로서는 위헌이 아니고, 오로지 B그룹의 배제와 동시에 A그룹에 대한 보장이 위헌이다. 규율 **자체**가 아니라 오로지 **차별적** 규율이 위헌이다.[70] 확인된 헌법위반은 대개[71] 유리한 규율에 B그룹도 포함하거나 전체 혜택을 배제하거나 혜택

65) 더 자세한 논증이 있는 *Bethge*, in: Maunz/Schmidt-Bleibtreu/ders., BVerfGG, Kommentar, 29. EL 2008, § 31 Rn. 227.

66) *Bethge*, in: Maunz/Schmidt-Bleibtreu/ders., BVerfGG, Kommentar, 29. EL 2008, § 31 Rn. 221.

67) *Schlaich/Korioth*, Das Bundesverfassungsgericht, 8. Aufl. 2010, Rn. 403, 424 f. 를 보라.

68) 최근에 예를 들어 BVerfGE 100, 226 ff. (독일기본법 제14조 제1항); BVerfGE 115, 276 ff.; 109, 64 ff. (양자는 모두 독일기본법 제12조 제1항); 119, 331 ff. (독일기본법 제28조 제2항 제1호와 제2호, 제83조)도 다른 사정에 근거한다.

69) *Schlaich/Korioth*, Das Bundesverfassungsgericht, 8. Aufl. 2010, Rn. 401 ff.; *Mendes*, Die abstrakte Normenkontrolle vor dem BVerfG und dem brasilia-nischen Supremo Tribunal Federal, 1991, S. 160 ff.를 보라.

70) *Ipsen*, Rechtsfolgen, 1980, S. 214. *Mendes*, Normenkontrolle, 1991, S. 162. *Maurer*, Staatsrecht I, § 20 Rn. 90.

71) BVerfGE 81, 156 (200)은 드문 사안 중 하나: "입법자가 이러한 헌법위반을

받는 사람의 범위를 완전히 새롭게 정하는, 허용되는 3가지 유형으로 제거될 수 있으므로, 종국적 위헌성이 고정되는[72] 규범은 없다.[73] 그것은 단순한 불합치선언을 정당화한다. 무효법리에 기초한, 위헌규범과 무효의 결합은 없다. (헌법적) 무효법리의 사정거리는 그에 따라서 제한된다. 즉 무효법리는 '평등위반적 혜택배제'를 포함하지 않는다.[74] 무효법리는 규범**관계**의 효과 극복에 맞지 않는다.[75] 그래서 실제로는 위헌상태를 제거할 입법자의 **권한** 측면이 문제가 된다.[76]

그밖에 불합치선언의 정당화를 위한 다른 논증근거가 있다. 따라서 연방헌법재판소는 예를 들어 입법자의 형성자유를 설명틀로서 원용하였다.[77] 이것은 수긍할 수 없다.[78] 입법자의 형성자유는 법률이 정형으로 예정한 무효선언에서 벗어나는 것을 정당화하지 않는다. 입법자의 형성자유는 윤곽 없는 일반논증이다. 자유권 침해 사안[79]에서도 대

결정권 부여가 아닌 다른 방식으로 … 제거할 수 있다는 것은 명백하지 않다. … 그래서 [!] … 무효로 선언하는 것"

72) *Schlaich/Korioth*, Das Bundesverfassungsgericht, 8. Aufl. 2010, Rn. 402를 보라.

73) BVerfGE 121, 108 (131 f.)를 보라. 그러나 BVerfGE 117, 1 ff.도 보라; 이 재판에서 독일기본법 제 3 조 제 1 항 위반이 인식되기는 하였지만, 결국 다른 규범에 대한 관계 때문이 아니라 평등위반의 (가치)체계와 결합하여서 제청된 소득세규범에 대한 위헌판결이 내려지지 않았다. 따라서 규범의 불합치선언은 엄밀히 말하자면 "평등위반적 혜택 배제"의 상투적 표현으로 정당화할 수 없다; 이에 대해서는 *Feick/Henn*, DStR 2008, 1905 (1908)을 보라.

74) *Kreutzberger*, Entscheidungen, 2007, S. 113 참조. 충돌하는 실정헌법에 따른 무효법리 제한을 정당화한다.

75) *Hein*, S. 129.

76) *Schlaich/Korioth*, Das Bundesverfassungsgericht, 8. Aufl. 2010, Rn. 411을 보라. 여전히 연방헌법재판소가 평가할 수도 없고 그에 대한 권한 있는 기관도 아닌, 독일기본법 제113조 제 1 항의 의미와 국가재정에 가능한 결과를 적절하게 지적하는 *Kreutzberger*, Entscheidungen, 2007, S. 122, u. 132 f.도 보라.

77) 위 참조. BVerfGE 109, 64 (95); 100, 226 (247); 87, 114 (136)도 참조. 확인하는 *Rupp-v. Brünneck*, in: FS für G. Müller, 1970, 355 (368).

78) *Ipsen*, JZ 1983, 41 (44); *Maurer*, Festschrift Weber, 1974, 345 (357); *ders.*, Staatsrecht I, § 20 Rn. 90; *Sachs*, DÖV 1982, 23 (27); 결론에서 마찬가지인 *Kreutzberger*, Entscheidungen, 2007, S. 126도 보라.

79) BVerfGE 100, 226 ff. (독일기본법 제14조 제 1 항); BVerfGE 115, 276 ff.; 109,

개 입법목적을 달성하기 위한, 다른 (헌법합치적) 법률규율을 생각할 수 있으므로, 거의 모든 사안에서 입법적 기본결정에 어긋나게 불합치선언을 정당화할 수 있기 때문이다.[80)]

그에 반해서 (단지 과도기적으로라도) 규율 없는 상태를 받아들이는 것보다 위헌규범을 잠정적으로 계속 적용하는 것이 더 약한 헌법위반일 때에 무효 대신 불합치를 선언한다는, 연방헌법재판소의 폭넓은 논증근거는 더 설득력이 있다. (오로지) 불합치선언만이 규범의 잠정적 계속적용을 명령할 수 있으므로, 불합치선언은 이러한 사안에서 주문변형으로써 선택된다. 무효법리 적용이 더 위헌적인 상태를 생개계 할 정도로 헌법이 무효법리의 적용범위를 넓게 이해하려고 하여서는 안 되므로, 이러한 근거는 인정되어야 할 것이다.[81)] 나아가 사법부의 헌법구속도 예외 없는 무효법리 적용과 부딪힌다. 즉 사법부에 위헌상태를 심화하거나 다른 위헌상태로 대체할 가능성을 허용하는 것은 사법부의 헌법구속과 합치될 수 없다.[82)]

종합해 보면, 불합치선언은 오로지 제한된 사안에서만 고려된다. 개선될 수 있는, 불완전한 법률의 존재는 무효선언을 포기하기에 충분하지 않다.

---

64 ff. (양자 모두 독일기본법 제12조 제 1 항); 119, 331 ff. (독일기본법 제28조 제 2 항 제 1 호와 제83조).

80) 이러한 사고에 대해서는 *Feick/Henn*, DStR 2008, 1905 (1907)도 참조. 이것에 관한 연방헌법재판소의 확장적인 최근 경향에 대해서는 *Ipsen*, Rechtsfolgen, 1980, S. 108의 논증을 보라. 그러나 더 최근 재판인 BVerfGE 100, 226 (247 f.)도 보라.

81) 이에 대해서는 또한 *Blüggel*, S. 186 ff., 그러나 그는 (개별 사안에서) 더욱더 강하게 규범화의 헌법적 의무를 지운다.

82) *Kreutzberger*, Entscheidungen, 2007, S. 113 (충돌하는 실정헌법)도 보라; S. 139 ff. (완전히 이행되지 않은 규율위임의 사안군), S. 145 ff. (일반적으로 혼합사안)도 보라.

V. 촉구재판

1. 불합치선언과 구별

이른바 촉구재판[83]이라는 다른 재판유형은 불합치선언과 유사성이 지적된다. 심사된 규범이 위헌은 아니지만, 현재 규율상태가 위헌이 될 우려가 있다면, 촉구재판을 내리는 것이 이상적이다.[84] 그러나 이미 위법한 상태에 근거하지만, 연방헌법재판소가 (어떤 이유에서라도) 무효선언이나 불합치선언의 결과에 만족하지 않으려는 재판도 냉정하게 말해서 촉구재판에 속한다.[85] 그래서 실질적-법적 근거로 말미암아 현재 권리구제수단이 성과가 없지만,[86] 앞날에 같은 소송물을 다루는 다른 절차에서 성과를 기대할 수 있는 모든 재판이 촉구재판으로 이해될 수 있다.

변형재판은 법리적으로 파악하기 어렵다. 오로지 합헌상태나 위헌상태만 법적으로 중요하다. 즉 '위헌화'[87]과정은 중요하지 않다. 따라서 위헌상태가 발생하였을 때에 비로소 법적 제재를 생각할 수 있다. 위헌

---

83) 개념은 일반적 견해를 따르면 *Rupp-v. Brünneck*, in: FS für G. Müller, 1970, 355 ff.의 논문에 소급한다. BVerfGE 86, 379도 보라. 심급법원, 예를 들어 형사소송에서 '협상'에 대한 연방통상법원(BGH)의 촉구재판은 다른 유형이다, NJW 2005, 1440 (1447): "형사사건을 담당하는 대부(大部)는 입법자에게 판결협상의 허가 여부 그리고 허용된다면 본질적인 법적 요건과 제한을 법률로 규율하도록 촉구한다."

84) *Ipsen*, Rechtsfolgen, 1980, S. 132; *Maurer*, in: FS Weber, 345 (346); *Gusy*, Gesetzgeber, 1985, S. 205 참조. 명백하게 다른 견해로는 *Bethge*, JURA 2009, 18 (23 f.); *Maurer*, Staatsrecht I, § 20 Rn. 93 f.

85) *Ipsen*, Rechtsfolgen, 1980, S. 133; *Schmidt-Bleibtreu*, in: Maunz/ Schmidt-Bleibtreu/ders., BVerfGG, Kommentar, 24. EL 2005, § 95 Rn. 35 f. 참조. *Yang*, Appellentscheidungen, 2002, S. 63 ff.의 설명도 보라.

86) 또는 오로지 다른 이유에서 성과가 있었던 BVerfGE 25, 167 ff. 참조.

87) *Ipsen*, Rechtsfolgen, 1980, S. 132.

상태의 직접적 임박만으로는 법적 효과가 발생하지 않는다. 그러나 오로지 두 가지 범주에 사로잡힌 이러한 사고는 '법현실의 다면성을 언제나 정당하게 평가하는 것은 아니다'.[88] 그래서 연방헌법재판소는 촉구재판을 통해서 이러한 엄격한 양자택일사고에서 벗어나려고 한다. 여기서 한편에 있는 무효선언과 불합치선언 그리고 다른 한편에 있는 촉구재판 사이의 선택에 기초가 되는 법적 판단은 좀처럼 명확하지 않다. 즉 **아직** 위헌이 **아닌** 것과 이미 **바로** 위헌**인** 것 사이의 구분은 유동적이다. 그럼에도 재판유형에서 구별은 중요하다. 즉 무효선언과 불합치선언은 언제나 규범에 대해서 반가치판단을 내리고, 원칙적으로 규범의 계속 적용을 저지하지만, 촉구재판은 규범의 적용 가능성은 늘 건드리지 않고 원칙적으로 규범에 대한 즉각적인 반가치판단을 포함하지 않는다.[89]

2. 구체적 예

촉구성격이 있는 재판의 몇몇 예를 살펴보도록 하자. 아주 오래된 재판에서 연방헌법재판소는 "헌법과 완벽하게 합치하지는 않는 상태를 사안이 내포한 특별한 이유로 말미암아 감수하였지만,"[90] 동시에 입법자에게 "독일기본법과 합치하지 않는 점령법(Besatzungsrecht)의 규정을 폐지하거나 개정할 것을"[91] 호소하였다. 1963년 선거구획정에 관한 연방헌법재판소의 재판에서 "선거구획정의 위헌성은 (…) [당시 앞서 치러진 선거의 시점에] 명확하게 인식할 수 없었으므로, 선거구획정도 모든 시점에 이미 무효로 보아야 하는 것은 아니다."[92] 그러나 "선거구획정은

88) *Ipsen*, Rechtsfolgen, 1980, S. 132.
89) *Schlaich/Korioth*, Das Bundesverfassungsgericht, 8. Aufl. 2010, Rn. 431을 보라.
90) BVerfGE 15, 337 (348).
91) BVerfGE 15, 337 (350).
92) BVerfGE 16, 130 (142).

[치러진 선거 이후에] 위헌이 되었다 (…). 그래서 연방입법자는 아직 진행되는 입법자의 임기 동안에 선거구획정 변경에 힘써야 할 의무가 있다."[93]라고 하였다. 다른 상황에서 법률적 규율이 '아직' 독일기본법의 요구를 충족하지만, "입법자가 (특정 헌법규범에 대한) 위반을 앞날에 제거하는, 사안에 적합한 해결을 위해서 노력할 의무가 있다."[94]라는 것이 확인되었다. 따라서 '입법자에 대한 헌법위임'[95]이 있다고 한다. 연방헌법재판소는 입법위임 이행의 의미와 긴급성을 지난날에도 이미 기한 설정과 함께 명확하게 밝혔다. 주 사이의 재정조정에 대한 판결에서 "입법자는 (…) 재정조정법률을 2004년 12월 31일까지 새롭게 규율(하여야 한다)."[96]라고 하였다.

3. 체 계 화

두 가지 (중요한) 사안군이 구분되어 언급될 수 있다.[97] 즉 사실적 또는 법적 관계 변화로 말미암은 촉구재판과 헌법위반의 부족한 명확성으로 말미암은 촉구재판이 있다.[98]

a) 첫 번째 그룹에 예를 들어 앞에 언급된 '선거구획정'이 속한다. 슐레스비히-홀스타인에서 현저한 인구감소로 말미암아 기존 선거구 숫자가 너무 많아져서 연방의회선거가 평등선거의 측면에서 '왜곡'될 위기에 빠지게 되었다. 1975년 유족연금에 대한 두 번째 재판에서 **사실적** 그리고 **법적** 관계 변화 측면은 더 명확하게 드러난다. (법적으로)

93) BVerfGE 16, 130 (141 f.).

94) BVerfGE 39, 169 (170) - 미망인연금; BVerfGE 54, 11 (37) - 공무원연금에 대한 과세; BVerfGE 78, 249 (251, 265, 287 f.) - 임대오류세(복잡한 사정과 시작단계).

95) BVerfGE 39, 169 (194 f.).

96) BVerfGE 101, 158 (238).

97) *Kreutzberger*, Entscheidungen, 2007, S. 214 f.도 보라.

98) *Ipsen*, Rechtsfolgen der Verfassungswidrigkeit von Norm und Einzelakt, S. 133 ff.; *Mendes*, Die abstrakte Normenkontrolle, 1991, S. 181 ff.에서 구별 참조.

"사회보장법적 요구의 평가 변화가 두드러지고" (사실적으로) "결혼과 가족에서 여성의 역할에 대한 이전 이해가 바뀌기 시작하였을"[99]지라도, 연방헌법재판소는 "입법자가 아직 (새로운) 규율을 하지 않았다고[100] 현시점에서 아직 입법자를 비난할 수 없었다."[101]

b) 두 번째 사안군(헌법위반의 부족한 명확성)은 **객관적** 위헌성이 재판시점에 이미 인정되고 앞날에 비로소 인정되는 것이 아니며, 오로지 (재판을 통해서 비로소 형성되는) 헌법위반의 명확성만 부족하여서,[102] 헌법위반 구성요건 측면의 **주관적** 요소가 추가되므로, 의문에 부딪힌다.[103] 그럼에도 이러한 사안군을 촉구재판으로 규정짓는 것은 처음에 이미 설명한 것처럼 구제절차의 성과 없음이 정당화한다. 물론 부족한 명확성 사안에서 불합치성을 언급하지만, 계속효력명령을 통해서 그 효과 배제를 긍정하는 몇 가지 사안을 숨겨서는 안 된다.[104] 이러한 사안군의 보기는 (역시) 이미 언급한 연방헌법재판소의 '선거구재판'이다. 연방헌법재판소는 (이미 발생한) 슐레스비히-홀스타인의 인구감소뿐 아니라 무엇보다도 위헌성의 명백성을 통해서 논증하였다. "처음에 합헌이던 선거구획정이 위헌이 **된**, 정확한 시점 확정에 따르는 어려움은 기존 사안에서 무엇보다도 이러한 발전을 (…) 명확하지 않은 변경시점을 통해서 특징짓는 것에서 비롯된다. 이러한 사정을 고려하면 (…) 선거권평등 위반에는 선거구획정의 효력을 상실시키기 위해서 필수적인 명백성이 지난 연방의회선거 전에 아직 부족하였다."[105] 헌법이해 변화와 관련되는 재판도 이러한 사안군을 통해서 이해된다.[106]

99) BVerfGE 39, 169 (187).
100) BVerfGE 39, 169 (194).
101) BVerfGE 39, 169 (187).
102) *Kreutzberger*, Entscheidungen, 2007, S. 216, 218 참조.
103) *Ipsen*, Rechtsfolge, 1980, S. 138 ff. 참조.
104) *Kreutzberger*, Entscheidungen, 2007, S. 217도 마찬가지. *Gusy*, Gesetzgeber, 1985, S. 210도 보라.
105) BVerfGE 16, 130 (142 f.).
106) 다른 견해로는 이러한 사안군을 명확성사안과 구별하는 *Ipsen*, Rechtsfolgen,

자본이 자세에 대한 재판에서 독일기본법 제 3 조 제 1 항 위반이 존재하였음에도 연방헌법재판소는 헌법소원을 기각하였다. 헌법재판소도 “이러한 법적 상황을 지금까지 인식하지 못하였기” 때문이다. “그래서 과도기에 지금까지의 법을 여전히 감수할 근거가 존재한다.” 경과기간의 필요성은 ‘바뀐 헌법해석의 사안’에서 인정될 수 있고 ‘법치국가적 존속명령의 측면’107)을 통해서 구체적 사안에서 정당화한다.

4. 연방헌법재판소의 촉구재판에 대한 비판

방금 개략적으로 살펴본 재판들은 (구분의 어려움과 상관없이) 모두 똑같이 비판에 부딪힌다. 즉 연방헌법재판소는 입법자에게 촉구할 수 있는가?108) 아니면 연방헌법재판소는 입법자에게 행위를 지시할 수 있는 체하는가?

결과를 선취하기 위해서 촉구할 수 있는가? 그래 가능하다! 어떠한 강력한 의심도 연방헌법재판소 측의 촉구와 부딪히지 않는다. 첫째, 연방헌법재판소는 오로지 계속 중인 절차와 관련하여 촉구하고 직권으로는 촉구하지 않는다.109) 둘째, 이미 소송경제적 측면에서 연방헌법재판소가 무효선언이나 불합치선언을 내릴 때에 입법자에게 위헌상태를 제거하기 위한 어떤 선택권이 (아직) 남아 있는지를 지적하는 것이 (제한적으로) 허용되는 것처럼, 이것은 (더욱더) 촉구재판에도 적용되어야 한다.110) 셋째, 촉구는 구속력이 없고 확정력도 있을 수 없어서111) 권력

1980, S. 136 f.

107) BVerfGE 84, 239 (285).

108) *Rupp-v. Brünneck*, in: FS für G. Müller, 1970, S. 355 ff.의 논문제목도 마찬가지.

109) *Steiner*, NJW 2001, S. 2919 (2919): “독일헌법소송법은 입법자의 헌법적 잘못에 대한 탐색 권한을 부여하지 않는다.”

110) *Rupp-v. Brünneck*, in: FS für G. Müller, 1970, S. 355 (369 f.) 참조.

111) *Yang*, Appellentscheidungen, 2002, S. 244 ff.; *Gusy*, Gesetzgeber, 1985, S. 210 참조.

편성을 통해서 보호된 입법영역에 개입하지 않는다.[112] 심사된 규범은 앞날에도 제한 없이 효력이 있다. 그렇지 않다면, 독일기본법도 연방헌법재판소법도 알지 못하는 예방적 규범통제가 이루어질 것이다.[113] 넷째, 연방헌법재판소가 아직 합헌상태인 사안에서 (앞날의 합헌성에) 필수적인 예단권한이 없다는 반론도 제기될 수 없다.[114] 오히려 사법행위는 단지 과거 관련성만 있지 않다는 것이 이 문제에 대해서 더욱더 많은 것을 설명한다. 세 가지 시간적 측면 모두 기능질서의 모든 부분과 결합하기 때문이다.[115] – 그것은 예를 들어 사법재판의 구속력 문제에서 매우 자명하다.

심사된 규범이 계속해서 제한 없이 효력이 있으므로, 위헌성이 나타나고 나서 **새로운** 절차가 개시되었을 때에 비로소 (그 사이에 나타난) 위헌성이 확인될 수 있다. – 그것은 때에 따라서는 규범 존속에 효력을 미친다.

5. 소 결

촉구재판 사안에서 (요약하여 말하면) 연방헌법재판소는 사전경고 체계로서 기능한다. 연방헌법재판소는 입법자에게 이미 인식할 수 있는 잘못된 발전과 임박한 헌법문제를 지적하고 입법자에게 헌법적 관찰의무와 개선의무를 일깨운다.

---

112) *Rupp–v. Brünneck*, in: FS für G. Müller, 1970, 355 (362 f.) 참조. 다른 견해로는 아직 합헌상태에 관한 사안에서 연방헌법재판소의 필수적 예단 권한을 부정하는 *Gusy*, Gesetzgeber, 1985, S. 212 f. 그러나 사법부의 행위가 과거와 관련된 것만은 아니라는 것은 이 문제를 명백하게 지적한다. 그것은 기능질서의 모든 부분과 세 가지 모든 시간 측면을 결합한다.

113) *Schlaich/Korioth*, Das Bundesverfassungsgericht, 8. Aufl. 2010, Rn. 439; *Yang*, Appellentscheidungen, 2002, S. 246을 보라.

114) 그러나 *Gusy*, Gesetzgeber, 1985, S. 212 f.도 마찬가지.

115) *Klein*, Staat und Zeit, 2006, S. 50 f. 참조.

Ⅵ. 맺 음 말

규범통제절차에서 연방헌법재판소의 재판유형 다양성을 또다시 설명한다면, 차이가 있을 수 있지만 재판은 자제가 늘어날지라도 여전히 법리적 고려보다 실용적 고려에 의해서 더 강하게 영향을 받을 수 있다는 것이 상세하게 밝혀진다.[116] 이것은 부분적으로 중요한, 헌법규범의 해석 필요성과 법적 효과 측면에서 두드러진 유연성을 결합한다. 연방헌법재판소가 이것을 하려고 할 때에 연방헌법재판소에 형성여지를 허용하는, 지나친 도구라고 이것을 비판하기도 한다.[117] 독일에서 아득한 옛날에 있던, 규범통제재판의 법적 효과 측면에서 더 강한 규율 구속성은 원하더라도 얻을 수 없을 것이다.

---

116) (촉구재판에 대한) 자세한 것은 이미 *Ipsen*, Rechtsfolgen, 1980, S. 142: "연방헌법재판소의 실무는 오로지 실용적이고 유연하며 비법리적인 것으로 묘사될 수 있다." (촉구재판을) 정당화하는 *Rupp-v. Brünneck*, in: FS für G. Müller, 1970, 355 (364 f.; 372)도 참조.

117) *Ipsen*, Rechtsfolgen, 1980, S. 142 참조.

Die Kunst der Tenorierung*
– Die Entscheidungsvarianten des Bundesverfassungsgerichts bei Normbeanstandungen

Stefan Korioth, München

Ⅰ. Einleitung

Eine Normbeanstandung ist das negative, eine Normbestätigung

* So der Titel des Beitrags von *Schmidt*, in: Geschichtliche Rechtswissenschaft – ars tradendo innovandoque aequitatem sectandi, Freundesgabe für Alfred Söllner zum 60. Geburtstag, 1990, S. 505 ff.

das positive Ergebnis einer am Maßstab höherrangigen Rechts durchgeführten gerichtlichen Normenkontrolle. Die grundgesetzliche Normenkontrolle soll den Vorrang der Verfassung sichern.[1] Während das Prüfungsrecht unter der Herrschaft des GG jedem Richter zusteht, ja er zur Normprüfung sogar verpflichtet ist,[2] ist das Verwerfungsrecht grundsätzlich beim BVerfG monopolisiert. Nur dieses darf - aufgrund welchen Verfahrens auch immer - eine Norm prüfen *und* verwerfen.

Im Mittelpunkt des Vortrags sollen die das Verfahren der Normenkontrolle beendenden Entscheidungsaussprüche im Falle einer Normbeanstandung stehen. Der konkrete Tenor wird durch das Entscheidungsziel bestimmt, nicht durch die Verfahrensart, in der er ergeht.[3] Im Fall einer Normenkontrollentscheidung kommt es daher nicht darauf an, ob das der Entscheidung zugrundeliegende Verfahren eine abstrakte oder konkrete Normenkontrolle oder (unmittelbar oder mittelbar) eine gegen ein Gesetz gerichtete Verfassungsbeschwerde ist. In allen Fällen der Prüfung einer Norm auf ihre Verfassungsmäßigkeit muss das Ergebnis im Entscheidungstenor, der die rechtlich bindende Anordnung enthält, zum Ausdruck kommen.

Die Entscheidungsaussprüche sind dabei vielfältig. Zu unterscheiden sind die Nichtigerklärung, die verfassungskonforme Auslegung, die Unvereinbarerklärung und die sog. Appellentscheidung. Ich konzentriere mich auf die Nichtigerklärung, die

1) Vgl. *Papier*, EuGRZ 2006, 530 (530). Im Bundesstaat geht es darüber hinaus um den Vorrang des Bundesrechts vor dem Landesrecht, BVerfGE 96, 133 (138).

2) *Jarass/Pieroth*, GG, 10. Aufl. 2009, Art. 100 Rn. 3.

3) S. *Schlaich/Korioth*, Das Bundesverfassungsgericht, 8. Aufl. 2010 (im Erscheinen), Rn. 370.

Unvereinbarerklärung und die sog. Appellentscheidung, die verfassungskonforme Auslegung behandele ich kurz.

II. Ausgangspunkt und (nur[4]) gesetzlicher Regelfall: Die Nichtigerklärung der verfassungswidrigen Norm

1. Einfachgesetzliche Normierung der Nichtigerklärung

Das BVerfGG enthält in verschiedenen Vorschriften Regelungen zum Entscheidungsausspruch bei einer Normenkontrolle. Es sieht in §§ 78 S. 1 (ggf. i.V.m. 82 I) und 95 III 1, 2 vor, dass ein Gesetz vollständig oder einzelne seiner Teile für nichtig erklärt werden, wenn ein Verfassungsverstoß vorliegt. Der Tenor lautet: „Das Gesetz …ist mit Art. … des Grundgesetzes unvereinbar und [daher[5]/deshalb[6]] nichtig [ggf.: soweit hierdurch …[7]].“[8]

---

4) Quantitativ dürfte es sich schon länger nicht mehr um den Regelfall handeln, so bereits *Ipsen*, Rechtsfolgen, 1980, S. 141. Aus jüngerer Zeit *Kreutzberger*, Entscheidungsvarianten, 2007, S. 29 Fn. 8; deutlich *Steiner*, NJW 2001, 2919 (2922). Zurückhaltender *Papier*, EuGRZ 2006, 530 (531): „genauso häufig“.

5) BVerfGE 106, 310; s.a. die Formulierung in BVerfGE 111, 226 (246).

6) BVerfGE 30, 1 (3).

7) Etwa BVerfGE241 121, 241 (241); 117, 1 (1 f.).

8) BVerfG, NVwZ 2009, 1217; BVerfG, NVwZ 2009, 1030; BVerfGE 120, 378; 111, 226.

2. Bedeutung der Nichtigerklärung: Nichtigkeitslehre versus Vernichtbarkeitslehre

Die herrschende Meinung legt der vom Gesetz verwendeten Formulierung, wonach das Gericht eine verfassungswidrige Norm für nichtig *erklärt*, das Verständnis des sog. Nichtigkeitsdogmas[9] bei. Dem Gesetz liege die Vorstellung zugrunde, dass eine verfassungs–widrige Norm ipso iure nichtig sei, das Gericht die Nichtigkeit also feststelle. Eine Aufhebung der Norm sei hingegen weder nötig noch möglich. Eine nichtige Norm existiere nicht; was nicht existiere, könne nicht aufgehoben werden.

Dieses Nichtigkeitsdogma ist jedoch weder selbstverständlich noch unbestritten. Schon innerhalb der deutschen Rechtsordnung finden sich außerhalb des Falles fehlerhafter Normen Abweichungen. So gilt im Verwaltungsrecht die Regel, dass ein gegen höherrangiges Recht verstoßender *Verwaltungsakt* regelmäßig rechtswidrig und aufhebbar, nur in Ausnahmefällen nichtig ist.[10] Ein Blick nach Österreich zeigt, dass dort im Verfassungsrecht für Normen das gilt, was hierzulande für Verwaltungsakte gilt (s. Art. 140 V 3 B–VG). Deshalb verwundert es nicht, dass gegen das Nichtigkeitsdogma der herrschenden Lehre schon lange Einwände formuliert werden. Die Vertreter der sog. Vernichtsbarkeitslehre gehen davon aus, dass das BVerfG eine Norm

9) Ausführlich zur historischen Entwicklung und der Verwobenheit der (vorrangigen) Frage nach der Rechtsfolge verfassungswidriger Gesetze mit der nach einem richterlichen Prüfungsrecht siehe *Ipsen*, Rechtsfolgen, S. 23 ff.

10) Insoweit ist die Rede von einem Fehlerkalkül; der Begriff geht (soweit er–kennbar) zurück auf *Merkel*, Die Lehre von der Rechtskraft, 1923, S. 293; s.a. *Lembke*, Einheit aus Erkenntnis?, 2008, S. 185 ff.

durch Aufhebung vernichte; die Norm sei nicht schon aufgrund der Normenkollision ex tunc und ipso iure nichtig.[11)]

Allen Begründungssträngen dieser Auffassung ist die Annahme gemeinsam, dass die „Rechtsfolge der Rechts- bzw. Verfassungswidrigkeit in der deutschen Rechtsordnung nirgends zwingend geregelt ist."[12)] Die Verfassungswidrigkeit einer Norm sei keine Deduktionsfolge, sondern ein Erkenntnisakt. Bis zur Gewinnung dieser Erkenntnis im dafür vorgesehenen Verfahren durch ein dazu berufenes Organ müsse eine „Geltungsvermutung"[13)] greifen und die Entscheidung „notwendigerweise einen konstitutiven Charakter"[14)] haben. „Ein ‚automatischer' Geltungsverlust der Rechtsnorm im Zeitpunkt der Normenkollision"[15)] sei wegen der rechtsschöpferischen Kraft der Normauslegung, der Komplexität interdependenter Rechtssysteme, der Irrtumsanfälligkeit von Rechtserkenntnissen u.ä. „kaum zu vertreten."[16)] Die „latente Geltung"[17)] verfassungswidriger

11) Ausführliche Kritik am Nichtigkeitsdogma früh bei *Chr. Böckenförde*, Die sogenannte Nichtigkeit verfassungswidriger Gesetze, 1966; s.a. *Söhn*, Anwendungspflicht oder Aussetzungspflicht bei festgestellter Verfassungswidrigkeit von Gesetzen, 1974, S. 13 ff.

12) *Heckmann*, Geltungskraft und Geltungsverlust von Rechtsnormen, 1997, S. 56; s.a. *Hoffmann*, JZ 1961, 193 (196).

13) S. *Heckmann*, Geltungskraft, 1997, S. 60 ff.; 73 ff. Von einer Vermutung der Verfassungsmäßigkeit sprich auch schon *Chr. Böckenförde*, Die sogenannte Nichtigkeit verfassungswidriger Gesetze, 1966, S. 147. Auf die Nichtigkeit als Ergebnis eines Verfahrens mit der Folge der bloßen Vernichtbarkeit stellt auch *Kelsen*, VVDStRL 5 (1929), 30 (46 f.) ab.

14) Kelsen, VVDStRL 5 (1929), 30 (47). S.a. Heckmann, Geltungskraft, 1997, S. 116. *Ders.*, JZ 1999, 1143 (1146).

15) *Heckmann*, Geltungskraft, 1997, S. 116. Ders., JZ 1999, 1143 (1146).

16) *Heckmann*, Geltungskraft, 1997, S. 116.

17) *Heckmann*, Geltungskraft, 1997, S. 117.

Gesetze zeige auch Art. 100 I GG.[18] Er beschränke die grundsätzlich jedermann zustehende Befugnis zur Nichtbeachtung verfassungswi-driger Gesetze durch die Konzentration auf das BVerfG mit der Folge, dass „ein Akt, dem irgendein rechtlicher Mangel anhafte, nicht schon a priori als nichtig, sondern nur als vernichtbar gelten"[19] könne; er habe folglich Bindungskraft und könne daher gerade nicht nichtig sein.[20]

Diese Auffassung überzeugt nicht. Schon der Wortlaut der Vorschriften des BVerfGG streitet für das Nichtigkeitsdogma. Schon die in §31 II 2 BVerfGG vorgesehene Vereinbar*erklärung* – trotz identischer Formulierung – kann keine Gestaltungsentscheidung sein.[21] Bezieht man ferner die Entstehungsgeschichte der Norm mit ein,[22] so bestehen keine Zweifel, dass die §§ 781 S. 1 (ggf. i.V.m. 82 I) und 95 III 1 BVerfGG das Nichtigkeitsdogma zugrundelegen.[23] Auch Art. 100

18) Anders ausdrücklich *Lembke*, Einheit aus Erkenntnis?, 2008, S. 200, die im Ergebnis aber dennoch der Vernichtbarkeitslehre folgt, weil sich ein Fehlerkalkül für Gesetze aus Art. 93 I, 94 II 1 GG, §31 II 1 BVerfGG er-gebe, das besage, „dass verfassungswidrige Gesteze gelten, bis das Bundesverfassungsgericht sie aufhebt oder, falls dies irrtümlich unterbleibt, bis sie durch ein Änderungsgesetz aufgehoben werden" (S. 202).

19) *Kelsen*, VVDStRL 5 (1929), 30 (45). S.a. *Chr. Böckenförde*, Nichtigkeit, 1966, S. 61 f. Kritisch zur Inanspruchnahme von Kelsen durch die Vertreter der Vernichtbarkeitslehre aber *Ipsen*, Rechtsfolgen, 1980, S. 170.

20) Vgl. *Söhn*, Anwendungspflicht, 1974, S. 14; 16 f. *Hoffmann*, JZ 1961, 193 (197).

21) Hierzu siehe *Sachs*, Die Bindung des Bundesverfassungsgericht an seine Entscheidungen, 1977, S. 290.

22) Vgl. BT Drs. VI/388, S. 9; 1/788, S. 34 zu §72 BVerfGG-Entwurf (=§78 BVerfGG); Darstellung mit weiteren Nachweisen bei *Chr. Böckenförde*, Nichtigkeit, 1966, S. 50 ff.; *Ipsen*, Rechtsfolgen, 1980, S. 69 ff.

23) So etwa *Ipsen*, Rechtsfolgen, 1980, S. 73; Breuer, DVBl. 2008, 555 (557; 563); *Schlaich/Korioth*, Das Bundesverfassungsgericht, 8. Aufl. 2010, Rn. 379 (im Erscheinen). Gerhard, Die Rechtsfolgen prinzipaler Normenkontrolle für

I GG setzt das Nichtigkeitsdogma voraus.[24] Art. 100 I GG unterscheidet gültige von ungültigen Normen. Seine Prämisse ist, dass verfassungswidrige Gesetze ungültig sind und er statuiert die Vorlagepflicht gerade deshalb, weil der Richter andernfalls die Norm nicht anwenden würde - weil er sie nicht anwenden kann;[25] sie existiert nicht, sie ist nichtig. Die Entscheidung des BVerfG ist daher rein deklaratorisch.

Ⅲ. Verfassungskonforme Auslegung

Die verfassungskonforme Auslegung liegt am anderen Ende der dem BVerfG zur Verfügung stehenden Entscheidungsskala bei Normenkontrollen. Sie „verlangt, von mehreren möglichen Normdeutungen, die teils zu einem verfassungswidrigen, teils zu einem verfassungsmäßigen Ergebnis führen, diejenige vorzuziehen, die mit dem Grundgesetz in Einklang steht“.[26] Sie dient der Bewahrung der Norm.[27] Gleichwohl stellt sie einen Fall der Normbeanstandung dar, weil sie Defizite einer Norm eliminieren soll, ohne die Norm gänzlich zu Fall zu bringen.[28] Sie ist eine qualitative Teilkassation ohne

---

Verwaltungsakte, 2008, S. 33. Anders *Heckmann*, Geltungskraft, 1997, S. 55; *Pestalozza*, Verfassungsprozessrecht, 3. Aufl. 1991, § 20 Rn. 15.

24) Vgl. *Bethge*, in: Maunz/Schmidt-Bleibtreu/ders., BVerfGG, Kommentar, 29. EL 2008, § 31 Rn. 143.

25) S. *Schlaich/Korioth*, Das Bundesverfassungsgericht, 8. Aufl. 2010 (im Erscheinen), Rn. 379 u. 381.

26) BVerfGE 32, 373 (384).

27) Ausdrücklich BVerfGE 65, 132 (140): „Die verfassungskonforme Auslegung hat (…) die Aufrechterhaltung der Gültigkeit der Norm zum Ergebnis.“

28) Vgl. *Bethge*, JURA 2009, 18 (20).

Normtextreduzierung[29] und lässt sich als Auslegung „durch Bejahung der Rechtsgültigkeit der Norm im Allgemeinen unter Ausschaltung der beanstandeten Auslegung im Besonderen“[30] charakterisieren. Das Gebot der Bevorzugung der verfassungsmäßigen Auslegung macht das Wesen der verfassungskonformen Auslegung aus.[31] Die Formulierungen (sei es im Tenor oder in den Gründen) lauten etwa „§…ist nicht dahin auszulegen, dass …“[32] oder „Der Anwendungsbereich der Norm wird damit auf Fälle beschränkt, für die … .“[33] Oder „Art. … des Gesetzes … ist nach Maßgabe der Gründe mit dem Grundgesetz vereinbar“.[34]

Die verfassungskonforme Auslegung steht quer zu den üblichen, am Wortsinn, an der Systematik, am Zweck oder der Entstehungsgeschichte orientierten Methoden der Auslegung. Diesen ist gemeinsam, den Sinn einer Norm ermitteln zu wollen.[35] Die verfassungskonforme Auslegung setzt dies voraus und dient der Vermeidung eines Verstoßes gegen höherrangiges Recht. Sie ist eine „Modifikation der Normverwerfung“[36] und kein Instrument zur Ermittlung des Normsinns. Ihr Vorteil ist die Schonung des Gesetzgebers. Anstatt

29) Vgl. *Schlaich/Korioth*, Das Bundesverfassungsgericht, 8. Aufl. 2010 (im Erscheinen), Rn. 446; *Bethge*, JURA 2009, 18 (21).

30) BVerfGE 65, 132 (139).

31) *Pestalozza*, Verfassungsprozeßrecht, § 20 Rn. 9; *Schumann*, FS Larenz, S. 576; *Hesse*, Grundzüge, Rn. 79 ff.

32) BVerfGE 54, 277 (277).

33) BVerfGE 97, 169 (185).

34) BVerfGE 95, 64 (65).

35) Vgl. BVerfG v. 10. 6. 2009, 1 BvR 825/08; 1 BvR 831/08, juris-Rn. 48: „Zur Erfassung des Sinnes der Norm sind alle Auslegungskriterien, insbesondere die Stellung der Einzelnorm im Gesetz sowie der Zweck der Regelung heranzuziehen“. S.a. *Rüthers*, Rechtstheorie, 4. Aufl. 2008, Rn. 763.

36) *Rüthers*, Rechtstheorie, 4. Aufl. 2008, Rn. 763.

eine Norm zu verwerfen, wird dem gesetzgeberischen Willen – im Rahmen des verfassungsrechtlich möglichen – Geltung verschafft. Die herkömmliche Feststellung der Verfassungsmäßigkeit wird durch ihre Herstellung ersetzt.[37] Die verfassungskonforme Auslegung hat allerdings Grenzen, die aus ihrer Wirkung – Schonung des Gesetzgebers – folgen. Die Auslegung muss sich im Rahmen des Wortlauts der Vorschrift halten, sie darf die gesetzgeberischen Grundentscheidungen, Wertungen und die darin angelegten Zwecke der gesetzlichen Regelungen nicht antasten,[38] einem eindeutigen Gesetz nicht einen entgegengesetzten Sinn geben und das gesetzgeberische Ziel nicht in einem wesentlichen Punkt verfehlen oder verfälschen.[39] Die Grenzen der verfassungskonformen Auslegung sind nach einer Entscheidung des BVerfG nicht überschritten, wenn (erst) „der sachlich-logische Zusammenhang einer Vorschrift mit *anderen* Vorschriften den Sinn und Zweck“[40] einer Norm freilegt. Eine „im Normtext nicht zum Ausdruck gebrachte Ausnahme mit Rücksicht auf andernfalls eintretende Widersprüche im Hinblick auf die Systematik des Gesetzes“[41] hindere eine verfassungskonforme Auslegung nicht.

An die genannten Grenzen hält sich das BVerfG nicht immer und

---

37) So *Lembke*, Einheit aus Erkenntnis?, 2008, S. 60.

38) BVerfGE 112, 164 (183); zuvor BVerfGE 64 95, 64 (93); 99, 341 (358); 101, 312 (329).

39) Vgl. auch BVerfGE 63, 131 (147f.): Eindeutiger Wortlaut schließt verfassungskonforme Auslegung aus. BVerfGE 64, 229 (241): Wortlaut und Sinn. BVerfGE 62, 117 (166) – Zweitstudium: Gesetz lässt keinen Raum für eine verfassungskonforme Auslegung. BVerfGE 69, 1 (55) – Zivildienst: „Von Bedeutung ist lediglich, dass eine Auslegung dem Willen des Gesetzgebers nicht zuwiderläuft.“ Vgl. ferner BVerfGE 102, 254 (327); 95, 64 (93); 71, 81 (105).

40) BVerfG v. 10. 6. 2009, 1 BvR 825/08; 1 BvR 831/08, juris-Rn. 48.

41) *Sachs*, JuS 2009, 1037 (1039).

erhöht damit die Gefahr, dass sich der Gedanke der Schonung des Gesetzgebers in sein Gegenteil verkehrt.[42] Die Festlegung des Gesetzgebers auf eine bestimmte Auslegung des Gesetzes kann stärker in die gesetzgeberische Gestaltungsfreiheit eingreifen als eine Nichtigerklärung. „An die Stelle der größtmöglichen Redes gesetzgeberischen Willens droht [⋯] die *Ersetzung des Willens des Gesetzgebers durch das BVerfG* zu treten."[43]

Aber auch aus einem anderen Blickwinkel bestehen Gefahren: Bei (zu) großzügiger Handhabung der verfassungskonformen Auslegung muss der Gesetzgeber sich um die Beachtung von Verfassungsvorgaben weniger bemühen, kann er doch darauf vertrauen, dass das BVerfG unverhältnismäßige Spitzen seiner Gesetze abschleifen wird. Besonders deutlich wird das in einer Entscheidung zu den Haftgründen der StPO (§§ 112, 116 StPO). Diese werden dahingehend verfassungskonform ausgelegt, dass auch bei Haftbefehlen nach § 112 Ⅱ StPO (Haftgrund der Tatschwere) eine Aussetzung des Vollzugs nach § 116 StPO möglich ist, obwohl § 116 StPO diesen Aussetzungsgrund ausdrücklich nicht erwähnt. § 116 StPO kann ohne Kenntnis der Rechtsprechung des BVerfG nicht mehr angewendet

42) Vgl. auch *Simon*, in: HVerfR, S. 1669: „ambivalent"; *Voßkuhle*, AöR 125 (2000), 185 ff., mit dem weiteren Hinweis, daß besonders die verfassungskonforme Auslegung durch die Fachgerichte Bedenken unterliegt und zu einer Art „Megakompetenz" werden kann, „mit der sich mühelos jedwede Regelungsabsicht des demokratisch legitimierten Gesetzgebers unterlaufen läßt."

43) *Schenke*, NJW 1979, 325; *Hesse*, Grundzüge, Rn. 83: „Preis zu hoch, wenn der Inhalt, den das Gericht dem Gesetz in verfassungskonformer Auslegung gibt, nicht mehr ein minus, sondern ein aliud gegenüber dem ursprünglichen Gesetzesinhalt enthält" *Bryde*, S. 392 m. W. N.; *Schuppert*, Grenzen, S. 6 f.; *Pestalozza*, Verfassungsprozeßrecht, § 20 Rn. 9; *Starck*, Prozeß, S. *Schlaich*, VVDStRL 39 (1981), S. 117.

werden.[44] Das BVerfG erspart dem Gesetzgeber den Erlass einer StPO, die vor dem Grundgesetz Bestand hat.

Richtigerweise muss die verfassungskonforme Auslegung unterbleiben und die Nichtigerklärung gewählt werden, wenn der Gesetzgeber von Verfassungs wegen die Freiheit hat, entweder auf die Norm ganz zu verzichten oder aber eine andere Regelung zu treffen, es sei denn, es lässt sich mit Sicherheit feststellen, der Gesetzgeber würde gerade die Möglichkeit(en), die die verfassungskonforme Auslegung noch lässt, bei Kenntnis der verfassungsrechtlichen Lage auch selbst gewählt und gewollt haben.

Ⅳ. Die Unvereinbarerklärung (synonym: Verfassungswidrigerklärung[45])

Die Unvereinbarerklärung liegt – auf der dem BVerfG zur Verfügung stehenden Entscheidungsskala – zwischen der Nichtigerklärung und der verfassungskonformen Auslegung. Es handelt sich um eine vom BVerfG „erfundene" Entscheidungsvariante. Sie erklärt ein Gesetz ohne Feststellung seiner Nichtigkeit für verfassungswidrig. Der Tenor lautet: „Das Gesetz … ist mit Art. … des Grundgesetzes nicht vereinbar[46] / unvereinbar[47]." Das BVerfG hat die bloße

44) Vgl. BVerfGE 19, 342 (352); s.a. die Fußnote zu § 116 StPO im „Schönfelder."

45) *Bethge*, in: Maunz/Schmidt-Bleibtreu/ders., BVerfGG, Kommentar, 29. EL 2008, § 31 Rn. 206; *Maurer*, Staatsrecht I, § 20 Rn. 92.

46) Etwa BVerfGE 109, 64 (65); 81, 363 (363).

47) Vgl. BVerfGE 119, 331 (331); 115, 276 (277); 107, 133 (134); 103, 225 (226); 102, 127 (128); 98, 169 (171). 92, 158 (159). Siehe aber auch BVerfGE 121, 108 (109), hier ergibt sich aus dem Tenor nicht die Unvereinbarkeit, es

Unvereinbarerklärung ohne gesetzliche Ermächtigung geschaffen, in–zwischen hat sie der Gesetzgeber jedoch anerkannt (§§ 31 II, 79 I BVerfGG), wenngleich er weder ihre Voraussetzungen noch ihre Rechtsfolgen genauer geregelt hat.[48] Es gilt - inzwischen - auch hier die Regel, dass eine für mit der Verfassung für unvereinbar erklärte Norm nicht mehr angewendet und vollstreckt werden darf.[49]

Wo liegt also der Unterschied zur Nichtigerklärung? Kurz ge–sagt: Im „Folgenmanagement."[50] Die Norm wird nicht aus der Rechtsordnung eliminiert, das zuvor geltende (Alt–)Recht kann keinesfalls wieder (ipso iure) in Kraft treten,[51] wie das bei einer Nichtigerklärung immerhin denkbar ist,[52] der Gesetzgeber muss wegen seiner Verfassungsbindung (Art. 1 III, 20 III GG) in jedem Fall den verfassungswidrigen Zustand binnen der gesetzten Frist[53] besei–

wird nur festgestellt, dass eine Verletzung bestimmter Grundrechte vorliegt. Erst aus den Gründen (S. 131) findet sich die Wendung von der Unvereinbarkeit. Zu terminologischen Fragen s. *Schlaich/Korioth*, Das Bun–desverfassungsgericht, 8. Aufl. 2010 (im Erscheinen), Rn. 398 ff.

48) Die im Gesetz verwendete Terminologie ist dabei nicht konsequent; § 78 S. 1 sieht vor, dass mit der Verfassung unvereinbare Gesetze als nichtig erklärt werden, § 31 II, 79 I differenzieren zwischen unvereinbaren und nichtigen Gesetzen.

49) Soweit ersichtlich erstmals BVerfGE 37, 217 (262). S.a. BVerfGE 55, 100 (110); 61, 319 (356); 107, 133 (149); *Bethge*, in: Maunz/Schmidt–Bleibtreu/ders., BVerfGG, Kommentar, 29. EL 2008, § 31 Rn. 220.

50) *Steiner*, NJW 2001, S. 2919, 2922.

51) Vgl. *Kreutzberger*, Entscheidungen, 2007, S. 122, 159 f.

52) Hierzu *Schlaich/Korioth*, Rn. 452 ff.; *Kreutzberger*, Entscheidungen, 2007, S. 159. S.a. Art. 140 VI öst. BV.

53) S. etwa BVerfGE 103, 225 (226). S.a. BVerfGE 92, 158 (186 f.): „unverzüglich," „höchstens bis zum Ende der Legislaturperiode Zeit"; BVerfGE 61, 319 (356): „Im vorliegenden Fall ist es geboten, ausnahmswe–ise im Interesse der Rechtssicherheit die weitere Anwendung der ange–griffenen Normen bis zu einer gesetzlichen Neuregelung, längstens bis zum 31. Dezember 1984, zuzulassen."

tigen,[54)] die Instanzgerichte müssen ihre Verfahren (grundsätzlich) solange aussetzen, bis der Gesetzgeber auf die Unvereinbare–rklärung reagiert hat,[55)] um den Beteiligten des Verfahrens zu er–möglichen, in den Genuss einer verfassungskonformen Regelung zu

54) Vgl. BVerfGE 115, 276 (319); 87, 114 (137); 55, 100 (110). Zum Umfang der Verpflichtung etwa BVerfGE 87, 153 (178): „Die Verpflichtung des Gesetzgebers, eine der Verfassung entsprechende Rechtslage herzustellen, erstreckt sich im Grundsatz auf den gesamten von der Unvereinbarkeitser–klärung betroffenen Zeitraum und erfasst zumindest alle noch nicht re–chtskräftigen Entscheidungen, die auf den für verfassungswidrig erklärten Regelungen beruhen." S.a. *Ipsen*, Rechtsfolge, 1980, S. 212 f., *Kreutzberger*, Entscheidungen, 2007, S. 161 f. m.w.N.

55) Vgl. *Maurer*, Staatsrecht I, § 20 Rn. 92. BVerfGE 100, 59 (103): „Die Unvereinbarerklärung führt dazu, dass § 6 Abs. 2 und § 6 Abs. 3 Nr. 7 AAÜG in dem sich aus dem Tenor ergebenden Umfang von Gerichten und Verwaltungsbehörden nicht mehr angewendet werden dürfen. Die vorle–genden Gerichte müssen die Ausgangsverfahren weiterhin aussetzen, bis der Gesetzgeber die verfassungswidrigen Normen durch mit der Verfassung vereinbare Regelungen ersetzt hat." S.a. BVerfGE 37, 217 (261); 52, 369 (379); 82, 126 (155); 92, 158 (186). Im Verfahren nach Art. 100 I GG hat das Gericht sein Verfahren nach der Normenkontrollentscheidung des BVerfG also erneut auszusetzen, BVerfGE 88, 5 (17). S.a. *Schlaich/Korioth*, Das Bundesverfassungsgericht, 8. Aufl. 2010 (im Erscheinen), Rn. 413, 419, 429. In der Vergangenheit bestand teilweise Unklarheit über die Folgen, wenn der Gesetzgeber die Frist ungenutzt verstreichen lässt. Die Formulierungen des Gerichts unterscheiden sich durchaus. In BVerfGE 93, 121 (122) heißt es: „Der Gesetzgeber ist verpflichtet, eine Neuregelung spätestens bis zum 31. Dezember 1996 zu treffen. Längstens bis zu diesem Zeitpunkt ist das bisherige Recht weiterhin anwendbar." In BVerfGE 117, 1 (2) heißt es hingegen: „Das bisherige Recht ist bis zu einer Neuregelung weiter anwendbar. Der Gesetzgeber ist verpflichtet, eine Neuregelung spä–testens bis zum 31. Dezember 2008 zu treffen." Ähnlich: BVerfGE 97, 228 (229); 102, 68 (99): „Falls es innerhalb der gesetzten Frist nicht zu einer gesetzlichen Neuregelung kommt, bestimmt sich ab dem 1. April 2002 der Zugang zur Krankenversicherung der Rentner nach § 5 Abs. 1 Nr. 11 SGB V in der Fassung des Gesundheits–Reformgesetzes." Zu dieser Frage siehe *Feick/Henn*, DStR 2008, 1905 ff., die aber den unterschiedlichen Formulierungen keine Beachtung schenken. Recht pauschal auch *Papier*, EuGRZ 2006, 530 (532).

kommen.[56] Nicht selten, man wird sagen können: im Regelfall,[57] ordnet das BVerfG allerdings explizit an, dass das Gesetz eine be– grenzte, im Tenor näher eingegrenzte Zeitspanne noch anzuwenden ist,[58] um der Vielfalt an gesetzgeberischen Reaktionsmöglichkeiten,[59] der Rechtssicherheit,[60] „dem Schutz überragender Güter des Gemeinwohls"[61] oder einer „verlässliche[n] Finanz– und Haushalts– planung"[62] Rechnung zu tragen, oder um zu verhindern, dass ein regelungsloser Zustand entsteht, der mit der Verfassung noch weniger vereinbar wäre als eine vorübergehende Anwendung der verfas– sungswidrigen Norm.[63] In diesem Fall ist diese sog. Weitergeltung–

56) S. *Schlaich/Korioth*, Das Bundesverfassungsgericht, 8. Aufl. 2010 (im Erscheinen), Rn. 413. Bei einer Nichtigerklärung kommt dies nicht mehr in Betracht, weil die Rechtslage durch den Entscheidungsausspruch sofort „korrigiert"worden ist und ein Schwebezustand, der das Aussetzen des Verfahrens rechtfertigt, nicht besteht, vgl. *Kreutzberger*, Entscheidungen, 2007, S. 162 f.

57) Keine vorübergehende Anwendung etwa in BVerfGE 82, 126 ff.

58) Vorübergehende Anwendung: BVerfGE 121, 108 (109): „§ 13 Absatz 1 Nummer 18 des Erbschaftsteuer– und Schenkungsteuergesetzes(ErbStG) ist längstens bis zum 30. Juni 2009 weiter anzuwenden." BVerfGE 109, 64 (65; 95); 107, 133 (134); 33, 303 (305); 37, 217 (218).

59) BVerfGE 115, 276 (317); 109, 64 (95); 107, 133 (149); 92, 158 (186); 87, 153 (178).

60) BVerfGE 107, 133 (149); 61, 319 (356).

61) BVerfGE 109, 190 (235 f.).

62) BVerfGE 117, 1 (70); 105, 73 (134); 93, 121 (148).

63) BVerfGE 97, 228 (270); 92, 53 (73); 90, 60 (105); 33, 303 (347). Zusammenfassend BVerfGE 119, 331 (382 f.): „Die bloße Unvereinbarerklärung, verbunden mit der Anordnung befristeter Fortgeltung der verfassungswidrigen Regelung, kommt statt der gesetzlich vorgesehenen Nichtigkeit als Rechtsfolge dann in Betracht, wenn es aus verfassungsrecht– lichen Gründen unabdingbar ist, eine verfassungswidrige Vorschrift für eine Übergangszeit fortbestehen zu lassen, damit in dieser Zeit nicht ein Zustand besteht, der von der verfassungsmäßigen Ordnung noch weiter entfernt ist als der bisherige (…). Neben den Grundrechten (…) wird vor allem das Rechtsstaatsprinzip in der Ausprägung des Prinzips der Rechtssicherheit (…)

sanordnung die „eigentliche Rechtsgrundlage für die Realisierung des mit der für verfassungswidrig erklärten Norm verfolgten Anliegens".[64] Da eine Nichtigerklärung die Weitergeltungsanordnung hindern würde, ist die Unvereinbarerklärung für sie ebenso Voraussetzung wie (regelmäßig) Motiv.

Es gibt daher verfassungswidrige Gesetze, die nichtig sind, und es gibt solche, die (fort-)bestehen, aber - auf den Zeitpunkt der Entstehung der Normenkollision zurückwirkend[65] - nicht angewendet werden dürfen,[66] es sei denn, die Anwendung wird gesondert angeordnet.

Dieser - scheinbare - Widerspruch zum Nichtigkeitsdogma löst sich auf, wenn wir uns den typischen[67] Anwendungsbereich für den Unvereinbarausspruch verdeutlichen: Dies sind Normenverstöße gegen

---

als ein Rechtsgut anerkannt, zu dessen Schutz die befristete Weitergeltung einer nicht verfassungskonformen Regelung gerechtfertigt und geboten sein kann. Dieses ist dann betroffen, wenn mit der Nichtigerklärung der angegriffenen Regelung ein rechtliches Vakuum aufträte und sowohl bei den Behörden als auch bei den Rechtsunterworfenen Unsicherheit über die Rechtslage entstünde (…). Die Feststellung der Unvereinbarkeit einer Rechtslage mit dem Grundgesetz darf auch nicht dazu führen, dass der Verwaltung zeitweilig die Erfüllung verfassungsrechtlicher Pflichtaufgaben mangels hinreichender gesetzlicher Grundlage unmöglich gemacht wird (…); dies gilt auch für die tatsächliche Wahrnehmung der ihr übertragenen Aufgaben."

64) *Bethge*, in: Maunz/Schmidt-Bleibtreu/ders., BVerfGG, Kommentar, 29. EL 2008, § 31 Rn. 227 m.w.N.

65) *Bethge*, in: Maunz/Schmidt-Bleibtreu/ders., BVerfGG, Kommentar, 29. EL 2008, § 31 Rn. 221.

66) S. *Schlaich/Korioth*, Das Bundesverfassungsgericht, 8. Aufl. 2010 (im Erscheinen), Rn. 403, 424 f.

67) Andere Fallkonstellationen liegen aber auch neuerdings etwa BVerfGE 100, 226 ff. (Art. 14 I GG); BVerfGE 115, 276 ff.; 109, 64 ff. (beide Art. 12 I GG); 119, 331 ff. (Art. 28 II 1, 2, 83 GG) zugrunde.

den Gleichheitssatz nach Art. 3 I GG. Ausschlaggebender Topos ist der sog. „gleichheitswidrige Begünstigungsausschluss".[68] Er ist der wichtigste Begründungsansatz für die Unvereinbarerklärung. Wird durch eine gesetzliche Regelung die Gruppe B von einer die Gruppe A begünstigenden Regelung unter Verstoß gegen den Gleichheitssatz ausgeschlossen, so wäre eine Nichtigerklärung des Gesetzes misslich es würde der Gruppe A eine Begünstigung genommen, deren Gewähr nicht *absolut*, sondern nur *relativ* verfassungswidrig ist. Weder das Gewähren der Begünstigung als solche noch die Nichtgewährung gegenüber der Gruppe B als solche ist verfassungs-widrig, sondern nur die Gewähr an Gruppe A unter gleichzeitigem Ausschluss der Gruppe B. Verfassungswidrig ist nicht die *sachliche*, sondern nur die *unterschiedliche* Regelung.[69] Es fehlt eine Norm, an der sich eine endgültige Verfassungswidrigkeit festmachen ließe,[70] da der festgestellte Verfassungsverstoß zumeist[71] auf drei zulässige Artenbehoben werden kann - entweder durch Einbezug der Gruppe B in die begünstigende Regelung, durch Abschaffen der gesamten Begünstigung oder durch gänzliche Neuregelung des Kreises der Begünstigten.[72] Das rechtfertigt die bloße Unvereinbarerklärung. Die

68) S. *Schlaich/Korioth*, Das Bundesverfassungsgericht, 8. Aufl. 2010 (im Erscheinen), Rn. 401 ff.; *Mendes*, Die abstrakte Normenkontrolle vor dem BVerfG und dem brasilianischen Supremo Tribunal Federal, 1991, S. 160 ff.

69) *Ipsen*, Rechtsfolgen, 1980, S. 214. *Mendes*, Normenkontrolle, 1991, S. 162. *Maurer*, Staatsrecht I, § 20 Rn. 90.

70) S. *Schlaich/Korioth*, Das Bundesverfassungsgericht, 8. Aufl. 2010 (im Erscheinen), Rn. 402.

71) Einer der seltenen Fälle in BVerfGE 81, 156 (200): Es ist „nicht ersichtlich, dass der Gesetzgeber diesen Verfassungsverstoß in anderer Weise als durch Freistellung … beseitigen könnte. … daher [!] … für nichtig zu erklären."

72) S. BVerfGE 121, 108 (131f.). Siehe aber auch BVerfGE 117, 1 ff.; in dieser Entscheidung wurde zwar ein Verstoß gegen Art. 3 I GG erkannt, letztlich

dem Nichtigkeitsdogma zugrundeliegende Verbindung von verfassungswidriger Norm und Nichtigkeit besteht nicht. Die Reichweite des (verfassungsrechtlichen) Nichtigkeitsdogmas ist demnach begrenzt; es umfasst den „gleichheitswidrigen Begünstigungsausschluss" nicht.[73] Es ist nicht auf die Bewältigung der Folgen einer Normen*relation* zugeschnitten.[74] In der Sache geht es damit um einen Aspekt der *Zuständigkeit* des Gesetzgebers zur Beseitigung des verfassungswidrigen Zustands.[75]

Hierüberhinaus bestehen andere Begründungsansätze zur Rechtfertigung der Unvereinbarerklärung. So hat das BVerfG etwa die Gestaltungsfreiheit des Gesetzgebers als Erklärungsmodell herangezogen.[76] Dies kann nicht überzeugen.[77] Die Gestaltungsfreiheit des Gesetzgebers berechtigt nicht, von einer einfachgesetzlich vorgesehenen Nichtigerklärung als Regelfall abzuweichen. Die Gestaltungsfrei-

---

unterfiel aber nicht die vorgelegte Norm des EStG dem Verdikt der Verfassungswidrigkeit wegen ihres Verhältnisses zu anderen Normen, sondern weil sie an ein gleichheitswidriges (Bewertungs-)System anknüpfte. Damit kann die Unvereinbarerklärung der Norm strenggenommen nicht mit dem Topos des „gleichheitswidrige Begünstigungsausschluss" gerechtfertigt werden; s. hierzu *Feick/Henn*, DStR 2008, 1905 (1908).

73) Vgl. *Kreutzberger*, Entscheidungen, 2007, S. 113, die Einschränkungen des Nichtigkeitsdogmas mittels kollidierenden Verfassungsrechts rechtfertigt.

74) *Hein*, S. 129.

75) S. *Schlaich/Korioth*, Das Bundesverfassungsgericht, 8. Aufl. 2010 (im Erscheinen), Rn. 411. S.a. *Kreutzberger*, Entscheidungen, 2007, S. 122, u. 132 f, die zutreffend noch auf die Bedeutung des Art. 113 I GG und auf mögliche Folgen für den Staatshaushalt hinweist, die das BVerfG weder abschätzen kann noch hierfür die zuständige Institution ist.

76) Vgl. oben. S.a. BVerfGE 109, 64 (95); 100, 226 (247); 87, 114 (136). Bestätigend *Rupp-v. Brünneck*, in: FS für G. Müller, 1970, 355 (368).

77) S.a. *Ipsen*, JZ 1983, 41 (44); *Maurer*, Festschrift Weber, 1974, 345 (357); *ders.*, Staatsrecht I, § 20 Rn. 90; *Sachs*, DÖV 1982, 23 (27); i.E. ebenso *Kreutzberger*, Entscheidungen, 2007, S. 126.

heit des Gesetzgebers stellt ein konturenloses Generalargument dar auch im Fall der Verletzung von Freiheitsrechten[78] sind zumeist andere (verfassungskonforme) gesetzliche Regelungen, die gesetzgeberischen Ziele zu erreichen, denkbar, so dass sich in nahezu allen Fällen entgegen der gesetzgeberischen Grundentscheidung eine Unvereinbarerklärung rechtfertigen ließe.[79]

Plausibler ist hingegen der weitere Begründungsansatz des Gerichts, die Unvereinbarkeit statt der Nichtigkeit auszusprechen, wenn es einen geringeren Verfassungsverstoßdarstellt, eine verfassungswidrige Norm vorläufig weiter anzuwenden, als – wenn auch nur übergangsweise –einen regelungslosen Zustand zu akzeptieren. Die Unvereinbarerklärung wird in diesen Fällen als Tenorierungsvariante gewählt, weil (nur) sie es zulässt, die vorläufige Weiteranwendung der Norm anzuordnen. Diesen Ansatz wird man anerkennen müssen, da nicht davon auszugehen ist, dass die Verfassung die Reichweite des Nichtigkeitsdogmas so umfassend verstehen will, dass seine Anwendung einen verfassungswidrigeren Zustand hervorruft.[80] Fernersteht auch die Verfassungsbindung der Judikative einer ausnahmslosen Anwendung des Nichtigkeitsdogmas entgegen; mit ihr ließe es sich nicht vereinbaren, der Judikative die Möglichkeit einzuräumen, einen verfassungswidrigen Zustand zu vertiefen oder durch

78) BVerfGE 100, 226 ff. (Art. 14 I GG); BVerfGE 115, 276 ff.; 109, 64 ff. (beide Art. 12 I GG); 119, 331 ff. (Art. 28 II 1, 2; 83 GG).

79) Vgl. zu diesem Gedanken auch *Feick/Henn*, DStR 2008, 1905 (1907). Zur insoweit früheren expansiven Tendenz des BVerfG siehe die Nachweise bei *Ipsen*, Rechtsfolgen, 1980, S. 108. S. aber auch die jüngere Entscheidung BVerfGE 100, 226 (247 f.).

80) Hierzu auch *Blüggel*, S. 186 ff., der aber wohl stärker auf die verfassungsrechtliche Pflicht zur Normierung (im Einzelfall) abstellt.

einen anderen zu ersetzen.[81]

Insgesamt: Eine Unvereinbarerklärung kommt nur in seltenen Fällen in Betracht. Das Vorliegen eines defizitären Gesetzes, das nachbesserungsfähig ist, genügt nicht, um von einer Nichtigerklärung abzusehen.

V. Die Appellentscheidung

1. Unterscheidung zur Unvereinbarerklärung

Ähnlichkeiten mit der Unvereinbarerklärung weist ein weiterer Entscheidungsausspruch auf: die sog. Appellentscheidung.[82] Ideal-typisch wird eine Appellentscheidung getroffen, wenn eine überprüfte Norm zwar nicht verfassungswidrig ist, aber der bestehende Regelungszustand verfassungswidrig zu werden droht.[83] Hierzu ge-hören aber auch solche Entscheidungen gefasst, denen ein zwar schon rechtswidriger Zustand zugrunde liegt, das BVerfG aber die

---

81) S.a. *Kreutzberger*, Entscheidungen, 2007, S. 113 (kollidierendes Verfassungs-recht); s.a. S. 139 ff. (Fallgruppe des nicht vollständig umgesetzten Regelungsauftrags), S. 145 ff. (Chaosfälle im Allgemeinen).

82) Der Begriff geht nach allgemeiner Meinung auf einen Beitrag von *Rupp-v. Brünneck*, in: FS für G. Müller, 1970, 355 ff. zurück. S.a. BVerfGE 86, 379. Anderer Art sind Appellentscheidungen der Instanzgerichte, etwa des BGH zum „Deal" im Strafprozess, NJW 2005, 1440 (1447): „Der Große Senat für Strafsachen appelliert an den Gesetzgeber, die Zulässigkeit und, beja-hendenfalls, die wesentlichen rechtlichen Voraussetzungen und Begrenzun-gen von Urteilsabsprachen gesetzlich zu regeln."

83) Vgl. *Ipsen*, Rechtsfolgen, 1980, S. 132; *Maurer*, in: FS Weber, 345 (346); *Gusy*, Gesetzgeber, 1985, S. 205. Anders offenbar *Bethge*, JURA 2009, 18 (23 f.); *Maurer*, Staatsrecht I, § 20 Rn. 93 f.

Konsequenzen einer Nichtig– oder Unvereinbarerklärung - aus wel–chen Gründen auch immer - nicht treffen möchte.[84] Als Appellentscheidungen sind damit all die Entscheidungen zu verstehen, in denen ein Rechtsbehelf aus materiell–rechtlichen Gründen derzeit keinen Erfolg hat,[85] ein solcher zukünftig in einem anderen Verfahren mit demselben Streitgegenstand aber zu erwarten ist.

Rechtsdogmatisch ist die Entscheidungsvariante schwer fassbar. Rechtlich relevant ist nur der Zustand der Verfassungsmäßigkeit oder der Verfassungswidrigkeit; der Prozess des „Verfassungswidrigwer–dens"[86] ist ohne Bedeutung. So sind rechtliche Sanktionen erst denkbar, wenn der Zustand der Verfassungswidrigkeit erreicht ist. Sein nur unmittelbares Bevorstehen zeitigt keine rechtlichen Auswirkungen. Dieses in lediglich zwei Kategorien verhaftete Denken wird jedoch „dem Facettenreichtum der Rechtwirklichkeit nicht immer gerecht,"[87] weshalb das BVerfG mit den Appellentscheidungen ver–sucht, diesem strengen Alternativitätsdenken zu entgehen. Dabei ist die der Wahl zwischen einer Nichtigkeits– und Unvereinbarkeitsen–tscheidung auf der einen und einer Appellentscheidung auf der an–deren Seite zugrundeliegende rechtliche Beurteilung selten eindeutig; die Übergänge zwischen *noch nicht* und *gerade schon* verfassungs–widrig sind fließend. Gleichwohl sind die Unterschiede in den Entscheidungsformen erheblich: Erstere trifft stets ein Unwerturteil über die Norm und hindert im Grundsatz deren weitere Anwendung,

84) Vgl. *Ipsen*, Rechtsfolgen, 1980, S. 133; *Schmidt–Bleibtreu*, in: Maunz/ Schmidt–Bleibtreu/ders., BVerfGG, Kommentar, 24. EL 2005, §95 Rn. 35 f. S.a. die Darstellung bei Yang, Appellentscheidungen, 2002, S. 63 ff.

85) Oder nur aus anderen Gründen Erfolg hatte, vgl. BVerfGE 25, 167 ff.

86) *Ipsen*, Rechtsfolgen, 1980, S. 132.

87) *Ipsen*, Rechtsfolgen, 1980, S. 132.

letztere lässt ihre Anwendbarkeit stets unberührt und enthält im Grundsatz gerade kein Unwerturteil über die Norm.[88]

2. Beispiele

Lassen Sie mich auf einige Beispiele für Entscheidungen mit Appellcharakter eingehen. In einer älteren Entscheidung hat das BVerfG einen „mit der Verfassung nicht voll in Einklang stehende[n] Zustand (…) aus besonderen, in der Sache liegenden Gründen hin-genommen,“[89] den Gesetzgeber aber zugleich aufgerufen „besat-zungsrechtliche Vorschriften, die mit dem Grundgesetz nicht vereinbar sind, aufzuheben oder zu ändern“.[90] In einer Entscheidung des BVerfG zur Wahlkreiseinteilung aus dem Jahr 1963 heißt es: „Die Verfassungswidrigkeit der Wahlkreiseinteilung war (…) [zum Zeitpunkt der damals vorangegangenen Wahl] noch nicht so eindeu-tig erkennbar, dass diese auch schon zu jenem Zeitpunkt als ungültig angesehen werden muss.“[91] Aber: „Die Wahlkreiseinteilung ist [seit der vergangenen Wahl] verfassungswidrig geworden (…). Der Bundesgesetzgeber ist daher gehalten, noch während der laufenden Legislaturperiode für eine Änderung der Wahlkreiseinteilung Sorge zu tragen.“[92] In anderen Konstellationen wurde festgestellt, eine geset-zliche Regelung genüge „noch“ den Anforderungen des Grundge-

88) S. *Schlaich/Korioth*, Das Bundesverfassungsgericht, 8. Aufl. 2010 (im Erscheinen), Rn. 431.

89) BVerfGE 15, 337 (348).

90) BVerfGE 15, 337 (350).

91) BVerfGE 16, 130 (142).

92) BVerfGE 16, 130 (141 f.).

setzes, der „Gesetzgeber [sei] jedoch verpflichtet, sich um eine sachgerechtere Lösung zu bemühen, die einen Verstoß gegen [bestimmte Verfassungsnormen] (…) für die Zukunft ausschließt“[93]; es bestehesomit „ein Verfassungsauftrag für den Gesetzgeber.“[94] Die Bedeutung und Dringlichkeit seiner Erfüllung hat das Gericht in der Vergangenheit auch schon mit der Setzung einer Frist verdeutlicht. In einem Urteil zum Länderfinanzausgleich heißt es: „Der Gesetzgeber (muss) (…) das Finanzausgleichsgesetz bis zum 31. Dezember 2004 neu regeln.“[95]

3. Systematisierung

Systematisierend lassen sich zwei - relevante - Fallgruppen benennen:[96] Es gibt Appellentscheidungen aus Anlass von Änderungen der tatsächlichen oder rechtlichen Verhältnisse und solche aus Anlass fehlender Evidenz des Verfassungsverstoßes.[97]

a) In die erste Gruppe fällt etwa die erwähnte „Wahlkreisentscheidung“. Ein nicht unerheblicher Bevölkerungsrückgang in Schleswig-Holstein führte dazu, dass die Zahl vorhandener Wahlkreise zu groß war und damit die Bundestagswahl unter dem Aspekt der Gleichheit der Wahl „verfälscht“ zu werden drohte.

93) BVerfGE 39, 169 (170) - Witwenrente; BVerfGE 54, 11 (37) - Besteuerung der Beamtenpension; BVerfGE 78, 249 (251, 265, 287f.) - Fehlbelegungsabgabe (komplexer Sachverhalt und Anfangsstadium).

94) BVerfGE 39, 169 (194 f.).

95) BVerfGE 101, 158 (238).

96) S.a. *Kreutzberger*, Entscheidungen, 2007, S. 214 f.

97) Vgl. die Differenzierungen bei *Ipsen*, Rechtsfolgen der Verfassungswidrigkeit von Norm und Einzelakt, S. 133 ff; *Mendes*, Die abstrakte Normenkontrolle, 1991, S. 181 ff.

Deutlicher noch tritt der Aspekt der Änderung der *tatsächlichen* und *rechtlichen* Verhältnisse in der zweiten Entscheidung zur Hinterbliebenenrente im Jahr 1975 zu tage. Es konnte dem „Gesetzgeber im gegenwärtigen Zeitpunkt noch nicht entgegengehalten werden, dass er noch keine [Neu-]Regelung geschaffen hat",[98] obwohl sich – rechtlich – „ein Wandel in der Wertung sozialversicherungsrechtlicher Ansprüche abzeichnet[e]"[99] und – tatsächlich – „sich das frühere Verständnis der Rolle der Frau in Ehe und Familie zu verändern begonnen hat".[100]

b) Die zweite Fallgruppe – fehlende Evidenz des Verfassungsverstoßes – stößt zwar auf Bedenken, da die *objektive* Verfassungswidrigkeit bereits im Entscheidungszeitpunkt und nicht erst künftig bejaht wird und nur die (durch die Entscheidung erst hergestellte) Evidenz des Verfassungsverstoßes fehlt,[101] also eine *subjektive* Komponente der Tatbestandsseite eines Verfassungsverstoßes hinzugefügt wird.[102] Gleichwohl rechtfertigt ihre Qualifizierung als Appellentscheidung, wie eingangs schon dargelegt, die Erfolglosigkeit des Beanstandungsverfahrens. Allerdings soll nicht verschwiegen werden, dass einiges dafür spricht, in den Fällen fehlender Evidenz die Unvereinbarkeit auszusprechen, die Folgen aber mittels einer Weitergeltungsanordnung zu bewältigen.[103] Ein Exempel für diese Fallgruppe ist (auch) die bereits erwähnte „Wahlkreisentscheidung"

98) BVerfGE 39, 169 (194).

99) BVerfGE 39, 169 (187).

100) BVerfGE 39, 169 (187).

101) Vgl. *Kreutzberger*, Entscheidungen, 2007, S. 216, 218.

102) Vgl. Ipsen, Rechtsfolge, 1980, S. 138 ff.

103) So *Kreutzberger*, Entscheidungen, 2007, S. 217. S.a. *Gusy*, Gesetzgeber, 1985, S. 210.

des BVerfG. Das Gericht argumentierte nicht nur mit dem (schon stattgefundenen) Bevölkerungsrückgang in Schleswig-Holstein, sondern vor allem mit der Evidenz der Verfassungswidrigkeit. „Die Schwierigkeit, die darin besteht, den genauen Zeitpunkt zu bestimmen, an dem die ursprünglich verfassungsmäßig gewesene Wahlkreiseinteilung verfassungswidrig geworden *ist*, beruht im vorliegenden Fall vor allem darauf, dass diese Entwicklung von fließenden Übergängen gekennzeichnet (…). In Anbetracht dieser Umstände (…) fehlte dem Verstoß gegen die Wahlrechtsgleichheit vor den letzten Bundestagswahlen noch die Evidenz, die erforderlich gewesen wäre, um der Wahlkreiseinteilung schon zu jener Zeit ihre Geltungskraft zu nehmen."[104] Erfasst werden von dieser Fallgruppe auch Entscheidungen, die Wandlungen im Verfassungsverständnis betreffen.[105] In einer Entscheidung zur Kapitalertragsteuer hat das Gericht Verfassungsbeschwerden zurückgewiesen, obwohl eine Verletzung des Art. 3 I GG vorlag. Denn, so das Gericht, „diese Rechtslage ist bisher nicht erkannt worden. Es besteht deshalb Anlass, das bisherige Recht noch für eine Übergangszeit hinzunehmen." Die Notwendigkeit von Übergangsfristen ist in „Fällen gewandelter Verfassungsauslegung" anzuerkennen und rechtfertigt sich im konkreten Fall mit „Blick auf das rechtsstaatliche Kontinuitätsgebot".[106]

104) BVerfGE 16, 130 (142 f.).

105) Anders *Ipsen*, Rechtsfolgen, 1980, S. 136 f., der diese Fallgruppe von den Evidenzfällen unterscheidet.

106) BVerfGE 84, 239 (285).

4. Bedenken gegen die Appellentscheidungen des BVerfG

Die soeben skizzierten Entscheidungen begegnen – ungeachtet der Abgrenzungsschwierigkeiten – gleichermaßen alle einem Bedenken: Darf das BVerfG an den Gesetzgeber appellieren?[107] Oder maßt es sich damit an, der Legislative ihr Tun vorschreiben zu können?

Um das Ergebnis vorwegzunehmen: Ja, es darf! Einem Appell seitens des Gerichts stehen keine durchgreifenden Bedenken entgegen. Erstens appelliert das Gericht nur anlässlich eines anhängigen Verfahrens und nicht von Amts wegen.[108] Zweitens: Wie es schon unter dem Aspekt der Prozessökonomie (in Grenzen) zulässig ist, dass das Gericht bei Nichtig– oder Unvereinbarerklärungen Hinweise an den Gesetzgeber gibt, welche Optionen zur Beseitigung des verfassungswidrigen Zustands (noch) verbleiben, so muss dies – erst recht – auch für die Appellentscheidungen gelten.[109] Drittens haben die Appelle keine Verbindlichkeit und sind auch nicht der Rechtskraft fähig,[110] ein Eingriff in die durch die Gewaltengliederung geschützten Bereiche der Legislative liegt demnach nicht vor.[111] Die zur

---

107) So der Titel des Beitrags von *Rupp–v. Brünneck*, in: FS für G. Müller, 1970, S. 355 ff.

108) *Steiner*, NJW 2001, S. 2919 (2919): „Das deutsche Verfassungsprozessrecht ermächtigt nicht zur Rasterfahndung nach Verfassungsfehlern des Gesetzgebers."

109) Vgl. *Rupp–v. Brünneck*, in: FS für G. Müller, 1970, S. 355 (369 f.).

110) Vgl. *Yang*, Appellentscheidungen, 2002, S. 244 ff.; *Gusy*, Gesetzgeber, 1985, S. 210.

111) Vgl. *Rupp–v. Brünneck*, in: FS für G. Müller, 1970, 355 (362 f.). Anders Gusy, Gesetzgeber, 1985, S. 212 f., der im Fall eines noch verfassungsmäßigen Zustands die Kompetenz des BVerfG für die erforderliche Prognose verneint. Aber es zeigt sich eben hieran, dass die Tätigkeit der Rechtsprechung nicht nur Vergangenheitsbezogen ist. Es verbinden sich mit

Überprüfung gestellte Norm bleibt weiterhin uneingeschränkt in Kraft. Andernfalls fände eine präventive Normenkontrolle statt,[112] die weder das GG noch das BVerfGG kennen. Viertens: Es lässt sich auch nicht einwenden, dass das BVerfG im Fall eines noch verfassungsmäßigen Zustands die Kompetenz für die erforderliche Prognose (über die künftige Verfassungsmäßigkeit) fehlt.[113] Vielmehr zeigt sich hieran einmal mehr, dass die Tätigkeit der Rechtsprechung nicht nur Vergangenheitsbezug hat mit jedem Teil der Funktionenordnung verbinden sich alle drei Zeitdimensionen[114] – was etwa bei der Frage der Bindungswirkung von gerichtlichen Entscheidungen ganz selbstverständlich ist.

Da die zur Überprüfung gestellte Norm weiterhin uneingeschränkt in Kraft bleibt, kann erst dann, wenn es nach Eintritt der Verfassungswidrigkeit zu einem erneuten Verfahren kommt, die (zwischenzeitlich eingetretene) Verfassungswidrigkeit festgestellt werden – mit ggf. Auswirkungen auf den Bestand der Norm.

5. Zusammenfassung

Im Fall einer Appellentscheidungen fungiert – das lässt sich zusammenfassend sagen – das Gericht als Frühwarnsystem. Es weist den Gesetzgeber auf bereits erkennbare Fehlentwicklungen und bevorstehende Verfassungsprobleme hin und erinnert ihn an seine verfas–

jedem Teil der Funktionenordnung alle drei Zeitdimensionen.

112) S. *Schlaich/Korioth*, Das Bundesverfassungsgericht, 8. Aufl. 2010 (im Erscheinen), Rn. 439; *Yang*, Appellentscheidungen, 2002, S. 246.

113) So aber *Gusy*, Gesetzgeber, 1985, S. 212 f.

114) Vgl. *Klein*, Staat und Zeit, 2006, S. 50 f.

sungsrechtlichen Beobachtungs- und Nachbesserungspflichten.

VI. Schlussbetrachtung

Vergegenwärtigt man sich noch einmal die Vielzahl an Entscheidungsaussprüchen des BVerfG in Verfahren der Normenkontrolle, so wird bei allen Unterschieden im Einzelnen deutlich, dass die Rechtsprechung sich trotz zunehmender Zurückhaltung nach wie vor stärker von pragmatischen als von dogmatischen Erwägungen leiten lässt.[115] Das verbindet die teils erhebliche Auslegungsbedürftigkeit der Verfassungsnormen mit erheblicher Flexibilität auf der Rechtsfolgeseite. Dies mag man als weiteres Instrument kritisieren, das dem BVerfG, wenn es dies will, Spielräume der Gestaltung einräumt.[116] Wünschenswert, aber kaum erreichbar, wäre eine stärkere Regelgebundenheit auf der Rechtsfolgenseite einer Normenkontrollentscheidung, die aber in Deutschland in weiter Ferne liegt.

115) Deutlich schon (zu Appellentscheidungen) *Ipsen*, Rechtsfolgen, 1980, S. 142: „Die Praxis des BVerfG kann nur als pragmatisch, flexibel und undogmatisch bezeichnet werden." Vgl. a. (zu Appellentscheidungen) rechtfertigend *Rupp-v. Brünneck*, in: FS für G. Müller, 1970, 355 (364 f.; 372).

116) Vgl. *Ipsen*, Rechtsfolgen, 1980, S. 142.

憲法判例研究 總目次
(1권~10권)

[憲法判例研究(1)]

[憲法判例研究(4)]

[憲法判例硏究(5)]

[憲法判例研究(6)]

[憲法判例硏究(7)]

[憲法判例硏究(8)]

[憲法判例硏究(9)]

韓國憲法判例研究學會 會則

제1장 總 則

제 1 조(명칭) 본 학회는 "한국헌법판례연구학회"(Korean Association for Precedential Study of Constitutional Law)라 한다.

제 2 조(사무소) 본 학회의 주사무소는 서울특별시에 둔다.

제 3 조(목적) 본 학회는 헌법판례의 연구를 통하여 법학계와 법조계 및 공법학계의 교류를 꾀하고 헌법학과 헌법실무의 발전에 이바지함을 목적으로 한다.

제 4 조(사업) 본 학회는 前條의 목적을 달성하기 위하여 다음의 사업을 한다.

1. 연구발표회 및 학술강연회의 개최
2. 회지, 논문집 기타 도서의 간행
3. 국내외 연구단체와의 교류
4. 기타 필요한 사업

제2장 會 員

제 5 조(종류 및 자격) ① 회원의 종류는 정회원, 준회원 및 특별회원으로 나눈다.

② 정회원은 본 학회의 목적에 찬동하는 전임강사 이상의 대학교수, 판사, 검사, 변호사, 군법무관, 5급 이상의 공무원 및 대학원 박사과정 재학생으로 한다.

③ 준회원은 본 학회의 목적에 찬동하는 사법연수생 및 기타 연구기관원으로 한다.

④ 특별회원은 본 학회의 목적에 찬동하여 본 학회의 발전에 기여한 국내외의 개인 또는 단체로 한다.

제 6 조(가입 및 탈퇴) ① 정회원 또는 준회원이 되고자 하는 자는 정회원 2

인 이상의 추천을 받아 가입신청서를 제출하고 이사회의 승인을 얻어야 한다.

② 특별회원이 되고자 하는 자는 정회원 5인 이상의 추천으로 이사회의 승인을 얻어야 한다.

③ 회원이 탈퇴하고자 하는 때에는 미리 그 뜻을 본 학회에 통지하여야 한다.

④ 회원이 본 학회의 명예를 훼손하거나 회칙을 위반한 때에는 이사회의 의결을 거쳐 제명할 수 있다.

제 7 조(권리 및 의무) ① 모든 회원은 본 학회의 각종 사업에 자유로이 참여하고, 본 학회의 각종 간행물을 배포받을 권리를 가진다.

② 모든 회원은 본 학회의 모든 회칙을 준수하고 각종 회비를 납부할 의무를 진다.

제3장 任 員

제 8 조(종류 및 정수) 본 학회에 다음의 임원을 둔다.

1. 회장 1인
2. 부회장 1인
3. 상임이사 약간인
4. 이사 약간인
5. 감사 1인

제 9 조(선임 및 임기) ① 회장·부회장·이사 및 감사는 정회원 중에서 총회가 선임한다.

② 상임이사는 이사 중에서 회장의 추천으로 이사회가 선임한다.

③ 임원의 임기는 2년으로 하되, 연임할 수 있다.

제10조(직무) ① 회장은 본 학회를 대표하고, 會務를 통할한다.

② 부회장은 회장을 보좌하며, 회장이 闕位되거나 사고로 인해 그 직무를 수행할 수 없을 때에는 부회장 중에서 연장자가 그 직무를 대행한다.

③ 상임이사는 총무, 연구, 출판, 섭외 등의 업무를 분담·처리한다.

④ 이사는 이사회 구성원으로서 본 학회의 운영에 관한 중요사항을 심의·

의결한다.

⑤ 감사는 본 학회의 업무와 회계에 관하여 감사한다.

第11조(고문) ① 본 학회에 고문 약간인을 둔다.

② 고문은 본 학회의 발전에 기여한 공로가 있는 정회원 중에서 이사회가 추천한다.

③ 고문은 종신직으로 한다.

第12조(간사) ① 본 학회에 간사 약간인을 둔다.

② 간사는 정회원 또는 준회원 중에서 회장이 임명한다.

③ 간사의 임기는 2년으로 한다.

④ 간사는 회장의 명을 받아 각종 기록의 작성, 연락의 전달, 행사의 준비 기타 會務執行을 보좌한다.

제4장 機 關

第13조(총회의 소집) ① 정기총회는 매년 1회 소집하고, 임시총회는 이사회 또는 회원 10인 이상의 요구에 따라 수시로 소집한다.

② 총회는 회장이 소집하고, 그 의장이 된다.

③ 총회는 재적회원 3분의 1 이상의 출석과, 출석회원 과반수의 찬성으로 의결한다. 다만 可否同數일 때에는 의장이 결정권을 가진다.

第14조(총회의 권한) 총회는 다음 사항을 의결한다.

1. 회칙의 개정
2. 임원의 선출
3. 업무계획의 승인
4. 예산 및 결산의 승인
5. 이사회가 附議하는 사항
6. 기타 필요한 사항

第15조(이사회의 소집) ① 이사회는 회장, 부회장 및 이사로 구성하며, 감사는 이사회에 출석하여 발언할 수 있다.

② 이사회는 필요에 따라 회장이 소집하고, 그 의장이 된다. 다만 재적구

성원 3분의 1 이상 또는 감사의 요구가 있을 때에는 회장은 이사회를 소집하여야 한다.

③ 이사회는 재적구성원 과반수의 출석과 출석인원 과반수의 찬성으로 의결한다. 다만 可否同數일 때에는 의장이 결정권을 가진다.

④ 이사회는 필요에 따라 회의 소집함이 없이 書面決議로 의결에 갈음할 수 있다.

第16조(이사회의 권한) 이사회는 다음 사항을 의결한다.

1. 규칙의 제정과 개정
2. 회원의 가입승인 및 제명결정
3. 상임이사의 선임
4. 총회의 소집 및 부의사항의 심의
5. 기타 회장이 부의하는 사항

第17조(상임이사회) ① 상임이사회는 회장, 부회장 및 상임이사로 구성한다.

② 상임이사회는 회장이 필요에 따라 수시로 소집한다.

③ 상임이사회는 회무집행에 관한 중요사항을 심의한다.

제5장 財 政

第18조(재원) ① 본 학회의 재원은 연회비, 임원찬조비, 참가회비, 기부금 기타 수입으로 충당한다.

② 연회비, 임원찬조금 및 참가회비는 이사회에서 정한다.

第19조(예산 및 결산) ① 본 학회의 회계연도는 매년 1. 1부터 12. 31까지로 한다.

② 회장은 회계연도 초에 그 해의 예산안을 작성하여 총회의 승인을 받아야 한다.

③ 회장은 회계연도 초에 전 해의 결산안을 작성하여 총회의 승인을 받아야 한다.

제6장 憲法判例研究學會誌編輯委員會

제20조(학회지편집위원회) ① 학회에 회지의 게재논문조사·편집 및 간행을 위하여 헌법판례연구학회지편집위원회를 둔다.

② 학회지편집위원회는 회장이 위촉하는 부회장 1인, 총무이사, 학술이사, 출판이사로 구성한다.

③ 학회지편집위원회는 학회지에 게재하고자 하는 논문의 심사 및 편집과 간행에 관한 전반적인 사업을 관장하며, 그 구성과 사업에 관한 세부적인 사항은 따로 규정한다.

제7장 學術賞

제21조(학술상) ① 회원의 학술연구를 장려하기 위하여 학회에 학술상제도를 둔다.

② 학술상에 관한 사항은 따로 규정으로 정한다.

제8장 慶弔事

제22조(경조사) 학회는 회원상호간의 친목과 협조를 도모하기 위하여 경조사에 관한 사항을 따로 규정한다.

附則

① (시행일) 이 회칙은 2004년 5월 15일부터 시행한다.

② (임원 및 회원에 대한 경과조치) 이 회칙 시행 당시의 회장, 부회장 및 기존회원은 이 회칙에 의하여 신임 및 가입한 것으로 본다.

③ 이 회칙 시행 당시에 이 회칙에 의하여 새로 설치될 기관의 권한에 속하는 직무를 행하고 있는 기관은 이 회칙에 의하여 새로운 기관이 설치될 때까지 계속하여 그 직무를 행한다.

學會誌編輯 · 刊行規程

제 1 조(헌법판례연구) "憲法判例硏究"誌는 한국헌법판례연구학회의 학회지로서 회원의 연구논문을 게재한다.

제 2 조(발행횟수) 학회지는 연 1회 이상 정기적으로 간행함을 원칙으로 한다.

제 3 조(학회지편집 · 간행위원회의 구성과 권한) ① 학회지편집·간행위원회(이하 "위원회"라 한다)는 회장이 위촉하는 부회장 1인, 총무이사, 학술이사, 출판이사로 구성하며 임기는 3년으로 한다.

② 위원회는 학회지에 게재하고자 하는 논문의 심사와 편집 및 간행에 관한 사항을 관장한다.

제 4 조(논문심사절차와 기준) ① 위원회의 논문심사절차는 다음과 같다.

a) 1단계 전공심사: 전공 여부 합치심사

b) 2단계 내용심사: 투고논문 내용검토

c) 3단계 종합심사: 게재 여부 최종확정

② 위원회의 논문심사기준은 다음과 같다.

a) 연구주제의 타당성, 시의성, 적합성

b) 연구주제의 독창성, 참신성

c) 연구의 목적, 내용, 방법의 논리성

d) 논문투고자의 최근 5년간 연구발표실적의 양과 질적 수준

e) 연구결과의 학문적 기여도

③ 위원회의 위원들은 각 항목별로 A－C까시로 심시하되 종합심사결과 논문심사위원 4분의 3 이상이 평점 "B" 이상을 부여하여야 게재할 수 있다.

제 5 조(논문투고세칙) ① 학회지에 발표되는 논문은 미발표연구물이어야 한다.

② 위원회는 심사결과에 따라서 논문의 수정이나 보완을 요구할 수 있다.

③ 위원회는 회비를 납부하고 논문을 게재하고자 하는 회원에게 소정의 게재료를 부과할 수 있다.

附 則

이 규정은 1999년 5월 15일부터 시행한다.

편집 및 논문심사위원

憲法判例硏究〔11〕

2010年 2月 10日 初版印刷
2010年 2月 20日 初版發行

編 者 韓國憲法判例硏究學會
發行人 安 鍾 萬
發行處 (株)博 英 社
서울特別市 鍾路區 平洞 13-31番地
電話 (733) 6771 FAX (736) 4818
登錄 1959. 3. 11. 제300-1959-1호(倫)

www.pybook.co.kr e-mail: pys@pybook.co.kr

編者와 협의하여 印紙 첩부를 생략함

ISBN 978-89-6454-826-4
978-89-6454-825-7(세트)

定 價 35,000원 ISSN 1228-6567 11